11..

(Causeur la Couverture)

26318

L'AMMONIAQUE

SES NOUVEAUX PROCÉDÉS DE FABRICATION

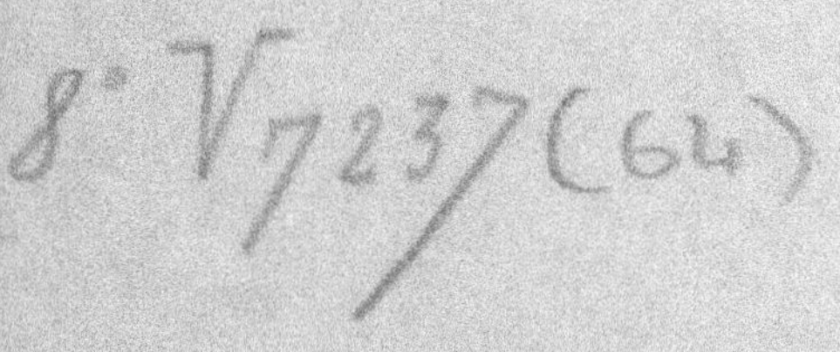

BIBLIOTHÈQUE DES ACTUALITÉS INDUSTRIELLES, N° 64

L'AMMONIAQUE

SES NOUVEAUX PROCÉDÉS DE FABRICATION

PAR

P. TRUCHOT

INGÉNIEUR-CHIMISTE

PARIS

Bernard TIGNOL, Éditeur

LIBRAIRIE SCIENTIFIQUE, INDUSTRIELLE & AGRICOLE

Acquéreur des Publications Eugène Lacroix

53bis, QUAI DES GRANDS-AUGUSTINS, 53bis

PRÉFACE

Le développement continu de l'industrie des sels ammoniacaux, dont on découvre chaque jour de nouvelles applications (appareils frigorifiques, fabrication des explosifs, fonçage des puits, etc.), nous a engagé à réunir les données éparses que l'on possédait sur cette industrie. Nous aidant des travaux qui avaient été publiés jusqu'ici, mais qui étaient disséminés dans diverses revues, et de nos propres recherches, nous avons coordonné ces nombreux renseignements pour en former un tout, aussi complet que le permet le cadre de ce petit ouvrage qui, nous l'espérons, trouvera sa place tout indiquée dans l'industrie.

A part le traité de M. Vincent, aucun livre traitant de la question n'existait, et dans ce dernier, les industries du gaz d'éclairage, de la fabrication du coke, des gaz des hauts fourneaux, qui tendent chaque jour à devenir les plus puissants producteurs d'ammoniaque, n'étaient pas étudiées.

Nous nous sommes donc attachés à présenter à nos lecteurs un exposé fidèle des procédés employés actuellement pour extraire l'ammoniaque,

non seulement des eaux-vannes, os, tourbe, etc ;
mais surtout des procédés basés sur l'extraction
de l'azote de la houille, à l'état ammoniacal, dans
la fabrication du gaz, les industries métalliques,
les hauts fourneaux, le nouveau procédé de M.
Mond pour la récupération de l'ammoniaque dans
les gaz provenant de la combustion de la houille
dans les foyers gazogènes, procédé qui est appelé
à un grand avenir, et enfin les méthodes de fabri-
tion de l'ammoniaque synthétique.

Les recherches incessantes qu'on fait pour l'a-
mélioration des rendements et la création de nouveaux procédés, nécessitant une connaissance parfaite des propriétés de l'ammoniaque et de ses sels
le lecteur trouvera dans la première partie, tous
les documents physiques, concernant ces corps.

Les premiers chapitres de la seconde partie, sont
consacrés à étudier les propriétés physiques et
chimiques ainsi que la fabrication des composés
ammoniacaux par voie synthétique, par la houille,
le nitrate de soude, les cyanures, etc ; la description du travail des eaux ammoniacales et leur distillation dans les diverses colonnes : Lair, Mallet,
Feldmann, etc.

Les chapitres traitant de l'analyse] des eaux
ammoniacales, des matières premières, ainsi que
celui ayant trait aux brevets d'invention, seront
d'une grande utilité pour les recherches.

Notre seule ambition est donc que cet ouvrage,
qui s'adresse plus particulièrement aux directeurs
d'usine à gaz, ingénieurs-chimistes, gaziers et à
toute personne s'occupant d'une des nombreuses

industries, fabriquant ou utilisant l'ammoniaque ou ses dérivés, puisse leur rendre quelques services, soit en abrégeant le temps consacré à de longues recherches, soit en les aidant, grâce aux documents qu'il pourra leur fournir.

PAUL TRUCHOT.

Ingénieur-Chimiste.

CHAPITRE I

Documents physiques

1° **Ammoniaque et sels d'ammonium :** Densités. Points de
fusion. Points d'ébullition. Pouvoirs réfringents. Indices de
réfraction. Chaleurs spécifiques. Solubilités dans l'eau, dans
l'alcool. Tensions de vapeur. Densité des solutions. Densité de vapeur. Points d'Ebullition des solutions saturées.
Formes cristallines.

2° **Renseignements thermochimiques.**

3° **Tableau des degrés Baumé** que doivent marquer
les solutions de sels ammoniacaux pour avoir de
beaux cristaux.

4° **Mélanges réfrigérants.**

6° **Comparaison des différents degrés aréométriques :**
Baumé, Twaddle et degrés densimétriques.

Ammoniaque AzH³, PM = 17.

Densité, celle de l'air étant 1 = 0,597 = 0,589
(Schützenberger).

Poids du litre à 0° et à 760 $^{m/m}$ = 0^g,765.

Point de solidification. La solution saturée se
solidifie de − 38 à − 41 (Fourcroy et Vauquelin).

Equivalent électrochimique = 0^{mmg},3640.

Poids décomposé par un ampère, pendant 1 heure
= 1^g,3125.

Pouvoir réfringent, celui de l'air étant 1 = 1,309.

Pouvoir réfringent spécifique (quotient du pouvoir réfringent par la densité = 2,22.

Puissance réfractive absolue = 0,000771.

Indice absolu de réfraction = 1,000388 (Dulong. *Ann. de Phys. et Chim.*)

Chaleur spécifique du gaz ammoniac en poids
= 0^{cal},5084.

Chaleur spécifique du gaz ammoniac en volume
= 0^{cal},299ô (Regnault).

Coefficient d'absorption de l'ammoniaque par le charbon de bois

1 gramme de charbon absorbe, d'après de Saussure, 90 volumes d'ammoniaque.

La chaleur dégagée par la condensation de 1^{gr} de gaz ammoniac = 0^{cal},494.

Le coefficient de dilatation de l'ammoniaque liquide, entre 0° et 10°, est compris entre 0,00146 et 0,00166 (Schützenberger).

Propriétés de l'ammoniaque liquide du commerce, à l'état de gaz liquéfié

Poids spécifique à 0° = 0,615 ; 0,623 (Jolly) ; 0,636 (Andréeff).

Point d'ébullition sous une pression de 760 $^{m/m}$ =
— 38°5 (Régnault) — 35,7 (Drion et Loir).

Point d'ébullition sous une pression de 749 $^m/_m$ = — 33°7 (Bunsen).

L'ammoniaque liquide se solidifie à — 75° sous une pression de 20 atmosphères. Il se liquéfie à la pression ordinaire vers — 40°.

L'ammoniaque liquide se solidifie à — 87° par évaporation dans le vide au-dessus de l'acide sulfurique.

L'indice de réfraction de l'ammoniaque liquide = 1,752.

Solubilité de l'ammoniaque dans l'eau (Bunsen et Carius).

1 volume d'eau dissout, en grammes, à la pression de 760 $^m/_m$.

Température	Grammes	Température	Grammes
0	1049,6	11	794,3
1	1020,8	12	776,0
2	993,3	13	759,6
3	967,0	14	743,1
4	941,9	15	727,2
5	917,9	16	711,8
6	895,0	17	696,9
7	873,1	18	682,3
8	852,1	19	668,0
9	832,0	20	654,0
10	812,8		

Solubilité de l'ammoniaque dans l'eau en poids.

1 gramme dissout à la pression de 760 $^{m}/_{m}$ (Roscoë et Dittmar).

Température	Grammes	Température	Grammes
0	0,875	30	0,403
2	0,833	32	0,382
4	0,792	34	0,362
6	0,751	36	0,343
8	0,713	38	0,324
10	0,679	40	0,307
12	0,645	42	0,290
14	0,612	44	0,273
16	0,582	46	0,259
18	0,554	48	0,244
20	0,526	50	0,229
22	0,499	52	0,214
24	0,474	54	0,200
26	0,449	56	0,185
28	0,426		

Tensions de vapeur de l'ammoniaque (Faraday).

(Philosophical transaction. of Royal Society of London).

Température	Atmosphères	Température	Atmosphères
— 17°,8	2 ^{at} 48	+ 28°,3	10 ^{at} 00
— 3°,3	4 04	+ 49°,4	10 30
+ 9°,4	5 83		

D'après Vincent et Chappuis :

à 131° = 113 atmosphères et à — 38°5 — 1 atmosphère.

D'après Seelig (1886).

à 15° = 7 atmosphères.

D'après Régnault.

Température	m/m	Température	Atmosphères
— 78°2	240	30	11,45
— 40	528,6	35	13,25
		40	15,26
	Atmosphères	45	17,48
30	1,14	50	19,95
25	1,45	55	22,66
20	1,83	60	25,63
15	2,24	65	28,90
10	2,82	70	32,47
— 5	3,45	75	36,35
0	4,19	80	40,59
+ 5	5,04	85	45,17
10	6,02	90	50,14
15	7,14	95	55,52
20	8,41	100	61,32
25	9,84		

Poids spécifiques à + 15° des solutions d'ammoniaque, d'après Lunge et Wiernik

Poids spécifiques à + 15°	0/0 AzH³	1 litre contient gr. d'AzH³ à + 15°	Variations des poids spécifiques pour ± 1°
1,000	0,00	0,0	0,00018
0,998	0,45	4,5	0,00018
0,996	0,91	9,1	0,00019
0,994	1,37	13,6	0,00019
0,992	1,84	18,2	0,00020
0,990	2,31	22,9	0,00020
0,988	2,80	27,7	0,00021
0,986	3,30	32,5	0,00021
0,984	3,80	37,4	0,00022
0,982	4,30	42,2	0,00023
0,980	4,80	47,0	0,00023
0,978	5,30	51,8	0,00023
0,976	5,80	56,6	0,00024
0,974	6,30	61,4	0,00024
0,972	6,80	66,1	0,00025
0,970	7,31	70,9	0,00025
0,968	7,82	75,7	0,00026
0,966	8,33	80,5	0,00026
0,964	8,84	85,2	0,00027
0,962	9,35	89,9	0,00028
0,960	9,91	93,1	0,00029
0,958	10,47	100,3	0,00030
0,956	11,03	105,4	0,00031
0,954	11,60	110,7	0,00032
0,952	12,17	115,9	0,00033
0,950	12,74	121,0	0,00034
0,948	13,31	126,2	0,00035
0,946	13,88	131,3	0,00036
0,944	14,46	136,5	0,00037
0,942	15,04	141,7	0,00038
0,940	15,63	146,9	0,00039
0,938	16,22	152,1	0,00040
0,936	16,82	157,4	0,00041
0,934	17,42	162,7	0,00041
0,932	18,03	168,1	0,00042
0,930	18,64	173,4	0,00042

Poids spécifiques à + 15°	0/0 AzH³	1 litre contient gr. d'AzH³ à + 15°	Variations des poids spécifiques pour ± 1°
0,928	19,25	178,6	0,00043
0,926	19,87	184,2	0,00044
0,924	20,49	189,3	0,00045
0,922	21,12	194,7	0,00046
0,920	21,75	200,1	0,00047
0,918	22,39	205,6	0,00048
0,916	23,03	210,9	0,00049
0,914	23,68	216,3	0,00050
0,912	24,33	221,9	0,00051
0,910	24,99	227,4	0,00052
0,908	25,65	232,9	0,00053
0,906	26,31	238,3	0,00054
0,904	26,98	243,9	0,00055
0,902	27,65	249,4	0,00056
0,900	28,33	255,0	0,00057
0,898	29,01	260,5	0,00058
0,896	29,69	266,0	0,00059
0,894	30,37	271,5	0,00060
0,892	31,05	277,0	0,00060
0,890	31,75	282,5	0,00061
0,888	32,50	288,6	0,00062
0,886	33,25	294,6	0,00063
0,884	34,10	301,4	0,00064
0,882	34,95	308,3	0,00065

Chlorure d'ammonium ou Chlorhydrate d'ammoniaque. AzH^4Cl ou AzH^3HCl. PM $= 53,5$.

Densité $= 1,50$ ou $1,528$.

Densité de vapeurs par rapport à l'air $= 1,01$.

Densité de vapeurs par rapport à l'hydrogène $= 14,58$.

Poids du litre à l'état de vapeurs $= 1^{gr},306$.

Point d'ébullition de la solution saturée $= 114°,2$

Point de volatilisation sous la pression ordinaire = 340°.

Point de volatilisation sous une pression de 5 à 6 $^{m/m}$ = 200°.

Forme cristalline. — Cristallise dans le système régulier (octoèdre, cube, trapézoèdre.

Les cristaux sont souvent associés et figurent des barbes de plumes.

Le chlorure d'ammonium est soluble dans 8 fois son poids d'alcool.

Il se volatilise sans fondre et sans se décomposer au-dessous du rouge sombre.

Points d'ébullition des solutions de chlorure d'ammonium.

D'après Berzélius :
à 114°,2 sous la pression d'une atmosphère (88°,9 pour 100 d'eau). Cette solution est saturée.

D'après Griffiths (*Quaterly Journal of Sciences, London,* 1825) :
à 113°,5 contenant 100 p. pour 100 d'eau.

D'après Gerlach :
à 101°,7 = 11,1 pour 100 d'eau.
à 104°,4 = 25 pour 100 d'eau.

D'après Legrand. (*Annales de Physique et de Chimie*) à la pression atmosphérique:

Température	Parties p. 0/0 d'eau	Température	Parties p. 0/0 d'eau
101	7,8	109	53,5
102	13,9	111	66,4
103	19,7	113	80,5
104	25,2	114	88,1
105	30,5	114,2	88,9 saturation
106	35,7		

Solubilité du chlorure d'ammonium

100 parties d'eau dissolvent :

Température	$AzH^4.Cl$	Température	$AzH^4.Cl$
0	28,40	60	55,04
10	32,84	70	59,48
20	37,28	80	63,92
30	41,72	90	68,36
40	46,16	100	72,80
50	50,60	110	77,24

Densité à $+ 15°$ des Solutions de Chlorure d'ammonium donnant leur richesse en sel.

Densité	$AzH^4.Cl$ 0/0	Densité	$AzH^4.Cl$ 0/0
1,00316	1	1,01580	5
1,00632	2	1,01880	6
1,00948	3	1,02180	7
1,01264	4	1,02481	8

Densité	$AzH^4.Cl$ 0/0	Densité	$AzH^4.Cl$ 0/0
1,02781	9	1,05648	19
1,03081	10	1,05929	20
1,03370	11	1,06204	21
1,03658	12	1,06479	22
1,03947	13	1,06754	23
1,04325	14	1,07029	24
1,04524	15	1,07304	25
1,04805	16	1,07575	26
1,05086	17	1,07658	26,297
1,05367	18		saturée

Tensions de vapeur des solutions contenant des poids déterminés de chlorure d'ammonium

(d'après Tamman)

Tension de la vapeur d'eau m/m	Tension des solutions contenant 0/0	
	6,gr00	24,gr38
43,2	.....	37,4
67,4	.....	49,3
99,7	.....	83,6
305,0	295,7	262,9
542,5	525,3	467,7
673,0	653,5	581,6
768,1	744,4	664,9

Bromure d'ammonium ou bromhydrate d'ammoniaque. AzH^4Br ou AzH^3HBr.PM = 98

Densité du sel cristallisé = 2,327.
Densité du sel sublimé = 2,3394.

Solubilité du bromure d'ammonium.

1 partie de sel se dissout dans :

Température	Quantité d'eau	Température	Quant. d'alcool
10°	1 partie 51	15°	32 parties 3
100	0 partie 78	78,5	9 parties 5

1 partie se dissout dans 890 parties d'éther à la température ordinaire (Edel).

Tensions de vapeur des solutions contenant des poids déterminés de bromure d'ammonium : AzH⁴Br (Tamman)

Tension de la vapeur d'eau m/m	Tension des solutions contenant en grammes pour 0/0 gr. d'eau			
	14 » 52	28 » 87	55 » 60	60 » 82
62,9	60,3	56,9	51,3	50,1
91,3	87,1	82,2	74,6	72,8
121,9	116,1	110,2	99,4	96,7
166,9	159,3	151,2	136,6	133,5
222,2	212,7	201,3	183,4	178,1
362,4	345,7	328,0	296,4	290,3
465,9	442,6	420,0	378,6	370,8
550,6	525,7	498,4	449,7	440,5
777,8	741,0	702,9	635,1	622,0

Iodure d'ammonium : AzH⁴I ou AzH³HI
PM = 145

Densité = 3.749.
Forme cristalline : cristallise en cubes, est déliquescent.
Solubilité : très soluble dans l'eau et dans l'alcool. Peut se sublimer : 1 partie se dissout à la température ordinaire dans 0,60 p. d'eau, 4 p. d'alcool absolu, 210 p. d'éther. (Eder).

Fluorure d'ammonium AzH⁴Fl ou FlH.AzH³
PM = 37.

Forme cristalline : cristallise en prismes incolores, fusibles et plus volatils que le chlorure.
Solubilité : très soluble dans l'eau, peu soluble dans l'alcool. Attaque le verre à sec et à froid.

Cyanure d'ammonium. AzH⁴CAz ou CyH.AzH³
PM = 44.

Point d'ébullition = 36°.
Forme cristalline : cristallise en cubes ou en prismes quadrangulaires.
Solubilité : très soluble dans l'eau et dans l'alcool.

Sulfure d'ammonium. (AzH⁴)²S ou S.2AzH⁴
PM = 68.

Forme cristalline : cristallise en aiguilles ou

en feuillets possédant une odeur sulfhydrique et ammoniacale.

Solubilité : soluble dans l'eau avec réaction alcaline.

$$\text{Sulfite neutre d'ammonium } (AzH^4)^2SO^3 + H^2O$$
$$PM = 134.$$

Forme cristalline : cristallise en prismes à 6 pans, terminés par des pyramides à 6 faces, du type orthorhombique.

Il a une saveur fraîche, piquante et sulfureuse.

$$\text{Hyposulfate d'ammonium } (AzH^4)^2S^2O^6 + H^2O$$
$$PM = 182.$$

Forme cristalline : cristallise en cristaux filiformes et indistincts.

Solubilité : 1 partie dans 0,79 partie d'eau à 16° ; il est insoluble dans l'alcool.

Hyposulfite d'ammonium. $(AzH^4)^2S^2O^2$. PM = 148.

Forme cristalline : écailles rhomboïdales ; déliquescent.

Sulfate acide d'ammonium ou bisulfate d'ammoniaque SO^4AzH^4H. PM = 115.

Forme cristalline : prismes tabulaires clinorhombiques.

Solubilité : 1 partie dans 1 partie d'eau ; est soluble dans l'alcool et possède une saveur acide et amère.

Sulfate neutre d'ammoniaque $(AzH^4)^2SO^4$. PM$=$132.

Densité $=$ 1,77.

Point de fusion $=$ 140° (Marchand).

Il se décompose au dessus de 280° en donnant de l'ammoniaque et du sulfate acide.

Forme cristalline : cristaux transparents, anhydres, isomorphes avec le sulfate de potasse ; ce sont des prismes à 6 faces, terminés par des pyramides à 6 faces, appartenant au type orthorhombique.

Solubilité du sulfate d'ammoniaque (Alluard).

100 parties d'eau dissolvent

Température	$(AzH^4)^2SO^4$	Température	$(AzH^4)^2SO^4$
0	71,00	60	86,90
10	73,65	70	89,55
20	76,30	80	92,20
30	78,95	90	94,85
40	81,60	100	97,50
50	84,25		

Densité à + 19° des solutions de sulfate d'ammonium donnant leur richesse en sulfate d'ammonium (H. Schiff).

Densité	$(AzH^4)^2SO^4$ 0/0	Densité	$(AzH^4)^2SO^4$ 0/0
1,0573	10	1,1724	30
1,0862	15	1,2004	35
1,1149	20	1,2284	40
1,1439	25	1,2383	45

Tensions de vapeur des solutions de sulfate d'ammonium (d'après Tamman).

Tension de la vapeur d'eau m/m	Tension des solutions contenant en grammes pour 0/0 gr. d'eau			
	13gr93 m/m	32gr89 m/m	33gr20 m/m	40gr91 m/m
35,6	34,6	32,9	....	....
48,3	47,1	44,7	....	....
58,7	56,5	54,0	....	....
66,0	....	60,7	....	....
75,8	73,5	70,0	....	....
102,0	98,8	93,9	94,0	91,7
133,6	129,0	122,4	121,8	118,9
172,6	166,5	158,2	158,6	155,4
235,8	227,4	216,1	216,6	211,4
281,2	271,8	258,6	258,4	253,2
314,4	333,9	316,7	317,3	309,9
402,0	387,9	370,0	369,8	302,2
482,7	468,2	445,7	446,1	436,5
589,6	569,7	543,2	544,2	531,6
683,9	659,9	630,3	629,9	617,1
762,3	738,0	704,8	704,7	691,5

Chlorate d'ammoniaque. AzH^4ClO^6. PM = 101,5

Forme cristalline : fines aiguilles, très solubles dans l'eau et l'alcool.

Bromate d'ammonium AzH^4BrO^3. PM = 140.

Forme cristalline en grains ou en aiguilles cristallines. Il détone avec violence, sous l'influence d'une légère élévation de température ou par le choc.

Iodate d'ammonium. AzH^4IO^3. PM = 192.

Densité = 3,31 à 3,34.
Forme cristalline : cristallise en cubes incolores, brillants.
Solubilité : 1 partie est soluble dans 38,5 parties d'eau à 15°.
1 partie est soluble dans 6,9 parties d'eau bouillante (Rammelsberg).

Azotate d'ammonium. AzH^4AzO^3. PM = 80.

Densité (ou poids en kg.) d'un décimètre cube = 1 k,707 (Kopp)) 1 k,709 (Schiff).
Point de fusion : 145° d'après Frankenheim (*Annalen der Physik und Chemie*).

165° d'après Berthelot ;

143° d'après Maumené.

Point d'ébullition : 180° d'après Carnelley.

Entre 230° et 250, il se décompose en protoxyde d'azote et eau.

Point d'ébullition de la solution saturée = 164° correspondant à 209 0/0 d'eau.

Solubilité : l'azotate d'ammoniaque est plus soluble dans l'ammoniaque aqueuse que dans l'eau. (Raoult. CR. T. LXXVI).

Il absorbe le gaz ammoniac et se liquéfie à — 10° en donnant $AzO^3AzH^4 + 2AzH^3$.

Le nitrate d'ammoniaque est soluble dans 1/2 p. d'eau à 18°.

Il est extrêmement soluble dans l'eau bouillante et dans l'alcool où il s'en dissous 43 parties et le double dans l'alcool bouillant. Il est soluble aussi dans la glycérine et dans l'éther.

Forme cristalline : prismes à 6 pans, terminés par des pyramides à 6 faces de type orthorhombique, isomorphes avec le nitrate de potasse. Ces cristaux sont assez flexibles.

Azotite d'ammoniaque $AzH^4 . AzO^2 . PM = 64$

Forme cristalline : cristallisation indistincte, composée de fines aiguilles, très déliquescentes. Il détone subitement à 60°-70°.

Phosphates d'ammonium

Phosphate neutre. $2AzH^4.PO^4H.$ PM = 132.

Forme cristalline : prismes à 4 pans, clinorhombiques (Brook); s'effleurissent à l'air.

Solubilité : 1 partie dans 4 parties d'eau froide, plus soluble à chaud, complètement insoluble dans l'alcool.

. Par la concentration, la solution aqueuse perd de l'ammoniaque et devient acide.

Phosphate acide ou biphosphate d'ammonium
$$AzH^4PO^4H^2.PM = 115.$$

Forme cristalline : Gros prismes quadratiques ou octaèdres (Mitscherlich).

Solubilité : 1 partie dans 5 parties d'eau froide plus soluble à chaud.

Phosphate double d'ammonium et de sodium ou sel de phosphore. $AzH^4 Na PO^4H + 4$ aq.
$$PM = 209.$$

Forme cristalline : gros prismes clinorhombiques.

S'effleurissent en perdant de l'eau et de l'ammoniaque. Très soluble dans l'eau.

Phosphite d'Ammonium $AzH^4 PO^3 H^2$, PM $= 99$.

Forme cristalline : beaux prismes du système clinorhombique.

Point de fusion $= 123°$.

A $145°$, perd 50 °/₀ d'ammoniaque.

Sulfocyanure d'ammonium $CAzS (AzH^4)$.
$$PM = 76.$$

Poids spécifique $= 1,3075$ à $13°$ (Clarke).

Point de fusion : $159°$ (Reynolds) à $170°$, se transforme partiellement en sulfo-urée isomérique avec le sulfocyanure.

Forme cristalline : tables anhydres, très déliquescentes.

Solubilité : 100 parties d'eau dissolvent 105 parties de sel ; très soluble dans l'alcool.

Densité à + 15° des solutions de sulfocyanure d'ammonium donnant leur richesse en $CAz S AzH^4$.

Densité	$CAzSAzH^4$ 0/0	Densité	$CAzSAzH^4$ 0/0
1,020	10,0	1,050	20,0
1,026	11,1	1,070	25,0
1,031	12,5	1,077	33,3
1,034	14,2	1,137	50,0
1,042	16,6		

Carbonates d'ammonium

Carbonate neutre $(AzH^4)^2CO^3$. PM = 96.

Solubilité du carbonate d'ammoniaque (Berzélius)

100 parties d'eau dissolvent

Température	$(AzH^4)^2Co^3$	Température	$(AzH^4)^2Co^3$
13	25	44	40
17	30	49	50
22	37		

Densité à + 15 des solutions de carbonate
d'ammoniaque ordinaire

Poids spécifique à + 15°	Degrés Baumé	Densimètre	Carbonate d'ammoniaque 0/0	Variations du poids spécifique pour ± 1°
1,005	0,6	0,5	1,66	0,0002
1,010	1,4	1,0	3,18	0,0002
1,015	2,1	1,5	4,60	0,0003
1,020	2,7	2,0	6,04	0,0003
1,025	3,4	2,5	7,49	0,0003
1,030	4,1	3,0	8,93	0,0004
1,035	4,7	3,5	10,35	0,0004
1,040	5,4	4,0	11,86	0,0004
1,045	6,0	4,5	13,36	0,0005
1,050	6,7	5,0	14,85	0,0005
1,055	7,4	5,5	16,16	0,0005
1,060	8,0	6,0	17,70	0,0005
1,065	8,7	6,5	19,18	0,0005
1,070	9,4	7,0	20,70	0,0005
1,075	10,0	7,5	22,25	0,0006
1,080	10,6	8,0	23,78	0,0006
1,085	11,2	8,5	25,34	0,0007
1,090	11,9	9,0	26,82	0,0007
1,095	12,4	9,5	28,33	0,0007
1,100	13,0	10,0	29,93	0,0007
1,105	13,6	10,5	31,77	0,0007
1,110	14,2	11,0	33,45	0,0007
1,115	14,9	11,5	35,08	0,0007
1,120	15,4	12,0	36,88	0,0007
1,125	16,0	12,5	38,71	0,0007
1,130	16,5	13,0	40,34	0,0007
1,135	17,1	13,5	42,20	0,0007
1,140	17,8	14,0	44,29	0,0007
1,1414	17,9	14,15	44,90	0,0007

Le sel, mis en expérience, renfermait :

31,3 0/0 d'AzH^3.

56 0/0 de CO^2.

12 0/0 d'eau.

Forme cristalline : cristaux prismatiques volumineux (Divers).

Point d'ébullition : la solution de carbonate neutre bout à 75°-80°.

Carbonate acide d'ammoniaque ou bicarbonate d'ammoniaque AzH^4CO^3H. PM $= 79$.

Forme cristalline : prismes longs du type orthorhombique. Ne sont pas isomorphes avec le bicarbonate de potasse. Se dissocient à 60° en eau, acide carbonique et ammoniaque.

Solubilité : 1 partie dans 8 parties d'eau à 15° à 36° cette solution mousse en dégageant du gaz acide carbonique. Insoluble dans l'alcool.

Sesquicarbonate d'ammoniaque $(CO^3)^2 (AzH^4)^4$ $H^2 + H^2O$ PM $= 272$.

100 parties d'eau dissolvent.

Température	Sesquicarbonate	Température	Sesquicarbonate
12	25	41	40
17	30	49	50
32	37		dégag. Co^2

Forme cristalline : en larges tables hexagonales ou en prismes volumineux aplatis, modifiés par lesfaces d'un octaèdre rhomboïdal.

Vanadate d'ammoniaque. $VaO^3 (AzH^4)$.
$$PM = 117.$$

Solubilité : se dissout lentement dans l'eau froide et donne une solution incolore, plus facilement dans l'eau bouillante avec une coloration jaune. L'eau froide en dissout environ 10 grammes par litre.

La solution saturée à l'ébullition contient 63 grammes par litre.

Forme cristalline : prismes à 6 pans, transparents, brillants et incolores, terminés par de longues pyramides fort aigües, très réfringents. Les arêtes des pyramides sont fréquemment courbes.

Sels organiques

Acétate d'ammoniaque : $C^2H^3O^2AzH^4$, $PM = 77$

Point de fusion $= 89^\circ$.
Solubilité : très soluble dans l'eau et dans l'alcool.

Le bi-acétate fond à 76° et se sublime à 121°.

Il se présente sous forme d'aiguilles.

Citrate d'ammoniaque : $C^6H^6O^7 (AzH^4)^2$ $PM = 226$

Forme cristalline : cristaux tabulaires, du type

orthorhombique ; sont hémièdres, tantôt à droite, tantôt à gauche.

Solubilité : soluble dans l'eau et dans l'alcool.

Formiate d'ammoniaque CHO^2 (AzH^4). PM $= 63$.

Point de fusion $= 120°$ puis se décompose. Est déliquescent.

Forme cristalline : prismes rectangulaires droits, terminés par 4 faces (Pelouze).

Solubilité :très soluble dans l'eau, peu soluble dans l'alcool, insoluble dans l'ether.

Oxalate d'ammoniaque C^2O^4 (AzH^4)^2 $+$ H^2O
PM $= 142$

Forme cristalline : prismes incolores orthorhombiques, partiellement hémiédriques et souvent aplatis.

Solubilité :1 partie dans 3 parties d'eau froide (de la Provostaye). D'après Griffiths à $103°3$, 100 parties d'eau dissolvent 40.83 parties d'oxalate d'Ammoniaque.

Succinate d'ammoniaque $C^4H^4O^4$ (AzH^4)^2 neutre.
PM $= 152$

Densité $= 1,367$ (Husemann).

Forme cristalline : prismes hexagonaux.

Solubilité :très soluble dans l'eau et dans l'alcool

Succinate acide d'ammoniaque $C^4H^5O^4$ (AzH^4). PM $= 135$

Forme cristalline du type anorthique (Brook) ; très soluble dans l'eau.

Tartrates d'ammoniaque

1° Tartrate neutre $C^4H^4O^6$ $(AzH^4)^2$. PM $= 184$.
Densité $= 1,523$ (Buignet) ; $1,566$ (Schiff).
Forme cristalline : beaux cristaux du type clinorhombique (de la Provostaye — Pasteur). D'après M. Pasteur, il est dimorphe.
Pouvoir rotatoire : $\alpha D = + 34^o26$ (Landolt).
$\alpha_r = + 29^o0$ (Pasteur).

Tartrate acide d'ammonium ou bitartrate d'ammonium $C^4H^5O^6$ (AzH^4). PM $= 167$.

Densité $= 1,680$ (Schiff).
Forme cristalline : poudre cristalline, composée de belles lamelles brillantes, formant des parallélogrammes ou des tables hexagonales.
Les cristaux sont du type orthorhombique, isomorphes avec les cristaux de bitartrate de potassium. Ils sont souvent hémièdres.
Pouvoir rotatoire : (α) D $= 25^o65$ (Landolt).
Solubilité : 1 partie dans $45,6$ parties d'eau à 15°. Se dissout abondamment dans l'eau bouillante.

Urate d'ammonium (sel acide) $C^5H^3Az^4O^3$ AzH^4
$$PM = 157.$$

Solubilité: 1 partie dans 160 parties d'eau à 25°
(Bensels).

Forme cristalline : cristallise en aiguilles (faisceaux aciculaires).

Renseignements thermochimiques concernant les sels ammoniacaux

Chaleur dégagée dans la formation des composés ammoniacaux en partant des éléments (Berthelot) $H = 1$ gramme.

Composés	Éléments composants	État solide	État dissous
		calories	calories
$AzH^3.H^2O$	$Az+H^4+H^2O$	»	$+21,0$
$AzH^4.CAz$	$CAz+Az+H^4$	$+40,5$	$+36,1$
$AzH^4.Cl$	$Az+H^4+Cl$	$+76,7$	$+72,7$
$AzH^4.Br$	$Az+H^4+Br$	$+67,2$	$+62,9$
$AzH^4.I$	AzH^4+I	$+50,6$	$+47,1$
$(AzH^4)^2S$	$2Az+2H^4+S$	»	$+28,4$

Formation des composés ammoniacaux.
Acide et base gazeux sans spécification (Berthelot).
H = 1 gramme

Ammoniaque.........	$Az + H^3$	$\begin{cases} +12,2 \text{ gaz} \\ +21,0 \text{ dissous} \end{cases}$
Chlorhydrate d'amm.	$HCl + AzH^3$	$+42,5$
Bromhydrate — .	$HBr + AzH^3$	$+45,6$
Iodhydrate — .	$HI + AzH^3$	$+44,2$
Fluorhydrate — .	$HF + AzH^3$	$+37,3$
Cyanhydrate — .	$HCAz + AzH^3$	$+20,5$
Sulfhydrate — .	$H^2S + AzH^3$	$+23$
Sulfate — .	$SO^4H^2 + AzH^3$	$+25,8 \; SO^4H^2$ dissous
Acétate — .	$C^2H^4O^2 + AzH^3$	$+26,0$
Azotate — .	$AzO^3H + AzH^3$	$+41,9$
Oxalate — .	$C^2O^4H^2 + AzH^3$	$+24,4$ état hydraté solide
Bicarbonate — .	$CO^2 + H^2O + AzH^3$	$+30,4$
Formiate — .	$2CO + H^2O + AzH^3$	$+31,6$

Formation des composés ammoniacaux (oxacides)
Acide hydraté solide et base gazeuse
H = 1 gramme

Azotate d'ammon . .	$AzO^3H + AzH^3$	$+34,0$
Formiate — . .	$CH^2O^2 + AzH^3$	$+21,0$
Acétate — . .	$C^2H^4O^2 + AzH^3$	$+18,5$
enzoate — . .	$C^7H^6O^2 + AzH^3$	$+17,0$
Picrate — . .	$C^6H^3Az^3O^7 + AzH^3$	$+22,9$
Sulfate — . .	$SO^4H^2 + AzH^3$	$+33,8$
Oxalate — . .	$^1/_2C^2O^4H^2 + AzH^3$	$+24,4$
Succinate — . .	$^1/_2C^4H^6O^4 + AzH^3$	$+19,7$

Formation de composés ammoniacaux solides depuis leurs éléments gazeux. H = 1 gramme.

Chlorhydrate d'amm.	$Cl + H^4 + Az$	$+91,2$
Bromhydrate —	$Br\ (gaz) + H^4 + Az$	$+85,7$
Iodhydrate —	$I\ (gaz) + H^4 + Az$	$+70,5$
Sulfhydrate —	$S\ (gaz) + H^5 + Az$	$+56,9$
Azotite —	$O^2 + H^4 + Az^2$	$+57,6$
Azotate —	$O^3 + H^4 + Az^2$	$+80,7$
Sulfate —	$S + O^4 + Az + H^5$	$+157,2$

Chaleur de dissolution des sels ammoniacaux vers 15° avec 200 H²O environ H = 1 gramme

AzO^2AzH^4	$-6,2$	B
AzO^3AzH^4	$-4,75$	B
$(AzH^4)^2SO^3$	$-1,35$	B
Id.	$-1,2$	T
CHO^2AzH^4	$-2,9$	B
$C^2H^2O^3AzH^4$	$+0,25$	B
$C^2H^2O^3AzH^4$	$-2,7$	B
$C^2O^4(AzH^4)^2 + aq.$	$-8,0$	B
$C^2H^3Az^2O^3AzH^4$	$-8,7$	B
$(AzH^4)^2SO^3 - (60pH^2O)$	$-2,68$	Fo
AzH^4Cl	$-4,0$	C
AzH^4Br	$-4,4$	T
AzH^4I	$-3,5$	T
AzH^4F	$-1,5$	F
AzH^4CAz	$-4,4$	B
$AzH^4Cl.PtCl^2$	$-4,2$	
$AzH^4 + H^2O$	$+8,82$	B

B. Berthelot. — T. Thomsen. — F. Favre. — Fo. Forcrand.

Formation des sels ammoniacaux solides.

Acide gazeux et base gazeuse.

		calories
Chlorhydrate d'ammoniaque	$HCl + AzH^3$	$+42.5$
Bromhydrate »	$HBr + AzH^3$	$+45.6$
Iodhydrate »	$HI + AzH^3$	$+44.2$
Cyanhydrate »	$HCy + AzH^3$	$+20.5$
Sulfhydrate »	$H^2S^4 + AzH^3$	$+23.0$
Acétate »	$C^2H^4O^4 + AzH^3$	$+28.2$
Formiate »	$CHO^4 + AzH^3$	$+29.0$
Azotate »	$AzO^5H + AzH^3$	$+44.9$

Formation des sels ammoniacaux dans l'état dissous ou précipité, au moyen des acides dissous.

1 éq. dissous dans 2 litres ou 4 litres de liqueur vers 15° (Berthelot et Thomsen).

Chlorure d'ammonium		1 éq. $=$ 2 lit.	$+ 12.45$
Azotate »	1 éq. $=$ 2 lit.	$+ 12.5$
Acétate »	1 éq. $=$ 2 lit.	$+ 12.0$
Formiate »	1 éq. $=$ 2 lit.	$+ 11.9$
Oxalate »	1 éq. $=$ 4 lit.	$+ 12.7$
Sulfate »	1 éq. $=$ 2 lit.	$+ 14.5$
Sulfure »	1 éq. $=$ 8 lit.	$+ 3.1$
Cyanure »	1 éq. $=$ 2 lit.	$+ 1.3$
Carbonate »	1 éq. $=$ 15 lit.	$+ 5.3$

Dilution des solutions d'ammoniaque jusqu'à
200 — H^2O à la température de 14° (Berthelot).

Composition de la liqueur primitive	Pds. d'AzH^3 dans 1 litre	Chaleur dégagée $= Q$
AzH^3 + 0.98 H^2O (saturée à —16°)	491 gr.	+ 1.285
+ 1.00	485	+ 1.265
+ 1.07	460	+ 1.170
+ 1.87	305	+ 0.480
+ 3.00	239	+ 0.385
+ 3.55	210	+ 0.320
+ 5.77	141	+ 0.210
+ 9.5	49	+ 0.020
+ 54.2 (1 éq. = 1 lit.)	17	+ 0.000
+110.0 (1 éq. = 2 lit.)	8.5	+ 0.000

Tableau des degrés Baumé que doivent marquer
les solutions de sels ammoniacaux, à l'ébullition,
pour obtenir de beaux cristaux par le refroidissement (M. Finot et A. Bertrand).

Acétate d'ammonium	14°
Alun —	20°
Arséniate —	50°
Azotate —	29°.
Benzoate —	5°
Bromure —	30°
Chlorure —	12°»
Bichromate —	28°
Hyposulfite —	37°
Oxalate —	5°
Phosphate —	25°
Phosphate sodico-ammonique	17°
Sulfate d'ammonium	28°
Sulfate de cuivre ammoniacal	35°
Sulfocyanate d'ammonium	18°
Tartrate —	25°

Mélanges réfrigérants par les sels ammoniacaux

Sels employés	Proportions	Température obtenue
Nitrate d'ammoniaque Eau	1 1	— 16
Chlorure d'ammonium Nitrate de potassium Eau	5 5 10	— 12

Sels employés	Proportions	Température obtenue
Chlorure d'ammonium	5	
Nitrate de potassium......	5	
Sulfate de sodium.........	18	− 16
Eau......................	16	
Nitrate d'ammonium.......	4	
Carbonate de sodium......	1	− 21,7
Eau......................	1	
Sulfate de soude..........	6	
Nitrate d'ammoniaque.....	5	− 40
Acide nitrique dilué.......	4	
Neige ou glace pilée.,. ...	5	
Chlorure de sodium.......	2	− 26,4
Chlorure d'ammonium	1	
Sulfocyanate d'ammoniaqu*	133	− 31 (Rüdorff)
Eau......................	100	

Comparaison des différents degrés aréométriques
(Lunge).

Les degrés Twaddle (Tll), exclusivement en usage, en Angleterre, correspondent au double des degrés densimétriques.

Les degrés densimétriques (D.) dérivent des poids spécifiques en supprimant l'unité 1 et en avançant la virgule de 2 rangs vers la droite.

Dans l'échelle Baumé (B.) l'eau à 15° = 0° B. et l'acide sulfurique monohydraté à 15° C = 1,842 = 66° B.

Degrés Baumé pris pour unité

B.	D	T°	Poids spécifique
1	0,7	1,4	1,007
2	1,4	2,8	1,014
3	2,2	4,4	1,022
4	2,9	5,8	1,029
5	3,7	7,4	1,037
6	4,5	9,0	1,045
7	5,2	10,4	1,052
8	6,0	12,0	1,060
9	6,7	13,4	1,067
10	7,5	15,0	1,075
11	8,3	16,6	1,083
12	9,1	18,2	1,091
13	10,0	20,0	1,100
14	10,8	21,6	1,108
15	11,6	23,2	1,116
16	12,5	25,0	1,125
17	13,4	26,8	1,134
18	14,2	28,4	1,142
19	15,2	30,4	1,152
20	16,2	32,4	1,162
21	17,1	34,2	1,171
22	18,0	36,0	1,180
23	19,0	38,0	1,190
24	20,0	40,0	1,200
25	21,0	42,0	1,210
26	22,0	44,0	1,220
27	23,1	46,2	1,231
28	24,1	48,2	1,241
29	25,2	50,4	1,252
30	26,3	52,6	1,263
31	27,4	54,8	1,274
32	28,5	57,0	1,285
33	29,7	59,4	1,297
34	30,8	61,6	1,308
35	32,0	64,0	1,320
36	33,2	66,4	1,332
37	34,5	69,0	1,345
38	35,7	71,4	1,357
39	37,0	74,0	1,370
40	38,3	76,6	1,383

B.	D.	T^B	Poids spécifique
41	39,7	79,4	1,397
42	41,0	82,0	1,410
43	42,4	84,8	1,424
44	43,8	87,6	1,438
45	45,3	90,6	1,453
46	46,8	93,6	1,468
47	48,3	96,6	1,483
48	49,8	99,6	1,498
49	51,4	102,8	1,514
50	53,0	106,0	1,530
51	54,6	109,2	1,546
52	56,3	112,6	1,563
53	58,0	116,0	1,580
54	59,7	119,4	1,597
55	61,5	123,0	1,615
56	63,4	126,8	1,634
57	65,2	130,4	1,652
58	67,1	134,2	1,671
59	69,1	138,2	1,691
60	71,1	142,2	1,714
61	73,2	146,4	1,732
62	75,3	150,6	1,753
63	77,4	154,8	1,774
64	79,6	159,2	1,796
65	81,9	163,8	1,819
66	84,2	168,4	1,842

CHAPITRE II

Historique de l'ammoniaque et des sels ammoniacaux.

Pline. — Dioscoride. — Raymond Lulle. — Kunckel. — Priestley. — Scheele. — Berthollet. — Berzélius de Pontin. — Davy. — Gay-Lussac et Thénard. — Landolt.

Le sel ammoniac est connu depuis la plus haute antiquité, ainsi que le prouve son nom, tiré de Ammon, un des surnoms de Jupiter, le maître de l'Olympe. Ce nom lui fut donné à cause du temple de Jupiter Ammon, qui se trouvait en Lybie, dans le voisinage des lieux de préparation de cette substance.

Les populations misérables de la vallée du Nil recueillaient les fientes des chameaux, les faisaient sécher au soleil pour s'en servir de combustible et la suie abondante, qui en résultait, était récoltée et soumise à une sublimation lente dans des matras en verre.

Pline dit : « Quant à la Cyrénaïque, elle est célèbre par le sel ammoniac, ainsi appelé parce qu'on le trouve dans le sable ; il a la couleur de

l'alun schiste, en longues aiguilles, d'un goût désagréable, mais utile en médecine. On estime surtout
celui qui est transparent ».

Au premier siècle de notre ère, Dioscoride décrit
le sel ammoniac : « Ce sel, dit-il, est facile à diviser
dans le sens de ses fibres droites ».

Au moyen-âge, les alchimistes le connaissaient
aussi et commencèrent à faire des recherches à ce
sujet. Geber le préparait en chauffant un mélange
de 2 parties d'urine humaine, 1 partie de sel marin
et une partie 1/2 de noir de fumée.

Au commencement du XVIIe siècle, Sala arriva
à faire la synthèse du sel ammoniac : « Si on met
ensemble une partie de sel volatil des urines
(ammoniaque) avec une proportion convenable
d'esprit de sel, on obtient un produit qui ressemble
en tous points au sel ammoniac ordinaire.

Le carbonate d'ammoniaque était fabriqué au
XIIIe siècle par Raymond Lulle, qui l'obtenait par
la putréfaction des urines. En Europe, on le préparait par la distillation des os, des cornes, d'où est
venu son nom d'*esprit de cornes de cerf*.

Pendant longtemps, l'origine du sel ammoniac,
importé en France, fut inconnue. Lémery parle de
celui que fabriquaient les Vénitiens et suppose que
la plus grande partie provenait d'Egypte et du
Levant.

Le Père Sicard, dans une lettre écrite du Caire,
en 1716, et publiée dans les « *Lettres édifiantes de
la Compagnie de Jésus* », dit que le sel ammoniac
le plus estimé de l'Egypte se fait dans un village du
delta, appelé Desmayers, en faisant sublimer dans

un ballon de verre, avec un peu de sel et d'urine, la suie provenant de la combustion de la flente des chameaux.

Frédéric Hasselquist, en 1751, publia dans les mémoires de l'Académie d'Upsal la description de la manière dont se faisait le sel ammoniac en Egypte. Il dit qu'il a vu une fabrique à Gisa, village situé sur l'autre rive du Nil, vis-à-vis du Caire, et quelques-unes à Rosette. Des officiers turcs sont propriétaires de ces ateliers. Il dit que le plus grand débit de ce produit se fait à Venise, à Smyrne, à Marseille et dans quelques échelles du Levant.

Basile Valentin avait connaissance de la dissolution d'ammoniaque caustique qu'il préparait en traitant l'esprit de corne de cerf par de la chaux. Kunckel l'obtint aussi de cette façon.

Le gaz ammoniac fut découvert, en 1774, par Priestley en traitant le sel ammoniac par la chaux et en recueillant le gaz dégagé sur une cuve à mercure.

« Après, dit-il, que j'eus fait la découverte de l'air acide (c'était la vapeur de l'esprit de sel) et que je l'eus soumis aux expériences dont j'ai rendu compte, il me vint en idée que, au moyen d'un procédé semblable à celui par lequel j'avais obtenu un air acide de l'esprit de sel, je pourrais tirer un air alcalin des substances qui contiennent de l'alcali volatil...

Les recherches destinées à élucider la composition de l'ammoniaque furent entreprises pour la première fois par Scheele et Bergman.

Scheele remarqua que l'ammoniaque est décom-

posée par certains oxydes, tels que : l'oxyde d'or,
l'oxyde de mercure, etc. ; il retira de ces différentes décompositions un *gaz phlogistique*. « En
général, dit-il, toutes les fois qu'un gaz attire le
phlogistique de l'ammoniaque, l'une de ses parties
constituantes, on obtient toujours une espèce d'air. »

Priestley constata qu'on changeait le gaz ammoniaque en gaz inflammable par l'étincelle électrique.

Berthollet, en 1785, détermina exactement la
composition de l'ammoniaque.

Ammonium. — Fut découvert simultanément
par Berzélius et de Pontin, et, d'autre part, par
Seebeck.

Les expériences de Seebeck furent reprises par
Trommsdorf, à Erfurth, qui constata, que l'amalgame formé dans l'électrolyse du carbonate d'ammoniaque, en ayant au pôle négatif du mercure, se
décompose au contact de l'eau et renferme de l'ammoniaque.

Davy répéta ces expériences en creusant une cavité dans un morceau de sel ammoniac, qu'il remplit ensuite avec une globule de mercure ; le sel
ammoniac, légèrement mouillé, fut placé sur une
lame de platine et il remarqua que lorsque le courant passait, le globule quintuplait de volume.

Il chercha à isoler l'ammonium en distillant
l'amalgame, mais il ne retira jamais que de l'hydrogène, du mercure et de l'ammoniaque.

En 1809, Gay-Lussac et Thénard reprirent ces
expériences et cherchèrent à déterminer exactement la nature de l'ammonium.

Récemment, M. Landolt a cherché à déterminer

le rapport de l'hydrogène à l'ammoniaque dans l'amalgame d'ammonium, de provenance électrolytique.

M. Landolt traita l'amalgame d'ammonium obtenu par l'électrolyse, rapidement lavé à l'eau froide, par de l'acide sulfurique titré, en recueillant le gaz hydrogène qui se dégage et titrant la quantité d'acide non saturée par l'ammoniaque.

Il trouva ainsi 2 vol. à 2 vol. 40 de gaz ammoniac pour 1 vol. d'hydrogène, chiffres qui se rapprochent de ceux obtenus par Gay-Lussac et Thénard; la différence qu'ils présentent avec les nombres théoriques, tient à ce que l'eau, qui sert à laver l'amalgame, dissout toujours un peu d'ammoniaque, tandis qu'un peu d'hydrogène se dégage.

On ne peut donc douter que ces gaz ne soient combinés au mercure dans le rapport qui correspond à la composition de l'ammonium AzH^4.

M. Landolt a, en outre, constaté que 100 parties de mercure peuvent se combiner à 0,058 à 0,090 d'ammonium, à la température ordinaire.

L'amalgame d'ammonium se prépare plus facilement par l'action de l'amalgame de sodium sur une dissolution de chlorhydrate d'ammoniaque et on n'a jamais pu en retirer que de l'ammoniaque, de l'hydrogène et du mercure.

Ce gaz ammoniac et cet hydrogène restent-ils séparés dans l'amalgame, ou s'unissent-ils pour donner l'ammonium AzH^4? La question n'est pas encore résolue d'une manière décisive.

M. Gallatin (*Philosophical Magazine*, 4e sér. T. XXXVIII) a obtenu un alliage de bismuth et d'ammonium en faisant arriver un filet d'eau sur un alliage de bismuth et de sodium, recouvert de chlorhydrate d'ammoniaque.

Le métal se gonfle, devient pâteux et poreux, puis il se concrète en dégageant de l'ammoniaque et de l'hydrogène.

Cet alliage peut réagir sur les solutions métalliques : il déplace ainsi le cuivre à l'état métallique dans une solution d'un sel de cuivre, réaction qui ne peut être attribuée au bismuth, qui n'a aucune action sur les sels de cuivre.

D'autre part, M. Gallatin a cherché à établir l'existence de l'ammonium dans l'amalgame, en montrant que cet amalgame, mis en contact avec des fragments de phosphore, donne lieu à une production d'hydrogène phosphoré, comme cela a lieu lorsqu'on met, en présence du sodium, de l'eau et du phosphore.

M. Weil a obtenu une combinaison de l'ammoniaque avec le potassium, en faisant réagir l'ammoniaque sur le potassium sous pression.

CHAPITRE III

1. **Propriétés physiques de l'ammoniaque et des sels ammoniacaux.**
2. **Propriétés chimiques de l'ammoniaque et des sels ammoniacaux** : Action de la chaleur. — Action de l'électricité. — Action de l'oxygène et de la mousse de platine. — Action du chlore, du brome, de l'iode. — Action du soufre. — Action du bore.
3. **Modes de formation de l'ammoniaque.**

Propriétés physiques de l'ammoniaque

Le *gaz ammoniac* est un gaz incolore, à odeur et saveur caractéristiques ; il provoque la toux et le larmoiement ; en fortes quantités, il provoque la suffocation ; il détruit aisément les muqueuses. Il est excessivement soluble dans l'eau, mais sa solubilité diminue rapidement avec l'élévation de température et devient nulle à 70° (Voir les tables de solubilité, pages 3 et 7). Si l'on débouche sur l'eau une éprouvette de gaz ammoniac pur, l'ascension du liquide, par suite de l'absorption de l'ammoniac gazeux, est si brusque que l'éprouvette est souvent brisée. Le phénomène de la dissolution est accompagné d'un grand dégagement de chaleur. Lorsqu'on sature la liqueur à 0°, la densité du liquide est de 0.824 ; le poids du gaz dissous est les 32/100 du poids total.

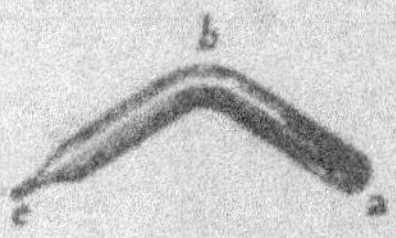

La dissolution ammoniacale perd tout son gaz dans le vide et la quantité de gaz dissous est toujours proportionnelle à la pression.

Liquéfaction de l'ammoniaque. — Ce gaz se liquéfie aisément en un liquide incolore très réfringent. Faraday opérait la liquéfaction dans un tube scellé en chauffant du chlorure d'argent ammoniacal : $2AgCl. 3AzH^3$. Fig. 1.

Le composé argentique commence à fondre à 38° ; à 57°, il a une tension de dissociation de 4880 mm. ; il bout à 100° et la transformation est complète à 112°. Le gaz se liquéfie dans la 2° branche du tube qui est refroidie à l'aide de glace ou de chlorure de calcium et de neige ou par l'évaporation de l'acide sulfureux liquide (Drion et Loir) à une température de — 40 à — 50°. Si on emploie comme moyen de réfrigération l'acide carbonique solide et l'éther dans le vide (Faraday) ou l'évaporation rapide sur l'acide sulfurique (Drion et Loir), on obtient des cristaux blancs transparents d'ammoniaque solide, fondant à — 75°.

Le gaz ammoniac est très soluble dans l'eau, l'alcool et l'éther ; il est absorbé par les corps poreux tels que le charbon de bois (Voir Tableaux des constantes physiques, page 6).

Le gaz ammoniac se dissout dans l'eau avec un dégagement de chaleur de 8430 calories et une solution concentrée d'ammoniaque aqueuse diluée avec nH^2O développe 127 calories (Berthelot : *Annales de physique et de chimie*).

La solution d'ammoniaque caustique à — 40° donne de longs cristaux aiguillés, et à —49°, se solidifie en une masse inodore ; le point d'ébullition et le poids spécifique augmentent (Watt). Le gaz ammoniac est absorbé par beaucoup de solutions salines (Raoult).

Plusieurs oxydes métalliques insolubles dans l'eau se dissolvent dans l'ammoniaque aqueuse, l'oxyde de cuivre, l'oxyde d'argent, etc. Elle dissout aussi les graisses, les résines.

A — 65°, l'ammoniaque liquide ne réagit pas sur l'acide sulfurique. Elle dissout les métaux alcalins : ceux-ci cristallisent sans éprouver de changement (Gore, Chemical News); les métaux alcalino-terreux et les métaux lourds sont insolubles (Seely, Chemical News). Mélangé avec l'oxygène et chauffé, le gaz ammoniac brûle en donnant de l'eau, de l'hydrogène et de l'azote, s'il y a excès d'ammoniac ; si, au contraire, il y a excès d'oxygène, il y a formation de nitrate d'ammoniaque, d'eau et d'azote (Hoffmann). Le spectre de cette flamme montre des lignes caractéristiques près de la raie D (Dibbits). Le nitrate d'ammoniaque sec absorbe l'ammoniaque à toutes les températures, de — 13° à + 25° en se liquéfiant. Chauffé à 25°, l'ammoniaque est chassée et ce corps redevient solide. Le liquide produit à —10° et sous une pression de 760 mm. contient 42,5 gr.

d'ammoniaque et 100 gr. de $AzH^4 AzO^3$; à 28°5, le solide contient $AzH^4 AzO^3$ et AzH^3 dans la proportion $\dfrac{AzH^4 AzO^3}{AzH^3}$

La quantité de chaleur de neutralisation d'un acide par l'ammoniaque est toujours plutôt plus petite que la valeur correspondante du même acide avec la potasse ou la soude (Thomsen).

Propriétés chimiques de l'ammoniaque.

1° *Action de la chaleur.* — L'ammoniaque est décomposée par une chaleur assez élevée en ses éléments; mais, en aucun cas, la décomposition n'est complète. Passant à travers un tube chauffé au rouge, elle se décompose en doublant son volume en azote et en hydrogène. La réaction est facilitée si on remplit le tube de fragments de chaux vive ou de porcelaine.

L'or, l'argent, le platine et surtout le fer et le cuivre abaissent le point de décomposition et la rendent plus complète. Le fer et le cuivre deviennent grenus et cassants. Le cuivre jaune, immergé quelques heures dans une solution d'ammoniaque, devient friable. Ces métaux accusent une légère augmentation de poids, due peut-être à la formation d'azotures (Thénard).

2° *Action de l'électricité.* — Le gaz ammoniac est graduellement décomposé en ses éléments, même à 500°, et en plus forte quantité à plus haute température, et spécialement par la décharge d'une bobine Ruhmkorff puissante.

Le gaz ammoniac, traversé par une série d'étincelles, se décompose (Scheele, Berthollet, Henry). A mesure que le gaz restant se trouve dilué par les produits de la décomposition, la réaction devient de plus en plus difficile et plus lente.

D'après Buff et W. Hoffmann, ce gaz est rapidement décomposé par l'étincelle d'induction fournie par 3 à 4 couples Bunsen. Les étincelles d'une forte machine ordinaire ne décomposent que 4^{cc} en 1 h. et demie à 2 heures.

En faisant passer l'électricité au moyen de fils de platine à travers des tubes contenant de l'ammoniaque diluée la décomposition est facile.(Plücker. *Poggendorff's Annalen*).

MM. Ramsay et Young, ont fait une série d'expériences très intéressantes au point de vue industriel lorsque, dans un traitement quelconque, on a des gaz contenant de l'ammoniaque, à amener à une forte température, comme dans l'extraction de l'ammoniaque des fours à coke, le procédé au nitrate de soude, etc.

Ils ont montré que la nature de la surface chauffée a une très grande influence sur l'étendue et sur la vitesse de la décomposition.

MM. Ramsay et Young ont donc fait passer un courant de gaz ammoniac au travers de tubes de nature différente et remplis de diverses substances (porcelaine, asbeste, etc.).

1° Tube en porcelaine rempli de morceaux de porcelaine.

Température	Proportion en centièmes d'AzH³ décomposée.
500°	1,575
520°	2,53
600°	18,28
620°	25,58
680°	35,01
690°	47,71
810-830°	69,50

2º Tube en fer rempli de morceaux de porcelaine.

Température	Proportion décomposée.
507-527°	4,15
600° courant rapide	21,26
600° courant lent	34,44
628°	63,48
670-695°	66,57
730°	99,38
780°	100,00

Au contraire, dans un tube en verre, la décomposition est presque nulle à 780°.

L'accroissement de surface et la nature des corps en contact exerce donc une grande influence.

Les auteurs n'ont jamais remarqué qu'il se reforme de l'ammoniaque par la combinaison directe de l'azote et de l'hydrogène, comme Deville croyait l'avoir constaté.

M. Crafts ayant porté du gaz ammoniac jusqu'à 1300° a constaté que, au premier moment, la décomposition est à peine sensible et qu'elle monte à 3000, au bout de 7 à 8 minutes.

Electrolyse des solutions d'ammoniaque. —
MM. Bartoli et Papasogli (*Bull. Soc. chim.*, 41,
415), ont soumis à l'électrolyse une solution d'ammoniaque additionnée de chlorure de sodium avec
des électrodes en charbon de cornue ou en gra-
phite. Avec les premières, il y a eu formation de
matières azotées qui, traitées par les hypochlorites
ont donné de l'acide mellique. Millot, (*Bull. Soc.
Chim*, 46, 243) en opérant avec de l'ammoniaque à
50 0/0, a obtenu un liquide noir qui laisse à l'évaporation, au bain-marie, des matières azulmiques dont
il est parvenu à retirer l'urée, l'ammélide, le biuret
et la guanidine.

Ces réactions remarquables peuvent s'expliquer
par l'action du CO^2 naissant sur l'ammoniaque ou
sur les produits déjà formés.

$$CO^2 + 2AzH^3 = H^2O + \underbrace{CH^4Az^2O}_{\text{Urée}}$$

$$CO^2 + 3AzH^3 = 2H^2O + \underbrace{CH^5Az^3}_{\text{Guanidine}}$$

Le biuret proviendrait de l'action de l'acide carbonique sur la guanidine.

$$CO^2 + CH^5Az^3 = \underbrace{C^2H^5Az^3O^2}_{\text{Biuret}}.$$

Et l'ammélide par action de CO^2 et AzH^3 sur le
biuret.

$$CO^2 + AzH^3 + C^2H^5Az^3O^2 = 2H^2O + \underbrace{C^3H^4Az^3O^2}_{\text{Ammélide}}.$$

La température du liquide était de 30 à 40°. Il

employait 6 à 8 éléments Bunsen donnant une force
électro-motrice d'environ 15 volts.

Action de l'oxygène. — L'ammoniaque est combustible, mais pas assez pour brûler à l'air libre;
il lui faut comme comburant de l'oxygène pur.

On obtient une flamme jaune pâle en allumant
un jet d'ammoniac se dégageant dans une atmosphère d'oxygène pur.

Hoffmann fait cette expérience en faisant barboter un rapide courant d'oxygène à travers une
solution bouillante d'ammoniaque caustique et il
enflamme le mélange gazeux sortant. Dans cette
expérience, il peut y avoir une détonation; pour
remédier à cet inconvénient, Heintz conduit l'oxygène au moyen d'un tube coudé, dans un ballon
rempli au 1/8 d'ammoniaque caustique bouillante.
Au début, on n'enfonce que très peu le tube dans
le col du ballon; après inflammation, on peut l'en-
foncer davantage.

Dans l'eudiomètre, on peut faire détoner un mélange de 1 vol. d'AzH³ avec 0,6 volume au moins et
3,17 volumes au plus d'oxygène. Les produits de la
combustion contiennent de l'azote, de l'eau et un
peu d'azotate d'ammoniaque.

En mettant de la limaille de cuivre dans un vase
rempli d'air et le mouillant avec de l'ammoniaque
caustique, on voit le métal s'échauffer avec production de fumées blanches d'azotite d'ammoniaque.

Le même phénomène se produit quand on fait
passer un courant de vapeur d'eau mélangée à de
l'air et de l'ammoniaque à travers un long tube
contenant de la tournure de cuivre.

La dissolution bleue foncée fournie, par l'oxydation du cuivre au contact de l'air et de l'ammoniaque renferme également ce sel. Pour en produire de notables quantités, il suffit de verser plusieurs fois le liquide ammoniacal sur le cuivre.

Oxydation en présence de la mousse ou de l'éponge de platine. — L'éponge de platine, chauffée à 300°, et mise en contact avec un mélange d'ammoniaque et d'air devient incandescente ; il se forme de l'acide azotique et des vapeurs nitreuses (Kuhlmann).

L'oxydation peut s'effectuer à la température ordinaire, suivant Schönbein (*Poggendorff's Annalen*).

Ainsi, en soumettant à l'action de l'air, pendant quelques instants, du noir de platine humecté d'ammoniaque caustique et en épuisant par l'eau distillée, on a un liquide qui bleuit l'empois d'amidon, après avoir ajouté de l'acide sulfurique et de l'iodure de potassium, ce qui indique la présence d'azotite d'ammoniaque.

Le platine compact n'agit qu'à une température plus élevée.

Une spirale de fil de platine, portée au rouge sombre et plongée dans une atmosphère ammoniacale, s'entoure de fumées blanches d'azotite d'ammoniaque.

Action du chlore, du brome, de l'iode. — M. Maumené a observé que, lorsqu'on mélange de l'eau de chlore à de l'ammoniaque en versant rapidement les deux solutions, il ne se dégage pas d'azote et, en évaporant dans le vide, on obtient des cristaux d'hydroxylamine.

Le chlore, le brome et l'iode décomposent de suite l'ammoniaque en donnant de l'azote et un sel haloïde. Un courant d'AzH³ s'enflamme de lui-même dans le chlore.

Avec le chlore on obtient Az + AzCl.

$$AzH^3 + 3Cl = 3HCl + Az$$
$$3\ ClH + 3AzH^3 = 3AzH^2Cl.$$

Schönbein a fait remarquer qu'il se produit en même temps de l'hypochlorite d'ammoniaque dont la décomposition est beaucoup plus lente.

Il y a quelquefois production de composés explosifs tels que le chlorure d'azote.

Avec l'iode et l'ammoniaque caustique, on obtient des produits iodés très détonants : AzCl³, AzI³ ou AzHI² ou AzH²I.

Action du soufre. — L'ammoniaque aqueuse agit sur le soufre, dès 12°, en vase clos : il se produit, à cette température, du polysulfure.

Certains sels tels que le chlorure de calcium, le chlorure d'argent, de zinc, le sulfate de cuivre et le nitrate d'argent se combinent avec l'ammoniaque et donnent des composés stables qui, chauffés dégagent de l'ammoniaque. Faraday, en 1823, en chauffant le composé 2AgCl. 3AzH³, en tube scellé, effectua le premier la liquéfaction de l'ammoniaque.

Le permanganate de potassium, en solution, oxyde l'ammoniaque avec formation d'azotite de potassium et d'hydrate brun d'oxyde manganique.

L'ammoniaque peut donner une combinaison assez instable avec le permanganate d'argent. On dissout à 10° dans une quantité d'eau suffisante, du permanganate de potassium (1 molécule) et ensuite, à l'aide d'ammoniaque aqueuse refroidie on sature, puis on ajoute 1 molécule de nitrate d'argent dissoute dans 10 fois son poids d'eau froide. Il se dépose un précipité cristallin qu'on recueille sur du fulmi-coton, on essore à la trompe et, après lavage à l'eau glacée, on fait sécher sur de la chaux vive mêlée de sel ammoniac.

On a ainsi une poudre violette, peu soluble dans l'eau froide, qui, au microscope, paraît formée de lames rhombiques. Sa formule est $MnO^4Ag.\ 2AzH^4$. Chauffé brusquement ce corps fuse en se décomposant. Il détone sous le marteau. Les sels de Cu, Cd, Ni, Zn, Mg donnent des composés analogues.

L'hypochlorite et l'hypobromite de soude dégagent l'azote de l'ammoniaque dissoute.

$$3ClNaO + 2AzH^3 = 2Az + 3NaCl + 3H^2O.$$

Le bore amorphe, légèrement chauffé, décompose l'ammoniaque avec incandescence et formation d'azoture de bore.

D'après M. Terreil, l'acide azotique est transformé en acide azoteux, et les azotates en azotites par l'hydrogène naissant; la conversion en ammoniaque ne se fait qu'après et avec une extrême lenteur.

L'ammoniaque se combine extrêmement facilement aux sels anhydres; voici les proportions déterminées par H. Rose (*Ann. de phys. et de chim.* t. XVII), en faisant passer de l'ammoniaque sèche sur les sels anhydres, jusqu'à ce qu'il ne se produise plus d'augmentation de poids (les augmentations ont été un peu plus petites, fait dû à ce que l'appareil était plein d'air atmosphérique au commencement de l'expérience et plein de gaz ammoniac après).

Ammoniaque et sulfates anhydres

	Poids d'ammoniaque absorbée par 100 parties de sulfate		Formules
	Trouvé	Calculé	
Ammoniaque + sulfate de manganèse	43,68	45,30	$2MnSO^4, 4AzH^3$
Ammoniaque + sulfate de zinc	51,22	53,87	$2ZnSO^4, 5AzH^3$
Ammoniaque + sulfate de cuivre...........	53,20	53,77	$2CuSO^4, 5AzH^3$
Ammoniaque + sulfate de nickel	65,94	66,27	$2NiSO^4, 6AzH^3$
Ammoniaque + sulfate de cobalt	66,48	66,33	$2CoSO^4, 6AzH^3$
Ammoniaque + sulfate de cadmium..........	48,69	49,56	$2CdSO^4, 6AzH^3$
Ammoniaque + sulfate d'argent	11,82	10,99	$2Ag^2SO^4, AzH^3$

Il ne se produit pas une simple condensation, mais de véritables combinaisons. M. Isambert a constaté que les sulfates ammoniacaux de zinc et de cadmium ont, à une température constante, une tension de dissociation constante, ce qui caractérise les combinaisons définies, susceptibles de dissociation.

Ammoniaque et nitrates anhydres.

Ammoniaque et nitrate d'argent,

29,55-30,21 $AgAzO^3$ $3AzH^3$.

Les nitrates de sodium, de baryum n'ont rien absorbé.

Ammoniaque et chlorures, bromures, iodures. anhydres.

	Poids d'AzH^3 absorbée par 100 parties de chlorure		Formules
	Trouvé	Calculé	
Ammoniaque + chlorure de calcium..........	118,96	122,80	$CaCl^2$, $4AzH^3$
Ammoniaque + chlorure de strontium........	84,52	86,68	$StCl^2$, $4AzH^3$
Ammoniaque + chlorure de cuivre..........	73,70	76,74	$CuCl^2$, $3AzH^3$
Ammoniaque + chlorure de nickel..........	74,84	79,20	$NiCl^2$, $3AzH^3$
Ammoniaque + chlorure de cobalt..........	52,43	52,84	$CoCl^2$, $2AzH^3$
Ammoniaque + chlorure de plomb..........	9,31	10,69	$PbCl^2$ AzH^3
Ammoniaque + chlorure d'argent	17,01	17,01	$2AgCl$, $3AzH^3$
Ammoniaque + bichlorure de mercure.....	6,80	6,27	$2HgCl^2$, AzH^3
Ammoniaque + protochlorure d'antimoine.	8,19	7,29	$SbCl$, AzH^3
Ammoniaque + perbromure de mercure.....	3,41	4,78	$2HgBr^2$, AzH^3
Ammoniaque + periodure de mercure.....	7,01	7,54	HgI^2, AzH^3

Les composés obtenus par M. Rose, dégagent pour la plupart, de l'ammoniaque, à la température ordinaire ou à une température plus ou moins élevée.

Sels ammoniacaux.

D'après certaines recherches récentes, les solutions aqueuses d'ammoniaque ne se comportent point comme si elles renfermaient un hydrate d'ammonium.

M. Tommasi a fait remarquer que les conductibilités électriques déterminées par M. Bouty et la chaleur de dissolution de l'ammoniaque s'écartent absolument des constantes correspondantes des autres alcalis (*Bull. Soc. chim.*, 42-216).

Cependant, il est certain que les solutions concentrées en contiennent une certaine quantité à l'état d'hydrate ; ce fait a été constaté par MM. Boudet et Cailletet (*Comptes Rendus*, 95, 58), en mélangeant sous pression de l'ammoniaque concentrée avec du gaz ammoniac.

Les sels ammoniacaux offrent les plus grandes analogies, soit dans leurs réactions, soit dans leurs formes cristallines avec les sels alcalins.

Ces analogies ressortent par l'admission de l'hypothèse, dans ces sels, d'un groupe (AzH_4) qui fonctionnerait comme un radical composé monovalent électro-positif.

L'ammoniaque en présence de l'eau joue donc le rôle de base et s'unit par simple addition et directement aux hydracides et aux oxacides.

$$AzH^3 + HCl = AzH^4Cl$$
$$2AzH^3 + SO^4H^2 = (AzH^4)^2SO$$

Les anhydrides d'acides monobasiques donnent le sel ammoniacal et l'amide neutre correspondante.

$$\left.\begin{array}{l} C^2H^3O \\ C^2H^3O \end{array}\right\rangle O + 2AzH^3 = \left.\begin{array}{l} C^2H^3O \\ AzH^4 \end{array}\right\rangle O + AzH^2.\, C^2H^3O.$$

$$\underbrace{\text{Anhydride acétique}}\quad \underbrace{\text{Acétate d'ammoniaque}}\quad \underbrace{\text{Acétamide}}$$

Avec les anhydrides d'acides diatomiques on obtient les sels ammoniacaux de l'acide amidé.

$$SO^2O + 2AzH^3 = \left.\begin{array}{l} AzH^2SO^2 \\ AzH^4 \end{array}\right\rangle O.$$

$$\underbrace{\text{Anhydride sulfurique}}\quad \underbrace{\text{Sulfamate d'ammoniaque.}}$$

L'anhydride carbonique desséché donne du carbamate d'ammoniaque.

Nous avons vu, aux propriétés physiques de l'ammoniaque, le peu d'affinité qu'éprouve l'ammoniaque pour les acides en présence du froid.

Les sels ammoniacaux sont isomorphes avec ceux de potassium, avec lesquels ils ont beaucoup d'analogie.

Le sulfate d'ammoniaque est isomorphe avec le sulfate de potassium, l'alun ammoniacal avec l'alun ordinaire, etc.

Les sels ammoniacaux ont une saveur fraîche, saline avec un arrière-goût amer. Ils sont inodores ou ont une odeur ammoniacale comme le carbonate d'ammoniaque. Si l'acide du sel est volatil, on peut sublimer ce dernier sans décomposition.

Ex. : le carbonate, le chlorhydrate (V. Chlorhydrate d'ammoniaque), à moins que l'hydrogène de l'ammoniaque ne réagisse comme réducteur sur l'oxygène de l'acide comme dans le nitrate d'ammoniaque qui donne de l'eau et du protoxyde d'azote.

Beaucoup de sels ammoniacaux perdent de l'eau par une élévation convenable de température en se transformant en composés amidés.

Ils se prêtent facilement aux doubles décompositions et s'unissent à un grand nombre de sels métalliques pour donner des sels doubles (chlorure cuivreux, chlorure d'argent, etc...).

Le chlorhydrate d'ammoniaque s'unit à un grand nombre de chlorures métalliques tels que ceux de magnésium, de ferrosum, de ferricum, de zinc, de cuivre, de nickel, de cobalt, de mercure au maximum, de bismuth, d'antimoine, d'étain et de platine.

Quand on fait bouillir une solution d'un sel ammoniacal, il se manifeste bientôt une réaction acide par perte d'ammoniaque (Dibbits. *Bull Soc. chim.*, t. XXIII, p. 458).

Le chlorhydrate et le nitrate d'ammoniaque se décomposent plus lentement que le sulfate et celui-ci que l'oxalate et l'acétate.

La perte d'ammoniaque augmente avec la quantité d'eau qui passe à la distillation et avec la concentration de la solution.

Quand l'acide est volatil, il passe à la distillation en même temps que l'ammoniaque et le sel se reconstitue en partie (acétate).

Le sulfate acide et l'oxalate acide d'ammoniaque perdent très peu d'ammoniaque.

Lorsqu'on fait bouillir une solution d'un sel ammoniacal tenant en suspension un carbonate, celui-ci se dissout progressivement avec dégagement de carbonate d'ammoniaque,

Si au lieu d'opérer à l'air libre, on opère en tube scellé, au-dessus de 100°, le carbonate d'ammoniaque se confine dans l'espace libre du tube : une portion du carbonate entre en dissolution et, si on laisse lentement refroidir, il y a retour à l'état initial.

M. Bourgeois a opéré ainsi, à la température de 150°-180°, sur 0 gr.5 de carbonate amorphe précipité, réagissant sur 2 grammes d'un sel ammoniacal, ordinairement le chlorhydrate, parfois l'azotate, en présence de 20 cm³. d'eau.

Au bout de quatre ou cinq chauffages, suivis de lents refroidissement, la cristallisation totale du carbonate était produite. (*Bull. Acad. Scienc.* nov. 1886).

Modes de formation de l'ammoniaque

L'ammoniaque existe dans l'air, à l'état d'azotate, d'azotite et de carbonate, et résulte de la décomposition des matières organiques azotées. Par la combinaison de l'azote de l'air avec l'oxygène sous l'influence des décharges électriques, il y a formation d'acide azotique et d'acide azoteux qui se portent ensuite sur l'ammoniaque préexistante pour donner les sels correspondants.

Elle se trouve aussi dans les émanations volcaniques, dans certaines eaux minérales, à l'état de chlorhydrate dans les eaux de Passy, de Chaudesaignes, de Bourbonne-les-Bains, de St-Allyre, etc.

Certaines argiles ferrugineuses, certains minerais de fer renferment de l'ammoniaque.

L'ammoniaque peut être obtenue synthétiquement.

L'étincelle d'induction d'un appareil Rhumkorff, éclatant entre 2 pointes de platine, à travers un mélange gazeux d'azote et d'hydrogène, produit de l'ammoniaque, d'après Morren (C. R. T. XXVIII, p. 342).

Un mélange d'azote et d'hydrogène, provenant de la décomposition de l'ammoniaque par du cuivre chauffé au rouge et purifié de toute trace d'ammoniaque par barbotage dans l'acide sulfurique, additionné d'un volume équivalent d'acide chlorhydrique et passant dans l'appareil chaud-froid, donne un léger dépôt de chlorure d'ammonium sur le tube froid.

Lorsqu'on dirige un mélange de 3 volumes d'hydrogène et un volume d'azote à travers un appareil d'induction de Siemens, le gaz cède à la sortie un peu d'ammoniaque à l'acide chlorhydrique (Donkin, *Proceedings of the Royal Society*, 12 juillet 1873).

Par l'action d'une forte étincelle d'induction sur un mélange d'azote et de vapeur d'eau, on obtient l'ammoniaque à l'état de nitrite (Thénard, C.-R. 76, 983).

La production du gaz ammoniac, sous l'influence

des décharges obscures agissant sur un mélange d'hydrogène et d'azote, a été étudiée par divers savants : Chabrier (C.R. T. LXXV, p. 484), P. et A. Thénard (C.R. T. LXXVI, p. 983) et Donkin.

P. et A. Thénard ont montré que cette synthèse est très limitée, lorsque le gaz ammoniac produit n'est pas absorbé par un acide, au fur et à mesure de sa production.

Berthelot évalue à 3/100 le volume de mélange gazeux qui entre en combinaison après un temps considérable.

Dans cette synthèse par l'effluve, il s'établit un équilibre 3/100 où, pour un même appareil, avec une même intensité de courant, le volume de l'azote, celui de l'hydrogène et celui de l'ammoniaque sont dans le même rapport et ce n'est que lorsque cet équilibre est rompu par les absorbants (eau, acide sulfurique) que la synthèse devient complète. (Thénard, *loc. cit.*)

2° Par l'action de l'hydrogène sur les composés oxygénés de l'azote : protoxyde, bioxyde d'azote, acide azoteux, acide hypoazotique, acide azotique.

En faisant passer un courant d'hydrogène et l'un de ces gaz sur de l'éponge de platine légèrement chauffée ou sur un corps poreux chauffé à une température de 300 à 400° :

$$2AzO + 10H = 2AzH^3 + 2H^2O$$

Les gaz sortants contiennent de notables quantités d'ammoniaque (Kuhlmann).

3° Par l'action de l'hydrogène naissant sur les composés oxygénés de l'azote.

Beaucoup de métaux (Zn, Fe, Sn, Cd), en se dissolvant dans l'acide azotique étendu ou dans un mélange d'acide sulfurique et d'acide azotique étendus donnent lieu à la naissance de fortes proportions d'ammoniaque.

$$10AzO^3H + 4Zn = 4(AzO^3)^2Zn + AzO^3AzH^4 + 3H^2O$$

4° Le potassium, le zinc, l'arsenic, l'étain, le fer et le plomb, ainsi que certains composés organiques non azotés tels que le sucre, chauffés avec des hydrates alcalins au contact de l'air, donnent un dégagement sensible d'ammoniaque.

5° De même, le bioxyde d'azote, en présence d'étain, de fer ou de certains sulfures et de vapeur d'eau, donne de l'ammoniaque.

6° Un mélange d'hydrate et d'azotate alcalin, en présence du zinc ou du fer à chaud.

7° La dissolution du phosphore, de l'arsenic, de l'antimoine dans l'acide azotique étendu dégage aussi de l'ammoniaque.

8° Par l'action de la potasse étendue ou de la vapeur d'eau sur les azotures de bore, de silicium ou de titane.

9° Quand on fait passer de la vapeur d'eau et de l'azote sur du charbon de bois incandescent (Roger et Jacquemin).

10° Par la décomposition des composés cyaniques. Action de la vapeur d'eau sur les cyanates, urée, cyanogène, cyanures.

$$\frac{CAz}{H}\Big\rangle O + H^2O = CO^2 + AzH^3$$

11° Quand on fait passer un mélange de vapeur d'azotate d'éthyle et d'hydrogène sur du noir de platine chauffé à 110°. La réaction, qui se produit, est très énergique.

$$\left.\begin{array}{c} AzO \\ C^3H^5 \end{array}\right\rangle O + H^6 = H^2O + C^2H^6O + AzH^3.$$

12° Un des modes de formation de l'ammoniaque des plus importants est celui qui est dû à la décomposition des matières organiques par le ferment nitrique avec oxydation subséquente de l'ammoniaque ou plutôt du carbonate d'ammoniaque produit et formation d'acide nitreux et d'acide nitrique.

On supposait que l'azote atmosphérique était transformée dans les sols poreux par l'oxygène ou par l'ozone et que l'ammoniaque était oxydée de la même manière.

La plupart de ces théories sont décrites dans une leçon sur la nitrification publiée par Clöez dans les leçons de chimie et de physique professées en 1861, à la Société chimique de Paris.

Ce fut Pasteur qui, en 1862, émit le premier l'idée que la nitrification pouvait être due à l'action d'un organisme vivant.

M. Müller, en 1873, supposait aussi que l'action nitrifiante était due à un ferment et ce furent MM. Schlœsing et Müntz qui, en 1877, prouvèrent que ces idées étaient justes et les vérifièrent par de nombreuses expériences.

Ils montrèrent dans plusieurs communications que l'agent nitrifiant pouvait être transplanté d'un milieu à un autre, que son action était stricte-

ment limitée par les conditions nécessaires à la vie
et à l'activité d'une bactérie et que sa fonction
était détruite par une élévation de température de
55° et par des réactifs tels que le chloroforme (*Comptes-Rendus* 1884, 301 ; 1885, 1018 ; 1886, 892 ; 1889,
891, 1074.

Les mêmes conclusions furent confirmées par
Warington (*Journal of Chemical Society of London*, 33, 44) et, après, par beaucoup d'autres chercheurs.

M. Schlœsing démontra que les théories supposant qu'il existe de l'air, sous un état condensé,
dans les pores du sol étaient fausses et que l'action oxydante que, par suite, on lui prêtait, n'existait pas, le gaz occupant dans un sol végétal le
volume normal dû à la température et à la pression
atmosphérique (*Annales de la Science agronomique*, 1884.

Le ferment nitrique, qui produit ces phénomènes
d'oxydation est propre au sol et on le trouve aussi
dans les eaux d'égouts et dans les eaux de rivières.

M. Müntz a étudié la dissémination du ferment
nitrique. Il l'a rencontré sur les plus hautes cimes
des Alpes et des Pyrénées, sur les roches de toutes formations, non exposées directement aux
rayons solaires. Il a été trouvé même sous des couches de neige de plusieurs années. Les salpêtres
du Pérou et du Chili sont dûs à ce ferment, et son
action entraine la transformation des iodures, bromures en iodates, bromates (*Annales de Physique et de Chimie* (6) 11, 137).

Schlœsing et Müntz ont tenté d'isoler cet organisme. Après avoir fait une série de cultures successives, dans des eaux d'égout, étendues ou stérilisées, il leur resta finalement des micrococcus ovales ou ronds qu'ils crurent être l'organisme en question.

Mais, leurs travaux furent exécutés avant que les méthodes de stérilisation et de culture fussent absolument perfectionnées, ce qui fait qu'il se peut que leurs résultats soient entachés d'erreur par suite des impuretés que les liquides de culture pouvaient contenir.

Des tentatives pour isoler ce ferment, à l'aide de cultures dans la gélatine, ne réussirent pas.

J. F. Frankland réussit à en obtenir dans un état satisfaisant. Quand la culture avait lieu dans une solution ammoniacale contenant un peu de sels minéraux, sa forme était celle d'un très court bacille ; dans du bouillon, elle possédait distinctement la forme d'un bacille. Une des caractéristiques de ce ferment est que lorsqu'il se développe dans un milieu ammoniacal, il refuse de se propager dans la gélatine. Le ferment est très lent à se développer et produit peu quand on emploie une solution d'urine ammoniacale trouble.

Tout récemment, le ferment nitrique a été isolé par M. Winogradsky (*Annales de l'Institut Pasteur*, 1890, 213, 257), par cultures successives dans des solutions minérales. Il a observé la formation de caillots gélatineux au fond du vase. Ces caillots possèdent un pouvoir nitrifiant extrêmement fort.

a recueilli ces dépôts gélatineux, les a lavés et a fait avec des ensemencements dans la gélatine.

Après 10 jours, il ensemençait des solutions ammoniacales fraîches avec les parties de la surface gélatineuse sur lesquelles aucune végétation n'était apparue. Il a réussi ainsi à obtenir le ferment absolument pur.

Ce ferment, quand il est jeune, est presque rond ; il est le plus souvent ellipsoïdal, son diamètre est de 0,9 à 1 μ, sa longueur 1,1 à 1.8 μ.

Les plus longs montrent un étranglement. Leur forme est quelquefois celle d'une aiguille à pointes mousses. Les chaînes de trois ou quatre individus sont rares. Il n'y a aucune spore. Le ferment est généralement immobile et se dépose au fond de la solution, si ce n'est pendant un court moment, durant la nitrification, où une certaine mobilité générale a lieu, et le liquide devient trouble. Le jour suivant le ferment est de nouveau au repos.

L'auteur, momentanément, l'a désigné sous le nom de *nitromonas*.

Les substances nitrifiables du sol sont très nombreuses. Telles sont : l'ammoniaque, l'urée, l'éthylamine, l'asparagine, les matières albuminoïdes, etc.

Dans toute nitrification, il se forme, au préalable, de l'ammoniaque ou du carbonate d'ammoniaque qui est peut-être ainsi la seule substance nitrifiable. On ne sait pas encore si le ferment nitrique est capable d'attaquer lui-même la matière organique et de produire de l'ammoniaque ou si l'action d'autres organismes est nécessaire à la formation préliminaire de ce corps.

Les produits de la nitrification sont des nitrates ou des nitrites.

Quand la nitrification a lieu dans un sol poreux, des nitrates seuls se produisent. Les nitrites n'apparaissent dans le sol que comme produits de réduction, lorsque l'air est exclu par un excès d'eau.

Quand la nitrification a lieu dans une solution, par addition de terre, l'oxydation peut être purement nitrique, ou des nitrites peuvent se produire abondamment, en premier lieu, en particulier dans des solutions concentrées, alcalines, et à une température relativement haute ; mais, à la fin, les nitrites sont tous convertis en nitrates. Si, cependant, des cultures successives sont faites dans une solution ammoniacale stérilisée, le départ de la fermentation ayant lieu avec une solution nitrifiée par de la terre, il se produit aussitôt un point où, seuls, des nitrites prennent naissance et jamais ils ne se changent en nitrates. Pour cela, il faut opérer en solution alcaline.

Dans un sol humide et aéré, la fermentation d'un sel ammoniacal commence presque immédiatement après son application.

M. Schlœsing a montré combien la nitrification est rapide. Ce savant a mélangé 500 grammes de terre, du chlorhydrate d'ammoniaque et il a dosé, au début de l'expérience et au bout de quelques jours, l'ammoniaque et l'acide azotique produits :

Voici quels ont été les résultats obtenus :

	Début de l'expérience 1er juin mmg.	Fin de l'expérience 1er juillet mmg.
I		
AzH^3	55,65	5,95
AzO^6H	0,00	186,50
II		
AzH^3	57,00	6,80
AzO^6H	0,00	206,50

On voit que, en 17 jours, les 9/10 environ de l'ammoniaque ont été transformés en nitrate.

M. Müntz a incorporé du sulfate d'ammoniaque à une terre légère, puis a dosé l'alcali à l'origine et, au bout de quelques jours, après un temps pluvieux.

Voici les résultats rapportés à 100 de terre sèche.

	Terre au sulfate d'ammoniaque		Terre sans fumure	
	AzH^3 mmg	AzO^6H mmg	AzH^3 mmg	AzO^6H mmg
Le 16 juin. — Origine.	10,00	6,12	0,38	6,12
Le 26 juin	0,86	52,43	traces	6,12

Lorsqu'on introduit quelques milligrammes de terre dans un volume suffisamment considérable d'une solution ammoniacale convenable, une période de plusieurs semaines peut s'écouler avant que l'acide nitrique ou nitreux ne paraisse ; après quoi, la nitrification a lieu avec une vitesse rapidement croissante. Cette période d'incubation est probablement due au développement de l'organisme.

Si, lorsque la nitrification est complète, on décante la solution et que l'on remplisse de nouveau le ballon avec une solution ammoniacale semblable, la nitrification commence alors dans un temps relativement beaucoup plus court et, en répétant cette opération, la fermentation peut se produire en quelques heures. Quand deux solutions de concentrations différentes sont ensemencées, la fermenta-commence toujours par celle de faible concentra-tiontion.

Voici, d'après M. Müntz, les conditions générales et nécessaires, de la nitrification.

1° La présence de matières azotées organiques ou ammoniacales fournissant l'azote : ammoniaque, asparagine, etc.

2° La présence de matières carbonées servant d'alimentation au ferment nitrique, quoique le ferment nitrique puisse vivre dans des solutions purement inorganiques. M. Winogradsky a récemment établi ce fait par des expériences rigoureuses et a montré, par la détermination du carbone dans les solutions, que le ferment est capable de produire de la matière organique, de l'acide carbonique et de l'ammoniaque, sans l'aide de la lumière.

3° Une substance basique destinée à saturer l'acide azotique produit.

Quand une solution de carbonate d'ammoniaque ou d'urée est nitrifiée, la fermentation a lieu jusqu'à ce que la moitié de l'azote soit oxydée, et alors elle s'arrête, du nitrite ou du nitrate d'ammoniaque étant le produit final.

La totalité de l'ammoniaque est nitrifiée, seulement, quand un excès de base est présent. La substance, qui agit le mieux dans ce sens, est le carbonate de chaux, qui se trouve presque toujours présent dans le sol.

Si la solution à nitrifier contient un alcali soluble, la nitrification est empêchée si l'alcalinité excède un très petit degré, et ne peut pas du tout avoir lieu avec une alcalinité plus forte.

C'est pourquoi, seules, les solutions étendues d'urine peuvent être nitrifiées.

4° La présence du ferment nitrique isolé par Winogradsky.

5° La présence de l'oxygène libre est essentielle à la nitrification.

Schlœsing (*Comptes-Rendus*, 77, 203, 353) a déterminé le taux de la nitrification dans des sols contenant différentes proportions d'eau et maintenus dans des atmosphères contenant différentes proportions d'oxygène.

Quand une terre est trop compacte ou trop fortement tassée ou submergée, l'air n'y circule plus et la nitrification est arrêtée.

Le même sol, qui se nitrifie rapidement, quand il se trouve dans un état convenable d'humidité et d'aération, devient un milieu de vigoureuse réduction quand il est rempli d'eau.

Les eaux de rivières deviennent un milieu de réduction quand elles sont polluées par des eaux d'égouts.

Les produits de la dénitrification sont variables, selon la nature des organismes présents; des nitrites, de l'oxyde nitrique et nitreux et même de l'azote peuvent se produire.

6° L'humidité du sol est indispensable.

M. Schlœsing a fait, sur ce point, certaines expériences très probantes.

	I	II	III	IV
Taux de l'humidité 0/0	9,3	14,6	16,0	20,0
Acide nitrique formé dans 1 kg. de terre, pendant 13 mois....	mmg 157	mmg 172	mmg 397	mmg 478
Acide nitrique formé par la même terre, pendant les 6 mois suivants..............	28,0	48,8	53,0	81,6

7° Une certaine température.

La nitrification s'arrête par une élévation de température de 55°, par la présence du chloroforme, du sulfure de carbone, du phénol, du bichlorure de mercure, etc. La température la plus basse à laquelle le ferment agit est 3 °C. Quand la température s'élève, la fermentation augmente jusqu'à 37°, selon Schlœsing et Müntz. Au-dessus, il y a un déclin rapide et, à 55°, la fermentation est totalement arrêtée. Quand le temps est chaud et humide, comme pendant les temps orageux, la nitrification est à son maximum d'intensité. Le microbe est tué à 90°.

Voici, d'après Schlœsing, les résultats obtenus avec des milieux nitrifiants maintenus à diverses températures, du 19 novembre 1877 au 15 janvier 1878.

Température	Acide nitrique formé, mg.
5 à 8° C	2.3
14 à 16	19.5
23	39.4
27	59.7
33	81.8
37	98.9
43	40.3
49	5.1
56	0.0

8° Influence de la lumière.

La lumière tend à arrêter la nitrification.

Quand une solution est exposée à une forte lumière, la nitrification s'arrête aussitôt (M. R. Warrington, *Journal of Chemical Society of London*, T. XXXIII, p. 214). Le pouvoir oxydant du ferment nitrique n'est pas limité à l'oxydation de l'ammoniaque ou de la matière organique. Müntz (*Annales de Ph. et de Ch.*, 1887) a montré que les iodures peuvent se convertir en iodates, de même que les bromures. M. Dehérain a confirmé dans ses expériences les résultats de M. Schlœsing et conclut que, seule, la trituration du sol peut hâter la transformation quelquefois trop lente des matières azotées.

Il donne donc les conseils suivants pour avoir une bonne nitrification :

1° Qu'à l'époque des semailles, on fasse entrer en jeu les herses, les rouleaux, les scarificateurs et, quand les plantes sont levées, que par des binages répétés on émiette le sol, et qu'on le pulvérise avec d'autant plus de soin qu'on cultive une plante plus exigeante.

Voici, d'après Boussingault, les quantités d'ammoniaque trouvées dans les eaux météoriques recueillies sur les glaciers des Alpes (*Comptes-rendus*, 121 et 95).

Sommet du Saint-Bernard :

Pluie.	1 mmg. 10 d'AzH³	
Neige	0,11 mmg.	
Eau du lac.	0,10	»
Neige du Vélan, 3760 m. . . .	0,10	»
Mer de glace, 1350 m	0,13	»
Glaciers du Gœrner, 2400 m. .	0,00	»
» d'Aletsch, 2200 m . . .	traces	»
Cirque Comboe (neige acide recueillie dans une tempête) .	0,30	»
Lac Seven	0,03	»

CHAPITRE IV

Fabrication de l'ammoniaque

Des produits naturels. — De l'azote atmosphérique.
— De la houille. — Du nitrate de soude. — Des matières organiques azotées. — De l'urine, des eaux-
vannes, excréments, gadones, etc. — Des jus sucrés,
vinasses, etc. — De la tourbe.

L'ammoniaque, au point de vue industriel, est extraite de sources très diverses :

1° Des produits naturels tels que le guano, le
salmiac, la larderellite, etc.

2° De l'azote atmosphérique, par voie synthétique.

3° De la houille, qui en constitue la source la plus
importante, soit par extraction dans la fabrication
du gaz d'éclairage, soit dans la fabrication du coke
métallurgique, soit directement des gaz des hauts
fourneaux et des foyers industriels (gazogènes),
desquels M. Mond est parvenu à extraire une forte
proportion d'ammoniaque.

4° Du nitrate de soude, ou salpêtre du Chili.

5° Des cyanures obtenus par synthèse au moyen de l'azote de l'air.

6° De l'urine, des eaux vannes, etc.

7° Des matières organiques azotées : des os, du cuir, de la laine, des poils, muscles, cornes, sabots de chevaux, rognures de cuir (bourrier des corroyeurs), etc.

8° Dans la fabrication du sucre, soit pendant le travail des jus, soit des vinasses de betteraves.

9° De la tourbe.

Nous étudierons donc successivement ces diverses méthodes d'obtention de l'ammoniaque en nous attachant aux plus importantes, telles que celles basées sur le travail des eaux-vannes, sur la synthèse, à l'aide de l'azote de l'air, et particulièrement celles ayant trait à l'extraction de l'azote de la houille ; car, ces dernières se développent de jour en jour et les découvertes de M. Mond ont déjà fait faire un progrès énorme dans cette voie.

I. — Extraction de l'ammoniaque des produits naturels.

L'ammoniaque se trouve, sous diverses formes, dans la nature :

1° A l'état d'oxalate, dans le guano.

2° A l'état de chlorure constituant le *salmiac*.

3° A l'état de sulfate constituant la *mascagnine*.

4° A l'état de borate dans la *larderellite*.

5° A l'état de bicarbonate.

1° *Dans le guano*. — Le guano, comme on le sait, est constitué par les excréments d'oiseaux de mer, accumulés, pendant de très longues années, dans certaines îles de l'Océan Pacifique, situées sur les côtes du Chili et du Pérou. Il fut signalé par Boussingault et de Riveira, dans les îles Chincha.

Il renferme, en moyenne,14 0/0 d'azote, principalement à l'état d'oxalate d'ammoniaque.

Les substances azotées,contenues dans le guano, sont transformées en ammoniaque par chauffage avec la chaux. Ce procédé fut breveté par Young, en 1844, mais il n'est pas rémunérateur puisque la valeur commerciale du guano comme engrais est supérieure à celle des produits ammoniacaux formés.

2° *Ammoniaque chlorurée* ou *salmiac*. — Se trouve en masses globulaires ou fibreuses, ou en efflorescences blanches ou jaunâtres.

Ses caractères principaux sont les suivants :

Dureté = 1,5. Densité = 1,582. Éclat vitreux.

Forme cristalline. — Les cristaux les plus habituels sont l'icositétraèdre a^2, l'octaèdre régulier a^1 et le dodécaèdre rhomboïdal $b^{1/2}$. Clivage $a^{1/2}$.

Les cristaux sont souvent déformés, de manière à simuler les formes du type hexagonal.

On le trouve dans les fentes volcaniques du Vésuve, de l'Etna, des solfatares de Naples, et,en petites quantités, dans le voisinage des houillères en combustion (St-Etienne, Newcastle).

Le *salmiac* constitue donc le sel ammoniac naturel. Son nom nous vient d'une corruption de *sel ammoniac*.

3° La *mascagnine*. — Elle constitue le sulfate d'ammoniaque naturel. On la trouve, comme le salmiac, dans les fissures des laves du Vésuve, de l'Etna, des volcans des îles Lipari.

Elle renferme 34,7 0/0 d'ammoniaque.

53,3 0/0 d'acide sulfurique,

12,0 0/0 d'eau.

Ces sels, ainsi que l'ammoniaque bicarbonatée, sont produits par les *fumerolles alcalines* dont les gaz bleuissent fortement la teinture de tournesol. Elles se trouvent ordinairement sur le revers extérieur des coulées, jamais sur les cratères, et sont à une température comprise entre 400° et 100°. Elles sont donc formées de chlorhydrate et de carbonate d'ammoniaque, en majeure partie. Comme ces fumerolles se trouvent sur les parties les plus déclives, là où la végétation devient abondante, on regarde le carbonate comme provenant des matières organiques des végétaux, décomposées par les coulées de lave incandescente.

Quant au chlorhydrate d'ammoniaque, il appartient à la lave elle-même et, en effet, on trouve des dépôts abondants de ce sel, sur le flanc des cratères, en des points où la quantité de matière organique décomposée est trop insignifiante pour rendre compte de leur présence.

Quand les fumerolles ont cessé, ces sels se déposent sur les anfractuosités des laves d'où elles s'échappaient. On a vu, ainsi, au Vésuve et à l'Etna, des dépôts si abondants de chlorhydrate d'ammoniaque que les cônes des deux volcans étaient recouverts d'une couche blanche qu'on eût prise pour de la neige.

4° La *larderellite*. — La larderellite, ou ammoniaque boratée, fut trouvé par de Bechi dans l'acide borique des *suffioni* de Toscane. Elle a pour formule $(AzH^4)^2 O,4 Bo^2 O^3, 4 H^2 O$.

Elle se trouve en cristaux jaunâtres, sans saveur, formés par des tablettes rectangulaires qui, au microscope, offrent les propriétés optiques du gypse.

Les bords des *lagoni*, en Toscane, offrent de superbes incrustations de ce minéral.

5° L'*ammoniaque bicarbonatée*. — Elle se trouve, dans la nature, en masses cristallines, d'un blanc jaunâtre et ayant deux clivages brillants sur l'angle 112°.

Caractères. — Dureté = 1,5. Densité = 1,45.

Les stalagmites contiennent, d'après Lucas, 5,30 0 d'ammoniaque.

Fabrication de l'ammoniaque avec l'azote de l'air.

L'utilisation de l'azote atmosphérique et sa transformation en ammoniaque ou en cyanogène ont, depuis longtemps, attiré l'attention des chimistes industriels.

Les diverses méthodes de captation, qui sont actuellement très nombreuses, peuvent se diviser en trois classes :

1° Méthodes dans lesquelles on fait agir l'azote pur

ou l'azote mélangé de vapeur d'eau ou d'oxyde de carbone, ou de gaz d'eau sur un mélange de charbon et d'un sel alcalin ou alcalino-terreux, avec ou sans intervention de gaz acide.

2° Méthodes dans lesquelles on combine l'azote à l'hydrogène au moyen de l'électricité.

3° Méthodes diverses (formation d'azoture de bore de titane, de tungstène, etc. Emploi de la mousse de platine, de la ponce platinée, etc.).

1° *Méthodes de la première classe.* — Newton fit breveter, le premier, en Angleterre, en 1840, un procédé pour fixer l'azote atmosphérique de l'air, par l'action de l'air sur du charbon de bois imprégné de 20 à 30 0/0 de carbonate de potasse. Il se formait du cyanure de potassium, qui était recueilli en lessivant la masse.

Ce procédé fonctionna de 1840 à 1847 et fut abandonné. Le rendement industriel était de 50 0/0 du rendement théorique. Les inconvénients du procédé étaient : perte importante de carbonate de potasse, grosse masse à traiter pour une petite quantité de produit obtenu, détérioration rapide des appareils. On remarqua que le charbon de bois donnait de meilleurs résultats que le coke, que la potasse était préférable à la soude, que plus la température était élevée, plus le rendement était grand, que la vapeur d'eau était défavorable.

En 1803, Hunt obtenait le chlorhydrate d'ammoniaque en faisant passer un courant d'acide chlorhydrique et d'air ou de chlore, de vapeur d'eau et d'air sur du charbon au rouge. Il faisait aussi passer un courant d'air sur un mélange de charbon et de sel, ou de chlorure de manganèse chauffé.

Procédé Swindells. — En 1876, Swindells proposait de faire passer un mélange d'air et de vapeur sur du charbon imprégné de soude caustique et porté au rouge.

Procédé Rickmann (1878). — L'ammoniaque est obtenue, dans ce procédé, par injection d'un mélange de vapeur et d'air dans des tuyaux remplis de coke ou de fer spongieux et chauffés à environ 550°. La vapeur d'eau est décomposée en hydrogène qui est supposé se combiner avec l'azote de l'air.

Procédé G. Th. Glover (1880). — Consiste à faire passer les gaz des foyers mélangés à de la vapeur d'eau et à de l'acide chlorhydrique sur du charbon ou du bitume chauffés au rouge. L'inventeur suppose qu'il se forme du chlorhydrate d'ammoniaque.

Procédé Solvay. — Partant du principe précédent qu'appliquait Glover, Solvay facilite la reaction en imprégnant le combustible d'un chlorure plus ou moins décomposant ; l'acide chlorhydrique n'est plus alors nécessaire, attendu qu'il se orme au contact de la vapeur d'eau.

Il fit aussi cette remarque qu'on s'affranchit des limites de température de dissociation de l'ammoniaque, que M. W. Ramsay et Young ont si brillamment étudiées, en mélangeant de l'acide chlorhydrique gazeux à la vapeur d'eau et à l'air ou l'azote.

Il introduit le combustible dans une espèce de cubilot, l'imprègne de chlorure de magnésium et active l'ignition par un tirage artificiel.

Solvay mettait le combustible dans les conditions

voulues pour faciliter la formation du cyanogène avec l'emploi de l'acide chlorhydrique ou d'un chlorure décomposant, et préconisait une haute température à l'endroit de la réaction et un abaissement rapide de température après cet endroit, avec enlèvement immédiat du chlorure d'ammonium formé.

La vapeur d'eau était appliquée d'une façon intermittente, pour favoriser la production de l'hydrogène.

Wagner a aussi essayé un procédé semblable.

Procédé de l'American Ammonia manufacturing C°, 1889. — Dans un four spécial, on introduit un mélange de gaz et d'air, ce dernier en quantité plus grande qu'il n'en faut pour la combustion, en présence d'un mélange de charbon et d'alcali, mis en mouvement par des palettes, de façon à faciliter la formation des cyanures et ensuite à introduire un courant de vapeur qui détruit les cyanures et les cyanates formés, et donne lieu à un dégagement d'ammoniaque que l'on recueille dans des condenseurs et des scrubbers comme à l'ordinaire.

Méthodes de la deuxième classe. — Les expériences de Donkin ont démontré que l'ammoniaque peut être obtenue, en petite quantité, par l'action d'une forte étincelle d'induction sur un mélange d'azote et de vapeur d'eau (Thénard).

Chrisholm fait passer les gaz des foyers, mélangés avec de la vapeur d'eau, dans des cornues remplies de charbon et chauffées au rouge.

La réaction n'est pas complète. A la sortie des cornues, le mélange gazeux est soumis à l'action des étincelles électriques.

Müller fait passer un mélange de 3 volumes d'hydrogène et de 1 volume d'azote dans un tube où il est soumis à l'influence des décharges électriques. Young opère de même, mais en ajoutant de la vapeur d'eau au mélange.

Par un autre procédé, on fait agir, dans une succession de vases clos, des étincelles électriques sur l'air traversant ces vases. Il se produit de l'acide hypoazotique gazeux, qui est entraîné par l'aspiration d'une colonne où coule une solution de soude caustique. Il se forme du nitrate et du nitrite de soude.

Méthodes de la troisième classe. — Les procédés employés ici peuvent se diviser en deux sections.

1° Les procédés basés sur la formation des azotures.

2° Les procédés employant le noir ou la mousse de platine, la ponce platinée, etc...

Parmi les premiers procédés, nous citerons :

1° *Le procédé Basset*, 1879. Consiste à envoyer de la vapeur sur un mélange de charbon imprégné d'acide borique ou sur le mélange d'un borate et d'un carbonate alcalins. Il se forme de l'azoture de bore, qui est ensuite décomposé par un courant de vapeur.

Procédé de la Société « l'Azote ». — Cette société se proposait d'obtenir de l'azote et de l'hydrogène par l'action du zinc fondu sur l'air et la vapeur d'eau, dans des fours séparés, de l'oxyde de zinc se formant dans les deux cas.

Les deux gaz étaient ensuite combinés par le fer spongieux (mousse de fer), imprégné d'un sel de titane ou par le charbon platiné.

Wöhler a reconnu que l'azoture de titane, chauffé dans un courant d'hydrogène, donne de l'ammoniaque.

Procédé Tessié du Motay. — Consiste à chauffer l'azoture de titane dans un courant d'hydrogène pour lui enlever de l'azote et former de l'ammoniaque, puis à le chauffer dans un courant d'azote pour lui restituer l'azote perdu.

Procédé A. M. Villon. — M. Villon conseille d'employer des cornues en terre, remplies de baryte caustique ou de baryte potassée, de chauffer le tout au rouge et d'y faire passer un courant d'hydrocarbures et d'azote, absolument privé d'oxygène. Il se forme de l'ammoniaque et des cyanures. Un courant de vapeur d'eau décompose facilement ces derniers.

M. Mond a fait un très grand nombre d'expériences sur les procédés de la première classe, à des températures comprises entre 500° et 1200° comme limites extrêmes, et en a déduit que l'ammoniaque produite provenait exclusivement de la transformation de l'azote, contenu dans la houille ou le coke employé.

Quant aux procédés, basés sur la formation des azotures obtenus en faisant passer un courant d'azote sur certains éléments tels que le bore, le silicium, le tungstène, le titane et, ensuite, en décomposant l'azoture produit par un courant de vapeur d'eau avec formation d'ammoniaque, M. Mond signale deux inconvénients :

1° La forte température nécessaire à la formation de l'azoture ;

2° Dans le cas du bore, la volatilité de l'acide borique, qui est entraîné, en forte proportion, par le courant de vapeur.

Parmi les procédés employant comme moyen de condensation, les corps poreux tels que la mousse de platine, le noir de platine, la ponce platinée, etc. ; nous citerons :

Le procédé *Tessié du Motay*. Consistait à obtenir industriellement l'ammoniaque en faisant passer un mélange d'hydrogène et de bioxyde d'azote sur de la ponce platinée au rouge sombre.

Il faisait réagir, dans des cylindres de fonte, 1 équivalent de nitrate de soude, 4 à 5 équivalents d'acide sulfurique, 3 équivalents de sel marin ; il y a dégagement de chlore et de vapeurs nitreuses ; le gaz passe sur du chlorure cuivreux, qui s'empare du chlore, en formant du chlorure cuivrique et les vapeurs nitreuses se dégagent.

Dufrène fait passer un courant d'hydrogène, sous pression, sur du charbon platiné, chauffé au rouge.

G. S. Johnson fait passer un mélange d'hydrogène sur de l'éponge de platine chauffée au rouge.

Kuhlmann, en faisant passer un mélange d'hydrogène et de vapeurs nitriques sur de l'éponge ou du noir de platine, a obtenu de l'ammoniaque.

Procédé R. de Lambilly (1893). Consiste à faire agir simultanément de l'azote, de l'hydrogène et de la vapeur d'eau, en présence de substances agissant par contact et à ajouter au mélange gazeux de l'acide carbonique, qui fixe l'ammoniaque à l'état de bicarbonate ou de formiate.

Le bicarbonate et le formiate dégagent, par leur formation à partir des éléments, une quantité de chaleur qui dépasse de plus de 20 calories celle qui se produit par l'union des éléments pour engendrer l'ammoniaque.

La préparation est, d'après l'inventeur, très simple, puisqu'il suffit de produire l'ammoniaque en présence de l'acide carbonique ou de l'oxyde de carbone. Ces réactions se produisent lorsque les constituants : azote, vapeur d'eau et gaz d'eau (hydrogène, acide carbonique et oxyde de carbone) dont la composition centésimale moyenne est la suivante :

Acide carbonique......	2,71 a 3,8	0/0
Oxyde de carbone.....	43,01 à 44,05	
Hydrogène	47,80 à 48,97	
Azote.................	3,80 à 4,06	

sont amenés au contact de certaines substances poreuses, comme la pierre ponce, le charbon de bois, le noir animal, surtout lorsqu'ils sont platinés. Ces réactions se produisent même à froid, en présence de noir ou d'éponge de platine, mais elles sont plus actives aux températures voisines du point de dissociation de ces sels.

40° à 60° pour le bicarbonate ;

80° à 130° pour le formiate.

Les gaz mélangés passent dans des tuyaux remplis de corps poreux, chauffés aux températures indiquées et à leur entrée dans ces tubes, ils sont saturés de vapeur d'eau. A leur sortie, les gaz passent dans l'eau où les sels ammoniacaux formés se dissolvent.

En résumé, en dépit de nombreuses assertions, et malgré les diverses recherches, qui ont été faites, concernant la fabrication synthétique de l'ammoniaque, ces réactions n'ont, croyons-nous, jamais été pratiques, ou, tout au moins, jamais jusqu'ici exploitables industriellement. L'intervention du bore et du titane n'a pas eu beaucoup plus de succès. Malgré cela, peut-être arrivera-t-on à une synthèse parfaite de l'ammoniaque à l'aide de l'azote atmosphérique, les recherches chimiques étant actuellement dirigées avec une méthode toujours absolument rationnelle et des découvertes nombreuses venant incessamment fournir de nouveaux jalons aux chercheurs.

Extraction de l'ammoniaque de la houille

1° Dans la fabrication du gaz d'éclairage

Comme chacun le sait, le gaz, dans cette fabrication, est purifié en le soumettant à un refroidissement et à un lavage dans des scrubbers. Le goudron se dépose, en majeure partie, dans le barillet placé à la suite des cornues et une partie aqueuse, constituée par l'eau ammoniacale, est extraite des condenseurs et des scrubbers.

Ces eaux sont très irrégulières comme teneur en ammoniaque : elles renferment, en moyenne, 12 à 18 grammes d'Azil³ par litre, qui se trouve sous la forme de nombreux sels tels que : sulfures, carbonates, chlorures, sulfocyanates, hyposulfites, sulfites, sulfocarbonates, sulfates, ferrocyanures, cyanures et acétates.

Les eaux ammoniacales, qui sont mélangées au goudron, s'en séparent, soit par dépôt, soit par distillation.

On obtient ainsi, dans cette fabrication, 1/5 de l'azote de la houille, à l'état d'ammoniaque : mais, la plupart du temps, on n'en obtient qu'environ 1/10.

Avec une houille à 1,53 0/0 d'azote, on devrait obtenir 6,65 0/0 de sulfate d'ammoniaque ou environ 67,5 kilogs à la tonne ; or, l'on considère 9 à 10 kg. comme un bon rendement.

Dans une expérience de laboratoire, sur une houille ayant la composition suivante :

$$
\begin{aligned}
C &= 84,34 \\
H &= 5,30 \\
Az &= 1,73 \\
O &= 4,29 \\
S &= 0,78 \\
Coke &= 74,46 \\
\text{Matières volatiles} &= 25,54 \\
\text{Humidité à } 100° &= 1,44 \\
\text{Cendres} &= 2,42
\end{aligned}
$$

M. W. Foster a obtenu, sur 100 parties d'azote :

14,50 à l'état d'ammoniaque ;

1,56 à l'état de cyanogène ;

35,28 à l'état d'azote et faisant partie du gaz ;

et 48,68 restant dans le coke.

Le coke en renferme donc 0,802 0/0 du poids de la houille.

La plus grande partie de l'ammoniaque se dégage au milieu de la distillation, les gaz formés à la fin de l'opération en étant presque complètement privés.

On pourrait supposer avec M. Gall qu'il se forme dans cette distillation un cyanogène polymérisé, sorte d'azoture de carbone, analogue aux azotures de bore ou de titane. Ce qui semblerait prouver la valeur des assertions de M. Mond sur l'introduction de la vapeur d'eau, qui, détruit comme il est bien connu, à une température d'environ 500°, les azotures, en donnant lieu à un dégagement d'ammoniaque.

Watson Smith (*Chemical Society*) a trouvé, dans un coke de cornue à gaz ordinaire : 1,375 d'azote ; dans un coke de four à coke ordinaire (*bee hive*) : 0,511 et dans un coke provenant d'un four Simon Carvés : 0,384 ; ce qui nous montre que, dans le procédé ordinaire, une bien plus grande quantité d'azote est retenue et dévoile, ainsi, suffisamment, à ce point de vue particulier, l'insuffisance des cornues à gaz actuelles.

Cl. Winckler a trouvé que, dans les fours à coke, 28,7 0/0 d'azote reste dans le coke et 71,3 0/0 s'échappe avec les gaz.

Knublauch trouve que, dans la fabrication du gaz sur une grande échelle, 31 à 36 0/0 d'azote restent dans le coke, 10 à 14 0/0 sont transformés en ammoniaque, 1,5 à 2 0/0 à l'état de ferrocyanure, 1 à 1,3 restent dans le goudron et environ 50 0/0 s'échappent dans le gaz.

Les meilleurs travaux, faits sur ce sujet, sont de

Provenance des houilles	Wes-phalie	Boldon	Silésie	Bohême	Saxe	Sarre	Cannel Coal de Bohême	Brown Coal
Azote total % de houille........	1.50	1.45	1.37	1.36	1.20	1.06	1.49	0.52
Azote retrouvé dans le coke....	80	72	70	69	64	57	44	38
Azote volatilisé...............	20	28	30	31	36	43	56	63
Rendement % en AzH^3 de la houille..................	0.248	0.189	0.284	0.237	0.094	0.188	0.221	0.129
Coefficient de rendement à l'état d'AzH^3..................	13.6	10.8	17.4	14.2	6.4	14.8	12.4	20.7
Rendement en $SO^4(AzH^4)^2$ par tonne de houille, en kg....	10.101	7.701	11.596	9.694	3.850	7.655	9.014	4.983

Schilling qui, dans de nombreuses et minutieuses
expériences, opérées dans une cornue à gaz spéciale,
et en chauffant à une température de 1160 à 1220°, a
obtenu les résultats mentionnés dans le tableau
ci-dessus.

Ce rendement en ammoniaque étant beaucoup
trop faible, divers procédés ont été essayés pour
l'augmenter.

1° *Procédé à la chaux W. J. Cooper*. 1882. —
Consistait à mélanger 2,5 0/0 de chaux du poids de
la houille avant de charger les cornues. On a, par
ce procédé, plus d'ammoniaque et moins de soufre
dans le gaz. Le soufre est retenu sous forme de
sulfure de calcium, qui a une certaine valeur, et le
coke est plus apprécié à cause de sa faible teneur
en produits sulfurés.

Ce procédé fut exploité en Angleterre et le plus
haut rendement obtenu fut de 36 livres anglaises
de sulfate d'ammoniaque ou 16 k. 30 par tonne de
houille.

Schilling a trouvé que, dans le cas de la houille
de Boldon, il y a augmentation de 30 à 70 0/0 d'ammoniaque en chaulant la houille ; mais, dans les autres cas, seulement de 3 à 11 0/0 ou même une légère perte de 2 à 4 0/0. Le rendement exception-
nellement pauvre de la houille de Saxe fut aug-
menté de 84 0/0.

2° *Procédé Tercel*. 1883. — Il faisait passer de
l'hydrogène sur de la houille ou des schistes, dans
les cornues. Ce procédé a donné, dit-on, de très
beaux résultats de laboratoire, mais beaucoup
moins bons dans l'industrie. Souvent, on a proposé

l'adjonction de la vapeur dans les cornues, mais dans la fabrication du gaz, cela paraît difficilement praticable, à cause du pouvoir éclairant que doit posséder ce corps pour être livré à la consommation.

3° *Procédé Bollon et Wanklyn*. — Cette méthode est basée sur l'obtention directe de l'ammoniaque, contenue dans le gaz, sans production et sans distillation d'eau ammoniacale.

On fait passer le gaz, purifié de goudron, à travers une colonne chargée de superphosphates où l'ammoniaque est retenue par l'acide libre ou par le phosphate monocalcique.

Le superphosphate d'ammoniaque est ensuite vendu comme engrais.

Ce procédé fut essayé à l'usine à gaz de Munich. On obtient 8,5 à 31 0/0 d'ammoniaque totale dans le superphosphate, mais une partie se trouve à l'état de sulfocyanure et le phosphate soluble est partiellement précipité.

Procédés de traitement de la houille et des schistes bitumineux. — Quelques procédés modernes ont fait de l'ammoniaque le produit principal du traitement de la houille ou des schistes bitumineux.

On savait depuis longtemps que la vapeur injectée pendant la carbonisation des matières organiques azotées, augmente le rendement en ammoniaque (procédé Grouven). Ce procédé, appliqué à la houille ou aux schistes bitumineux, augmente le rendement en gaz et en ammoniaque si les conditions de marche satisfont à l'équation :

$$C + H^2O = CO + H^2$$

qui malheureusement sont opposées l'une à l'autre,
l'hydrogène diminuant le pouvoir éclairant du gaz
et augmentant le rendement ammoniacal.

Plusieurs tentatives, dans cet ordre d'idées, ont
déjà été faites par W. Young, G. Beilby, en 1881 et
en 1882.

Young et Beilby calcinaient les schistes bitumineux en présence de vapeur d'eau. Ils trouvèrent
que, sur 100 parties d'azote contenues dans des schistes bitumineux à 1 0/0, on obtenait, en les distillant
comme les huiles de paraffine :

17,0 0/0 d'ammoniaque dans la partie distillée;
20,4 0/0 dans le goudron ;
et 62,6 0/0 dans le coke résiduaire.

Lorsque la distillation était d'abord faite au
rouge sombre et le résidu soumis ensuite à la température du rouge blanc, en présence de vapeur, on
ne laissait que :

4,9 0/0 d'azote dans le coke ;
74,3 0/0 à l'état d'ammoniaque ;
et 20,4 0/0 dans le goudron.

Une certaine proportion d'air peut être mélangée
avec la vapeur sans réduire fortement le rendement.

Il faut donc, comme nous l'avons déjà vu, satisfaire à l'équation $C + H^2O = CO + H^2$; malheureusement, la température à laquelle le carbone libre
décompose l'eau est considérablement au-dessus de
celle à laquelle l'ammoniaque commence à se décomposer. La première est de 1100 à 1200° pendant que, selon Ramsay et Young, l'ammoniaque,
dans des circonstances favorables, commence à se

décomposer au-dessous de 500° et presque complètement à 780° (Voir : Propriétés chimiques de l'ammoniaque, p. 49 et 50).

On peut éviter, en partie, cet inconvénient en diluant l'ammoniaque dans un gaz inerte. Grouven, dans son procédé, passe 20 à 30 fois de vapeur du poids de la substance, ce qui, dans l'industrie, ne serait pas très économique.

Mais, Young et Beilby ont trouvé qu'en mélangeant de la vapeur et de l'air, 60 à 70 0/0 peuvent être obtenus industriellement à l'état ammoniacal avec une dépense de 1,25 partie de vapeur pour 1 partie de houille.

Le gaz, obtenu en même temps, est très pauvre et contient, pour 100 parties, en volume :

Acide carbonique..............	16,6 0/0
Oxyde de carbone	8,1
Méthane...................	2,3
Hydrogène.................	28,6
Azote.....................	44,4

Les différentes cornues employées dans ce procédé et décrites dans le brevet original, consistent en cylindres verticaux, dans la moitié supérieure desquels de la houille en menus morceaux est carbonisée, le coke descendant dans la partie inférieure. Le gaz et les vapeurs, produits à la partie supérieure, passent à travers le coke rouge contenu au-dessous et sont complètement convertis en gaz ammoniac, en présence de la vapeur d'eau introduite.

Le refroidissement et la condensation ont lieu dans de grandes chambres en briques où l'on injecte de l'eau en minces filets.

2· Dans la fabrication du coke

Depuis le commencement de la fabrication du gaz d'éclairage, on s'était attaché à recueillir l'ammoniaque produite, à cause de la pureté que devait posséder le gaz livré à la consommation, tandis que, dans la fabrication du coke métallurgique dans les fours clos, on avait jusqu'ici laissé perdre complètement l'ammoniaque et le goudron.

Durant ces dernières années, on a cherché à récupérer, sous forme d'ammoniaque, la plus grande portion de l'azote contenue dans la houille employée.

Nous verrons au chapitre, traitant de la production de l'ammoniaque, les quantités énormes qui sont actuellement obtenues par ces procédés et par celui des hauts fourneaux.

L'industrie du coke, dans les conditions où on l'exploite maintenant, donne naissance à des produits identiques à ceux obtenus dans la fabrication du gaz, et comme elle peut en produire de grandes quantités, elle influera fortement sur le cours des produits ammoniacaux.

Selon Gurlt, les premières tentatives pour recueillir le goudron et l'ammoniaque des fours à coke furent faites par Stauf, en 1764, dans une fonderie de Sarrebrück.

Les premiers appareils ayant donné de bons résultats furent construits par Charles Knab, en 1858, à Saint-Denis, et lorsque ces fours furent introduits à Commentry, Carvès, en 1862, les améliora-

et ils furent montés, en 1866, aux forges de Bessèges, et, en 1879, à Terre-Noire.

Vers 1870, les fours Pauwells-Dubochet furent perfectionnés aussi, et en 1882, M. Simon, de Manchester, apporta un nouveau perfectionnement au four Carvès en employant, pour réchauffer l'air, avant son introduction à une température de 500 à 600°, des récupérateurs de chaleur.

Les fours Knab, larges et plats, chauffés sous la sole seulement et carbonisant à basse température ont été complètement abandonnés pour faire place aux fours Carvès et Simon-Carvès, hauts, étroits, longs, carbonisant rapidement et à haute température. C'est pourquoi les sous-produits sont identiques à ceux obtenus dans la fabrication du gaz, la proportion de goudron, seule, étant plus faible.

Les fours employés pour extraire l'ammoniaque et le goudron, comme sous-produits de la fabrication du coke, peuvent être classés ainsi :

1° Ceux qui sont simplement une modification du four à coke ordinaire où le chauffage est effectué par l'admission de l'air à l'intérieur et brûlant ainsi une partie du charbon destiné à être transformé en coke, tels que ceux du Jameson, de Aitken, de Lürmann.

Dans les fours Jameson et Lürmann, la quantité d'ammoniaque obtenue ne vaut pas la peine d'être recueillie.

La température est probablement trop haute dans ces fours pour produire une quantité considérable d'ammoniaque.

2° Ceux dans lesquels l'air n'est pas admis à l'intérieur du four, la chaleur étant fournie extérieurement par la combustion du gaz, qui s'échappe, pendant la fabrication du coke et après que l'on en a séparé le goudron et l'ammoniaque.

Presque tous les fours à coke modernes appartiennent à cette classe : tels sont ceux de Hoffmann-Otto, de Simon-Carvès, Bauer, Hüssener, Semet-Solvay, et le four modifié Carvès-Knab.

Décrivons, en quelques mots, le principe général suivi dans les fours à coke actuels.

Tous sont construits, à part d'infinies variétés de détail, de manière à avoir une chambre hermétiquement close, une très grande cornue, par exemple, de laquelle les gaz, chassés par la distillation de la houille, sont aspirés mécaniquement, sans avoir aucune admission d'air ou de gaz de récupérateurs. Les gaz passent à travers des condenseurs refroidis extérieurement par l'air ou par l'eau, où ils déposent une grande quantité de goudron et d'ammoniaque, les petites portions restantes se décomposant dans les scrubbers et le gaz restant est ensuite amené aux tuyères, chauffant les cornues, afin d'être enflammé par le moyen d'un courant d'air chaud sortant des récupérateurs.

Après avoir effectué ce chauffage, les gaz résiduaires servent à chauffer l'air froid introduit dans les récupérateurs de systèmes variables.

On obtient ainsi, par ces nouveaux procédés, 2 à 3 0/0 de goudron et environ, 1 0/0 de sulfate d'ammoniaque ; certains charbons allemands donnent 11 k. 5 de sulfate à la tonne. Ce procédé laisse aussi beaucoup de gaz disponible pour le chauffage

des bouilleurs, appareils d'évaporation, etc... Il
augmente le rendement en coke de 60 à environ 70
à 75 0/0 de la houille, c'est-à-dire d'1/5 à 1/4.

M. Jameson, de Newcastle on Tyne, a imaginé
un procédé de condensation qui fonctionne dans
les usines de Hugh Lee Pattinson, à Felling, et
donne de bons résultats. On obtient 5 k. 400 de
sulfate d'ammoniaque par tonne de houille de
Northumberland.

Les fours Carvès, de Tamaris, Terre-Noire et
Bessèges produisent ensemble environ 300 tonnes
de coke par jour, fournissant six tonnes de goudron et 2 à 2,5 tonnes de sulfate d'ammoniaque.

Bien que les fours, dont nous venons de parler
aient été conçus et étudiés en France, ils n'y ont
pris jusqu'à présent qu'un développement restreint.
Il en existe actuellement en fonction :

A Tamaris (Gard). Forges d'Alais. . . . 35
A Bessèges. 50
A Terre-Noire (Loire). 50
A Cransac (Aveyron). Mines de Campa-
gnac 25
A Drocourt (Pas-de-Calais) 50

Soit un total de 210 fours qui peuvent carboniser
par an 180 à 190000 tonnes de houille.

Les constructions nécessaires à la récupération
des sous-produits sont loin d'être simples ; elles
exigent beaucoup de soins et d'attention. Bon nombre de propriétaires de mines hésitaient à faire
les frais d'une pareille installation, comportant une
véritable usine de produits chimiques pour le trai-

tement du goudron, de la benzine et de l'ammoniaque.

Les avantages de la récupération deviennent,de-
puis une dizaine d'années,de plus en plus évidents,
grâce aux efforts de MM.Otto, Hüssener, Solvay,etc.

Il existe actuellement, en Allemagne, un grand
nombre de fours Hoffmann-Otto, tous combinés
avec un système de régénérateurs Siemens.

Voici quelques chiffres qui montrent l'extension
prise par ces fours, depuis huit années :

	Fours en marche	Fours en construction
En 1884	40	120
1885	210	140
1889	600	»
1892	1.205	»

Les 1205 fours actuellement en marche se répar-
tissent ainsi :

District de la Rühr   470
Haute-Silésie   705
District de la Saar   30

Aux établissements de C. Otto et Cie, à Dahlhau-
sen, on a entrepris la construction d'un groupe de
60 fours Hoffmann-Otto, avec tous les appareils
nécessaires à la récupération des sous-produits.
Le prix de revient de tous ces travaux s'élève à
875000 francs dont 375000 francs pour les fours
proprement dits et 500000 francs pour les travaux
concernant la récupération.

Un four Hoffmann-Otto peut recevoir une charge
de 6250 kg. de charbon. L'opération dure 48
heures.

Par conséquent, en une année, les quantités de charbon traité et de sous-produits récupérés sont les suivantes :

	1 four H, O.	1 gr. de 60 fours
District de la Rühr.	1125 tonnes	67500 tonnes
Haute-Silésie. . . .	1170 »	70200 »
District de la Saar .	960 »	57600 »

L'analyse du charbon sec donne les résultats suivants en sulfate d'ammoniaque :

District de la Rühr. . . .	1,1 a 1,2 0/0
Haute Silésie.	1,0 à 1,15 0/0
District de la Saar. . . .	0,8 à 0,90 0/0

Un four Otto produit donc annuellement 13 tonnes, 5 de sulfate d'ammoniaque.

Fours Semet-Solvay. — Ce four est très employé en Belgique, en France et en Allemagne. Une seule usine l'a adopté, en Angleterre.

Les premiers de ces fours furent construits, en 1882, par M. Semet au puits nº 2 de la mine Bellevue, dépendant de la compagnie des charbonnages de l'Ouest (Mons). Six fours seulement furent établis à cette mine. De nouvelles expériences furent entreprises par la Compagnie Solvay au moyen de 25 fours établis au charbonnage de Havré. Finalement, la Compagnie Bois-du-Luc prit à son compte l'exploitation de ces fours et en augmenta le nombre.

Actuellement, 200 fours de ce système fonctionnent régulièrement ; l'année dernière, en 1893, 140 fours étaient en construction.

L'emploi d'une maçonnerie plus puissante dans la construction de ces fours permet d'atteindre une température élevée et même, en partant d'un charbon assez pauvre, on peut obtenir un coke de qualité excellente.

Le prix d'un four avec tous les accessoires, bélier à vapeur, rails, etc. s'élève à 4000 francs et pour les appareils de récupération 2500 francs par four.

Chaque four reçoit une charge de 4 tonnes de charbon et la durée de l'opération est de 22 heures ; le rendement en coke est presque théorique.

À Havre, où l'on emploie du charbon assez pauvre, le rendement est très bon.

M. Charles Dreyfus, auquel ces renseignements sont empruntés, a su par M. Jarmay, directeur des usines de Northwich, que les résultats suivants avaient été obtenus : 12 kilog. de sulfate d'ammoniaque et 40 kilog. de goudron par tonne de charbon et cependant les fours sont de l'ancien type Semet-Solvay.

Depuis trois ans, on récupère, non seulement le goudron et l'ammoniaque, mais la benzine que contiennent les gaz sortant des fours à coke.

Le prix des appareils nécessaires à cette récupération est de 6250 francs par four (système Frank Brunck, de Dortmund).

Le nombre des fours à récupération, employés en Angleterre, est encore assez restreint. On en compte :

313 du système Carvés
 20   —   Semet-Solvay
 80   —   Bauer

En Allemagne, il y en a plus de 1250 en marche.

D'après M. Jordan, on produit actuellement, en France, environ 1500000 tonnes de coke métallurgique provenant de la carbonisation de 2000000 de tonnes de houille.

En 1891, en Allemagne, il y avait, au total 15700 fours en feu produisant 7700000 tonnes de coke.

En Angleterre, on peut estimer, d'après M. Dreyfus, à 15000000 de tonnes de houille, le combustible transformé annuellement en coke.

Si nous admettons un rendement moyen de 10 kg. de sulfate d'ammoniaque par tonne de houille, nous voyons que si tous ces fours étaient munis des organes nécessaires à la condensation et à la récupération des sous-produits, nous atteindrions le chiffre formidable de 273000 tonnes comme production annuelle de sulfate d'ammoniaque.

Les fours à récupération de sous-produits (goudron, ammoniaque, benzine) tendent à se répandre de plus en plus et l'époque peu éloignée où tous ces produits étaient presque considérés comme non-valeurs, nous montre les progrès que l'industriel, aidé par la science, apporte sans cesse dans les diverses branches de l'industrie chimique.

Des gaz des hauts fourneaux, des gazogènes, etc.

La récupération de l'ammoniaque contenue dans les gaz des hauts-fourneaux, n'est suivie qu'en Ecosse (*Lunge's Coal Tar and ammonia*). Les houilles employées ne collent pas, ce qui permet d'éviter la transformation préalable en coke. On consomme 1500 à 2000 kilog. de ce charbon par 1000 kilogs de fer fabriqué.

Parmi les procédés proposés jusqu'ici, un des meilleurs est celui de Alexander et Mac-Cosh, qui a été appliqué aux fonderies de Gartsherrie.

Composition des gaz des hauts fourneaux. — Les gaz s'échappant du gueulard sont conduits par des tuyaux placés en haut du four dans un appareil semblable à celui employé dans la fabrication du gaz où l'eau ammoniacale et le goudron sont recueillis. Il est suivi par une série de scrubbers qui ne sont pas remplis de coke comme dans les scrubbers à gaz ordinaire, mais munis de plaques perforées qui laissent passer le gaz alternativement de chaque côté, pendant que l'eau coulant continuellement en mince filet dissout l'ammoniaque entraînée par le gaz.

Le liquide recueilli est repompé et renvoyé dans les scrubbers jusqu'à ce qu'il soit suffisamment saturé. On peut suivre aussi une méthode d'enrichissement méthodique du liquide en alimentant le scrubber où le gaz arrive avec les liquides les plus chargés en ammoniaque et le dernier scrubber avec de l'eau pure.

Le gaz privé de goudron et d'ammoniaque sert pour le chauffage comme à l'ordinaire.

Les procédés W.S. Sutherland, Denster et Henderson sont presque semblables à celui-ci.

La quantité de sulfate d'ammoniaque obtenue à la fonderie de Gartsherrie est environ 0,9 à 1,36 0/0 du poids de la houille et 10, 2 0/0 de goudron.

Ce chiffre correspond à peu près à la quantité d'ammoniaque obtenue dans le four Carvés, quoique le volume du gaz à traiter, sortant du haut-fourneau, soit 13 fois celui des gaz obtenus dans la fabrication du coke (J. L. Bell. *Engineering*).

Cela implique une immense surface de refroidissement ; les condenseurs présentent souvent un développement linéaire de 9000 m. de tubes, représentant une surface de 5320 m².

Procédé d'Addie, qui peut aussi s'appliquer aux gaz des fours à coke et des gazogènes. Ces gaz sont mélangés avec du gaz sulfureux, en quantité suffisante pour former du sulfite d'ammoniaque, et passent ensuite à travers un scrubber où le sulfite se dissout. La solution est ensuite transformée en sulfate par l'action d'un courant d'air, ou bien elle est distillée avec de la chaux pour obtenir de l'ammoniaque caustique.

Les liquides obtenus par ce procédé contiennent du sulfate, sulfite et thiosulfate d'ammoniaque en différentes proportions (*Society Chemical Industry*, 1883).

Des procédés semblables ont été appliqués au gaz ordinaire par Laming et W. Huns, en 1852, et dernièrement au gaz des gazogènes par G. E. Davis (*Société de Chimie Industrielle*).

Le procédé de la Société de Hussigny consiste à absorber l'ammoniaque des gaz de hauts fourneaux par le chlorure de calcium.

Un travail très intéressant sur ce sujet a été communiqué par M. W. Jones à une réunion, à Glasgow, en 1885, de l'*Iron and Steal Institute*. Un extrait en a été donné dans le *Journal de la Société Industrielle*, 1885.

Il établit que si les gaz des hauts fourneaux écossais étaient traités pour la récupération de l'ammoniaque, le rendement en sulfate d'ammoniaque serait de 18000 tonnes par an, égal à 22 0/0 de la production du Royaume-Uni.

Des gaz des gazogènes. — Le chauffage par le gaz, obtenu par la semi-distillation de la houille dans les gazogènes, est un des meilleurs connus actuellement ; il supprime les divers inconvénients que possèdent un grand nombre de foyers et permet d'avoir des températures très hautes en utilisant plus complétement la puissance calorifique du combustible. Le type de ces gazogènes est celui de Siemens.

Les moyens employés pour la récupération de l'ammoniaque contenue dans les gaz de ces générateurs ressemblent à ceux en usage dans la fabrication du gaz d'éclairage ou du coke.

Système Siemens (1883). — Il sépare le gazogène en deux zones : celle où naissent les hydrocarbures et l'ammoniaque, et celle où a lieu la conversion du charbon en oxyde de carbone, par un système de construction particulier facilitant la condensation du goudron et de l'ammoniaque.

Procédé T. Fogarty (1883). — Il fait passer le gaz des générateurs, élevé à une forte température, à travers un mélange de charbon et d'alcali finement pulvérisé où il se forme des cyanures qui sont ensuite décomposés par la vapeur d'eau, l'ammoniaque formée étant recueillie dans un scrubber.

Procédé G. H. Davis (1883). — A pour but d'augmenter la quantité de benzol en distillant la houille à 650°, température relativement basse ; il obtient ainsi 37 gallons d'eau ammoniacale (1 gallon = 0,4536 litres) et 16 gallons de goudron.

Procédé Mond (1). Ce procédé consiste dans l'extraction de l'ammoniaque des produits de la combustion même de la houille ; il comporte une modification complète dans l'emploi du combustible qui est consommé à l'état gazeux comme dans les gazogènes, et il a donné une solution industrielle du problème de la récupération de l'azote de la houille à l'état d'ammoniaque, en produisant du gaz de chauffage.

Lorsqu'on brûle de la houille au gazogène dans un mélange d'air et de vapeur en proportions telles qu'on ait deux tonnes de vapeur d'eau par tonne de houille gazéifiée, la température de combustion est abaissée vers 500° et cet excès de vapeur d'eau favorise la transformation de l'azote de la houille en ammoniaque.

(1) *Journal of Society of Chemical Industry*, juin 1889, p. 505.

Le tiers seulement de la vapeur, qui traverse le gazogène, est décomposé. Certaines dispositions permettent d'utiliser cette vapeur et la chaleur perdue des gaz pour la saturation d'une nouvelle quantité d'air. La quantité additionnelle est fournie par les échappements des machines motrices.

Voici le dispositif adopté par M. Mond.

Les gazogènes sont de forme rectangulaire et disposés en série. Ils ont 1 m. 82 de profondeur et 3 m. 65 de longueur. Les cendriers sont munis d'un joint hydraulique suffisant pour résister à la pression de 0 m. 10 d'eau. L'air arrive au-dessus du niveau de l'eau des cendriers. Les cendres sont retirées de dessous l'eau. Les gaz s'échappent au milieu du sommet des fours.

Le gaz, qui sort du gazogène, traverse un laveur à palettes où les sels ammoniacaux se dissolvent. Le liquide chargé de ces sels est ensuite distillé sur la chaux, comme à l'ordinaire. Le goudron se dépose et le gaz, qui sort à 100°, chargé de vapeur d'eau, se rend dans une première tour de lavage arrosée avec une solution de sulfate d'ammoniaque à 38 0/0 et additionnée d'acide sulfurique dans des proportions telles que le liquide qui s'écoule au bas de la tour n'ait pas plus de 2,5 0/0 d'acide libre.

Une teneur plus élevée colorerait les sulfates en agissant sur les goudrons.

Le gaz renfermait à son entrée dans la tour 0,13 0/0 d'ammoniaque en volume, il n'en renferme plus que 0,013 0/0 quand il en sort, à la température de 80°, encore saturé de vapeur d'eau. Le liquide est séparé du goudron, additionné d'une nouvelle dose d'acide et repompé dans la tour. On le lave ensuite aux huiles lourdes et on l'évapore.

Le gaz entre alors dans le condensateur, seconde tour renfermant des chicanes en bois percées de trous où il rencontre un courant d'eau froide qui condense la vapeur et *se réchauffe* à 78°-80° C. Quant au gaz, qui a une température de 40 à 50° C., il sort purifié et refroidi, et peut être envoyé aux brûleurs. L'eau chaude à 78°, une fois séparée du goudron qu'elle a retenu, est envoyée dans une troisième tour, où arrive le courant d'air froid. Cet air *se réchauffe à la température de l'eau et se sature de vapeur d'eau, à la température de 76°* ; on le refoule ensuite dans le gazogène, à l'aide d'un ventilateur.

Le rendement est de 32 kg. de sulfate d'ammoniaque par tonne de houille ; on arrive à une production de 4 tonnes de sulfate pour 125 tonnes de houille.

Des essais ont été faits pour la production directe du chlorhydrate d'ammoniaque, en introduisant dans le four, du gaz acide chlorhydrique ou bien en ajoutant au combustible de l'argile imprégnée de chlorure de calcium.

Les gaz des gazogènes sont non seulement employés comme combustibles, mais M. Mond a cherché à les appliquer à la production d'énergie électrique à l'aide de piles à gaz. Chaque élément se compose d'une cloison en plâtre humectée d'acide sulfurique et dont les deux faces sont recouvertes d'une lame de platine percée de petits trous

et par dessus une faible couche de noir de platine.
Si on plonge une lame dans l'hydrogène et l'autre
dans l'oxygène, il se développe une certaine force
électromotrice, due à la combinaison de l'hydrogène et de l'oxygène pour former de l'eau. Au lieu
de ces gaz purs, on peut employer le gaz des fours
précédents et l'air atmosphérique, circulant à l'état
de courants, de manière à balayer la vapeur d'eau
formée, car le noir de platine ne doit jamais être
mouillé. De plus, il convient que le gaz combustible soit débarrassé de l'oxyde de carbone et des
hydrocarbures qu'il contient, en le faisant passer
sur de la pierre ponce imprégnée d'une solution
d'un sel de nickel ou de cobalt chauffée à 350-340°.
Les sels de ces métaux ont la curieuse propriété
de transformer l'oxyde de carbone en charbon et
acide carbonique, et de décomposer complètement
les hydrocarbures.

Par le procédé Mond, on recouvre donc les deux
tiers de la vapeur introduite au début, de sorte
qu'on n'a à ajouter à l'air saturé d'humidité qu'une
quantité de vapeur égale au tiers de celle qui est
nécessaire.

Cette quantité additionnelle est de 600 kg. par
tonne de houille brûlée.

Les gaz sortants sont employés comme combustible pour l'évaporation. Leur composition moyenne
est la suivante :

Acide carbonique.	15 0/0
Oxyde de carbone.	10
Hydrogène	23
Azote.............	49
Hydrocarbures...	3

Leur valeur calorifique est de 75 0/0 de celle de la houille employée, mais comme le combustible gazeux s'utilise bien mieux que le combustible solide, on arrive, en agissant comparativement, à 85 0/0. En tenant compte de la production de la vapeur nécessaire, on arrive à 80 0/0, soit une perte de pouvoir calorifique égale à 20 0/0 du poids du combustible employé.

Comme gain on a 22 kilog. de sulfate d'ammoniaque par tonne de houille brûlée.

La production de 1 tonne de sulfate d'ammoniaque entraîne la perte de 6,25 tonnes de houille ; l'opération est donc avantageuse.

A. Hennin propose d'opérer comme M. Mond, mais en employant de la vapeur à haute pression, légèrement surchauffée et convenablement diffusée dans la masse du combustible, dans la proportion de 0,75 à 1 par tonne de houille.

M. Mond, dans une communication qu'il fit à la Société de chimie industrielle de Londres, estimant à 150000000 de tonnes le combustible brûlé annuellement en Angleterre, disait que si 1/10 seulement de cette quantité de houille était traitée par son procédé, on arriverait au chiffre énorme de production de 5 millions de tonnes de sulfate d'ammoniaque.

Fabrication par le nitrate de soude

Le nitrate de soude ou salpêtre du Chili, comme tous les nitrates et les nitrites, est réductible par la chaleur, en donnant de l'oxygène, la base anhydre et des produits azotés gazeux :

$$2NaAzO^3 = Na^2O + Az^2O^3 + 2O.$$

Les deux procédés, dont nous allons parler, sont donc basés sur la décomposition pyrogénée du nitrate et la réduction des produits nitrés produits par l'hydrogène naissant.

1° *Procédé Baudoin*. — Ce procédé est basé sur l'action réductrice de l'hydrogène produit par la décomposition pyrogénée de la houille ou de la naphtaline, sur le nitrate de soude.

Les produits formés sont :

1° L'ammoniaque résultant de la réduction des produits nitrés par l'hydrogène.

2° Le carbonate de soude provenant de l'action du gaz carbonique sur l'oxyde de sodium :

$$C + 2O + Na^2O = Na^2CO^3$$
$$et\ Az^2O^3 + 12H = 2AzH^3 + 3H^2O$$

la formule de réaction totale étant :

$$2NaAzO^3 + C + 12H = Na^2CO^3 + 2AzH^3 + 3H^2O$$

Cette méthode d'obtention de l'ammoniaque est

actuellement montée à l'usine de produits chimiques d'Amfreville, près Rouen. Elle n'a pas réalisé toutes les espérances que l'on avait fondées sur elle, car la quantité d'hydrogène, dû à la décomposition des carbures provenant de la carbonisation de la houille, était trop faible, à cause de la rapidité de la réaction et de la petite quantité employée. Le mélange de houille et de nitrate de soude jouissant de propriétés déflagrantes assez violentes, il était de toute nécessité d'opérer sur de petites portions.

L'auteur de cet ouvrage, a constaté lui-même qu'en premier lieu, il se perdait une notable quantité d'azote à l'état de produits nitreux, qui étaient entraînés en même temps que le gaz d'éclairage produit par la combustion de la houille.

La partie intéressante et originale de l'appareil employé réside dans un système de distribution et d'alimentation continue par petites portions, dispositif qui a pour but d'éviter les effets explosifs du mélange.

L'appareil se compose de deux cornues en fonte disposées horizontalement dans un four qui peut être porté à une température de 5 à 600°, semblable à un four de cornues à gaz. Dans chacune des cornues, tourne une chaîne sans fin, munie de palettes, destinée à entraîner le mélange et le coke carbonaté produit. Ce dernier tombe dans des étouffoirs qui sont ensuite basculés dans une batterie de lessiveurs méthodiques (système Shanks) où le coke est épuisé. Les eaux chargées de carbonate de soude sont ensuite traitées pour la fabrication des cristaux de soude.

8

Chacune des deux cornues porte à la partie antérieure un tuyau venu de fonte avec la tête, dans lequel tombe le mélange, amené par le distributeur à vis. A la partie postérieure, un tuyau semblable sert au dégagement du gaz chargé d'ammoniaque, qui se rend d'abord dans un condenseur formé par un vaste cylindre où la majeure partie des noirs de fumée produits se dépose et, ensuite, dans un condenseur à eau à demi-rempli, où il barbote en passant à travers des tôles perforées, enfin, dans un scrubber, contenant une série de plaques perforées soutenant des briques, percées de trous, disposées en chicanes.

Les eaux ammoniacales recueillies sont traitées comme à l'ordinaire pour la fabrication du sulfate d'ammoniaque ou de l'ammoniaque caustique dans une colonne à distiller, système Lair.

Cette fabrication offre aussi un assez grand nombre de sous-produits ayant une certaine valeur : ce sont les noirs de fumée, le coke, les goudrons et le gaz, car ici les deux principaux produits sont l'ammoniaque et le carbonate de soude.

Le rendement industriel, en carbonate de soude, a été presque intégral, mais celui en ammoniaque a été beaucoup plus faible que celui indiqué par la théorie et cette industrie ne pourra peut-être vraiment donner de bénéfices qu'en y apportant certains perfectionnements permettant d'obtenir un rendement ammoniacal presque théorique.

Comme pour beaucoup d'autres procédés, la pratique industrielle n'a pas donné et confirmé les résultats qui peut-être ? avaient été obtenus dans des expériences de laboratoire.

Procédé Muller et Geissemberger. — Consiste
à décomposer par la chaleur dans une chaudière
une certaine quantité de nitrate de potasse, de
soude ou de baryte et à mettre les produits gazeux
résultant en présence de corps capables d'absorber
l'oxygène ou de s'y combiner.

Ce corps est choisi de manière à s'allier aussi
avec l'oxygène provenant de la décomposition de
l'eau, pour laisser dégager l'hydrogène naissant.

On emploie une cornue analogue à celles employées dans la fabrication du gaz que l'on remplit de charbon de bois, coke ou tout autre combustible et on la chauffe à 600°. La réaction suivante
a lieu, le charbon se combinant à l'oxygène des
produits gazeux, et mettant l'azote en liberté :

$$3Az^2O^3 + C = 3CO^2 + 4Az$$

D'autre part on fait arriver de la vapeur d'eau
qui se décompose, donne de l'hydrogène qui s'unit
à l'azote naissant pour former de l'ammoniaque,
qui cependant, croyons nous, doit être en partie
dissociée, à cause de la forte température à laquelle
elle est soumise.

Fabrication au moyen des cyanures produits à l'aide de l'azote atmosphérique

La production de composés cyanés, dans toutes
les circonstances où se trouvent réunis l'air atmos-

phérique débarrassé d'oxygène, une matière carbonée et une base alcaline ou alcalino-terreuse a été observée depuis bien longtemps.

En 1835, Dawes reconnut la présence du cyanure de potassium dans les masses fondues qu'on trouvait dans les fours de fusion du fer.

En 1839, Lewis Thomson (*Dingler's Polyt.* 73, 281) montra qu'en chauffant fortement au contact de l'air, un mélange de coke, de carbonate de potasse et de limaille de fer on obtenait du cyanure de potassium.

Bunsen et Playfair confirmèrent cette découverte.

Le premier brevet, pris sur cette question, fut celui de Newton. Il employait comme source d'azote, les gaz constituant l'atmosphère des chambres de plomb, après les avoir purifiés au sulfate de fer et à la chaux.

De nombreux brevets ont été pris depuis sur ce sujet. Nous ne parlerons ici que de ceux dont la fabrication du cyanure n'est qu'une phase intermédiaire, l'ammoniaque étant le produit final.

Swindel. 1844. — Formation de composés cyanés par action de l'azote, bioxyde d'azote ou de l'azote atmosphérique sur du charbon chauffé en vase clos.

Production d'ammoniaque par mélange de vapeur d'eau.

Brin. 1883. — Production d'ammoniaque par action de l'azote humide sur un mélange chauffé de baryte et de charbon.

Weldon. 1879. — Emploi du four tournant comme dans la fabrication de la soude.

Formation de cyanure avec l'azote et le charbon alcalinisé au rouge faible.

Mond. 1882. — Courant d'azote sur un mélange de charbon, magnésie, carbonate ou oxyde de baryum, comprimé et calciné à l'abri de l'air.

Fogarty. 1887. — Il fait tomber un mélange pulvérisé de charbon et d'alcali dans le courant des gaz chauds s'échappant du foyer ou d'un générateur à gaz. Les cyanures sont transformés ultérieurement en ammoniaque par la vapeur d'eau.

Dickson (1887). Injecte dans une chambre, un mélange d'air, de vapeur d'eau, de poussière de charbon ou de carbure d'hydrogène, sur des alcalis ou alcalino-terreux pulvérisés. Le mélange est porté à haute température par la combustion des gaz.

En général, dans tous ces procédés, une température élevée favorise la production du cyanogène, une température plus basse, la formation d'ammoniaque.

Un excès de vapeur d'eau développe la production d'ammoniaque. La température et l'humidité seules décident de la production du cyanogène ou de la formation d'ammoniaque, ces deux corps pouvant se former dans les mêmes circonstances et avec les mêmes matières.

Les conclusions auxquelles conduisent les travaux exécutés jusqu'ici sont donc les suivantes :

1° La température nécessaire à la réaction est moins élevée qu'on ne le croyait d'abord, les cyanures se produisant au rouge cerise, et l'ammoniaque au rouge sombre.

2° La présence de l'oxygène *libre* doit être évitée.

3° Des doses assez considérables d'eau sont nécessaires à la production d'ammoniaque.

4° Les matières, qui prennent part à la réaction, doivent être intimement mélangées.

5° La présence d'une base puissante est indispensable.

6° L'ammoniaque et le cyanogène prennent donc naissance, dans les mêmes circonstances, mais à des températures différentes et avec des degrés d'humidité différents.

Procédé Basset. — Cette méthode est fondée sur les principes suivants :

1° Que l'azote se combine aisément au carbone, à la température du rouge, dans certaines circonstances, pour former du cyanogène.

Cette réaction est extrêmement facilitée par la présence des bases.

2° Les cyanures, soumis à l'influence de la vapeur d'eau, au rouge, se décomposent en ammoniaque et la base est mise en liberté. Quelquefois, il se forme de l'acide formique.

M. Basset plaçait dans une cornue à gaz du charbon de bois ou tout autre imprégné d'une solution de soude ou de potasse caustique, ou d'un carbonate alcalin. Cette cornue peut être chauffée au rouge. Deux ouvertures placées à la partie inférieure permettent l'une au courant d'azote de pénétrer, l'autre servant pour l'entrée de la vapeur d'eau.

Procédé Marguerille et Sourdeval. — Consiste à préparer d'abord les cyanures en chauffant un mélange de carbonate de baryum et de charbon dans une atmosphère d'azote et à décomposer ensuite les cyanures formés par la vapeur.

Procédé Mond (1). — Ce premier procédé n'ayant pas réussi, il fut repris par Mond, en 1882. Mond formait des boules ou des briquettes en comprimant un mélange de 32 parties de carbonate de baryum, 8 parties de charbon de bois et 11 parties de goudron ou de quelque autre matière convenable pour obvier à la fusion qu'éprouvait le carbonate de baryum à la température élevée où se trouvaient les cornues en terre réfractaire. Ces briquettes sont chauffées dans une flamme réductrice jusqu'à ce que le goudron ait été converti en coke et le carbonate de baryum entièrement ou partiellement en oxyde. Il chargeait alors dans un kiln (four vertical) ordinaire et il chauffait à 1400° dans un courant de gaz contenant autant d'azote que possible et aussi peu de gaz carbonique, d'eau et d'oxygène que possible. On obtient ce gaz, composé d'azote pur, en queue des carbonateurs des fabriques de soude à l'ammoniaque. 40 0/0 environ sont transformés en cyanures.

Quand une quantité suffisante de cyanures était formée, le courant de gaz chaud était arrêté et un courant froid de même composition circulait à travers la masse jusqu'à ce que la température tombât à 500° : à ce moment, on faisait passer la vapeur.

---

(1) *Journal of Society of Chemical Industry*, June 1889, 505. L. Mond.

qui décomposait les cyanures en ammoniaque qu'on recueillait comme à l'ordinaire.

Ce procédé, quoique essayé sur une assez grande échelle, n'est pas encore devenu pratique.

Les procédés Brin, J. Young, et T. B. Fogarty sont à peu près dans les mêmes conditions.

Dans le procédé Mond, les inconvénients sont : 1° une grande consommation de combustible, la réaction étant endothermique (— 97.000 calories) ; 2° les fours demandent un grand entretien, car ils se détériorent rapidement sous l'action de la forte chaleur à laquelle ils sont soumis (1200 à 1400°).

Procédé Charles Pawsit (1). — En 1890, les expériences précédentes furent de nouveau reprises par M. C. Pawsit, à Saint-Rollon, dans le but de produire de l'ammoniaque en faisant réagir sur du charbon alcalinisé un courant d'azote atmosphérique.

Ces essais furent d'abord exécutés au laboratoire dans des tubes de 0,07 à 0 m. 10 de diamètre. Le rendement obtenu fut de 50 0/0 du rendement théorique en sulfate.

10 cornues verticales ayant 1 m. 33 de diamètre, 2 m. 74 de longueur et 0 m. 05 d'épaisseur, furent ensuite construites afin d'opérer sur une échelle industrielle.

Chacune d'elles se composait de 3 parties. La partie supérieure était constituée par un cylindre servant à l'introduction du coke carbonaté, ce cylindre se transformant à la partie inférieure en un cône très

(1) *Journal of Society of Chemical Industry*, tome IX, n° 1. C. Pawsit.

court qui était assemblé à bride avec le cylindre de chauffe proprement dit. Celui-ci, à son tour, était assemblé avec un cylindre de même diamètre, mais s'ouvrant dans un cylindre tronqué à la partie inférieure. Ce cylindre tronqué, plus large que le reste, servait de refroidisseur.

L'entonnoir était muni d'un couvercle hermétiquement clos et d'un ajutage latéral. Le court cylindre reliant le cylindre de chauffe au refroidisseur était pourvu d'un tuyau servant à l'arrivée de l'azote. Son orifice inférieur, par lequel il communiquait avec le refroidisseur, pouvait être ouvert ou fermé par un piston conique qui était assujetti à une tige traversant le refroidisseur et entaillée son d'un pas de vis à son extrémité.

La quantité d'azote arrivant dans chaque cornue par minute était de 56 à 57 litres. L'oxygène était retenu en faisant passer l'air dans deux cornues verticales d'une longueur de 2 m. 74 et d'un diamètre de 0,28 et remplies de tournure de fer chauffée au rouge. Il restait cependant toujours 3 à 5 0/0 d'oxygène. L'ammoniaque produite était absorbé par l'acide sulfurique.

Cet appareil fonctionna pendant 2 mois; mais le rendement ne couvrit pas les frais. La perte d'alcali était de 10 à 20 0/0. Le charbon cyanuré contenait à peu près des quantités égales de cyanures et de cyanates.

D'après M. Pawsit, la principale cause d'insuccès était que les cornues n'étaient pas assez réfractaires et qu'on ne pouvait pas les chauffer à la température voulue. Avec une forte chaleur on obtenait toujours de bons résultats.

La réaction était la suivante :

$$2KCAz + 4H^2O = K^2CO^3 + 2AzH^3 + CO + H^2$$

Elle peut se diviser en deux phases : 1° formation de formiate de potassium.

$$KCAz + 2H^2O = KCHO^2 + AzH^3$$
$$2KCHO^2 = K^2CO^3 + CO + H^2$$

La réaction entre l'azote et le charbon alcalinisé était la suivante :

$$K^2CO^3 + 4C + 2Az = 2KCAz + 3CO$$

Extraction de l'ammoniaque de l'urine, des eaux-vannes, des excréments

L'urine est un liquide secrété, d'une manière continue, par les reins, et rejeté de temps en temps à l'extérieur, après avoir séjourné plus ou moins longtemps dans la vessie.

Les éléments constitutifs de l'urine ne sont pas formés par le rein lui même.

Ils prennent naissance dans tout l'organisme et sont contenus dans le sang ; lorsque celui-ci arrive aux reins, ils sont simplement séparés par une espèce de filtration. L'urée, qui en forme la majeure partie, est le terme ultime de l'oxydation des matières azotées de l'économie.

L'urine normale de l'homme et des mammifères

est un liquide clair et transparent immédiatement après la miction, elle est d'un jaune ambré, d'une odeur particulière, d'une saveur salée et amère. Sa densité est de 1,005 à 1,030. Elle se trouble par des précipités d'oxalate et de carbonate de chaux et de *mucus*. Elle est acide.

Abandonnée à elle-même, elle éprouve d'abord une fermentation acide et ensuite une fermentation alcaline, il se forme alors du carbonate d'ammoniaque.

L'odeur ammoniacale augmente, l'urée est complètement détruite et il se forme des cristaux de phosphates terreux et de phosphate ammoniaco-magnésien.

L'urine normale contient par litre 20 à 30 grammes d'urée, qui sous l'influence d'une torulacée, dont M. Van Tieghem a démontré la présence constante dans l'urine en fermentation ammoniacale, jouit de la propriété de se transformer en carbonate d'ammoniaque.

Cette torulacée nommée *torula urinæ* ou *micrococcus ureæ* (Cohn) est en globules sphériques de 1 μ 5, associés deux à deux ou disposés souvent en chaines assez longues. Elle ne manque dans aucune urine devenue ammoniacale, que ce soit après l'émission ou à l'intérieur de la vessie. D'après M. Miquel, les germes de ce microbe sont très répandus dans l'air. D'après M. R. de Jaksch, la température la plus favorable à son développement est celle de 30-33°, les éléments tels que le phosphore, le soufre, le potassium, le magnésium et l'oxygène libre sont indispensables à sa vie ; celle-ci exige, en outre, une substance azotée (urée, oxamate de soude, ammoniaque) et june autre fournissant le carbone (hydrates de carbone, glycérine, sels sodiques d'acides gras univalents ou plurivalents.

Un homme adulte produit 22 à 37 grammes d'urée par 24 heures avec un peu d'acide urique, le tout correspondant à 12 g.5 à 21 grammes d'ammoniaque par jour ou à 24 kg. de sulfate d'ammoniaque par an.

On a calculé que si toute l'ammoniaque contenue dans l'urine de Londres était extraite, cette quantité correspondrait à 60000 tonnes de sulfate d'ammoniaque par année.

Le travail méthodique de l'urine et des eaux-vannes est exploité aux environs des grandes villes comme Paris, Londres, etc. On traite environ 2200^{m3} d'urines et d'excréments à Paris, et à Lyon 400^{m3}.

Les matières extraites des fosses sont envoyées dans des dépotoirs où les produits solides se déposent : produits qui serviront à former la poudrette et le liquide surnageant ou *eaux-vannes* passe dans d'autres bassins où s'achève la fermentation, puis on le distille, au bout de 3 à 4 semaines.

Traitement des vidanges dans les dépotoirs. — M. Vincent, dans son ouvrage sur les sels ammoniacaux, décrit ainsi les divers traitements que subissent les matières avant la distillation.

La Compagnie Lesage et la Compagnie Parisienne des vidanges et engrais transportent les matières dans des bateaux-citernes, en tôle, hermétiquement clos et qui sont remorqués aux usines de Billancourt, Aubervilliers, Maisons-Alfort pour la Compagnie Lesage et à Bondy pour la Compagnie Parisienne.

Les vidanges envoyées au dépotoir de la Villette sont refoulées par des conduites en fonte, dans les bassins de décantation de Bondy.

La vidange contient 85 à 95 0/0 de liquide et, par la fermentation, on obtient du carbonate d'ammoniaque, du sulfure, du sulfate, du chlorhydrate, du phosphate ammoniaco-magnésien et des ammoniaques composées ayant une odeur très désagréable, ainsi que des produits neutres à odeur repoussante.

On a cherché à désinfecter les produits se dégageant des fosses, ou pendant le travail des vidanges, par le chlore, le brome, les produits nitreux, mais l'emploi de ces divers agents de désinfection était trop coûteux.

Le sulfate de nitrosyle a donné de très bons résultats.

Au bout de 3 à 4 semaines, la fermentation terminée, on envoyait les eaux-vannes aux appareils d'extraction de l'ammoniaque. Les dépôts sont desséchés. Par dessiccation à l'air, ils perdent une certaine quantité d'azote. Au bout de 2 ans d'exposition, des dépôts titrant 2,5 à 3 0/0 d'Az n'accusaient plus que 1,5 0/0 au plus.

Divers procédés ont été préconisés pour un traitement plus rationnel des vidanges.

1° *Procédé Lencauchez.* — Le premier projet consistait en une décantation des vidanges, puis on prenait le dépôt à la drague pour le faire sécher mécaniquement par un courant d'air chaud afin d'obtenir la poudrette, on distillait les eaux-vannes décantées et enfin a traitait une dernière fois les eaux par la chaux afin d'en retirer les sels ammoniacaux fixes.

Ce projet dût être abandonné, car il ne remplissait pas les conditions de salubrité nécessaires, en ce qui concernait les émanations produites et la nature des eaux résiduaires. Lencauchez changea donc son procédé et en 1868 il reconnut que la décantation ne peut se faire qu'une fois la fermentation terminée.

Il proposa l'emploi de la chaux qui agissait sur les ferments, saturait les acides organiques et minéraux et facilitait fortement le dépôt.

En 1867, M. Chevalet montra par de nombreuses expériences que les vidanges peuvent être décantées après traitement par la chaux et qu'ensuite on opérait la distillation des produits ammoniacaux sans avoir une perte de plus de 1 0/0 d'azote, M. Lencauchez distillait le tout venant dans le vide pour chasser les produits ammoniacaux avec la chaux, décantait ensuite et desséchait pour obtenir la poudrette.

Mais ce procédé ne fut pas appliqué à Bondy ce fut celui de M. Bilange qui fut adopté.

2° *Procédé Bilange.* — A pour but de produire des engrais immédiatement utilisables et de ne rejeter dans l'air que des produits inodores et imputrescibles. L'opération a lieu en 3 phases.

1° Décantation facilitée par l'emploi de certains réactifs.

2° Transformation du dépôt en engrais.

3° Distillation du liquide pour en extraire l'ammoniaque.

Les matières, refoulées du dépotoir de la Villette, sont reçues dans des malaxeurs mécaniques ; on y incorpore, en même temps, des quantités dosées de réactif, principalement du lait de chaux, d'une densité de 1,16 à 1,20.

On peut avoir un débit de 100^{m3} de matière à l'heure avec 2 malaxeurs couplés. Le mélange est ensuite versé dans des bassins en maçonnerie d'une contenance de 500^{m3}. On laisse le dépôt se former, pendant une heure, et, aussitôt, on décante l'eau-vanne de couleur ambrée, avec la pompe.

Il y a un précipité de sels de chaux, de carbonate de chaux, et les matières albuminoïdes sont coagulées.

Quand on a décanté les eaux claires, on remplace par un égal volume de matière traitée jusqu'à remplissage total de la fosse. On fait alors écouler dans des bassins de 70^{m3} et, à l'aide de monte-jus, on refoule la masse dans des filtres-presses, après l'avoir chauffée au préalable, on obtient ainsi des tourteaux absolument nets et un liquide parfaitement limpide. 100^{m3} d'eaux-vannes brutes donnent 75^{m3} d'eau claire et 6 à 7000 kg. de tourteaux à 50 0/0 d'eau.

Procédé Kuentz. — Ce procédé est appliqué au dépotoir de Versailles ; il permet d'éviter l'encombrement des matières en les séparant immédiatement en liquide clair et en tourteaux.

On reçoit les vidanges dans un grand bassin fermé, muni de chicanes.

Les liquides clairs se rassemblent à la partie supérieure des derniers compartiments d'où ils s'écoulent et sont envoyés aux appareils d'extraction.

Les dépôts épais, se trouvant au bas du premier compartiment sont refoulés par des monte-jus dans des mélangeurs fermés, où on les additionne de chlorure d'aluminium, perchlorure de fer, et phosphate acide de chaux qui les désinfectent.

Ce réactif se prépare en attaquant par 110 p. d'acide chlorhydrique, un mélange composé de 15 parties de bauxite, 75 p. de phosphate de chaux naturel et 3 parties d'hydrate ferrique, avec 150 parties d'eau.

On ajoute 50 kg. du liquide résultant par mètre cube. On laisse reposer 24 heures, les dépôts sont ensuite filtrés, on obtient des eaux-vannes claires et des tourteaux renfermant tout l'acide phosphorique (10 à 12 0/0) à l'état de phosphate bicalcique, précipitable par le carbonate d'ammoniaque. Le fer absorbe les composés sulfurés et l'alumine se combine aux matières albuminoïdes qui empêchaient la filtration. La teneur en azote est de 3 à 3,5 0/0.

Un grand nombre de procédés ont été proposés pour le traitement des gadoues.

J. Duncan essaie de chasser l'ammoniaque des gadoues et des eaux résiduaires de raffinerie de sucre, par distillation dans le vide et à une température n'excédant point 30° C.

Bolton et Wanklyn chauffent l'urine et les autres liquides putrescibles ; puis la vapeur mélangée à l'air ou à l'oxyde de carbone est passée à travers du sulfate de chaux pur ou mélangée à d'autres sels.

Le carbonate d'ammoniaque se transforme en sulfate et du carbonate de chaux se forme. Quand l'opération est terminée, le mélange est chauffé et la réaction inverse a lieu ; le carbonate d'ammoniaque s'échappe et est condensé comme à l'ordinaire.

Château, dans le *Bulletin de la Société chimique*, a décrit l'appareil employé à Arcueil pour brûler les vapeurs nuisibles s'échappant dans le traitement des gadoues.

Composition des eaux-vannes. — Les eaux-vannes ont une densité égale à 1,023 et une composition moyenne de :

Eau	991,20
Matières organiques azotées	12,80
Ammoniaque toute formée	5,24
Acide phosphorique	1,35
Chaux	1,59
Silice, sable	0,79
Matières minérales diverses	10,03
	1023,00

Aubertin proposait de précipiter l'ammoniaque des eaux-vannes, à l'état de phosphate ammoniaco-magnésien, en ajoutant 4,177 grammes d'acide phosphorique par gramme d'ammoniaque ; on faisait ensuite filtrer les liquides sur du carbonate de magnésie ou de la magnésie. La matière filtrante retient tout l'ammoniaque à l'état de phosphate ammoniaco-magnésien.

Schlœsing propose la précipitation de l'ammoniaque des eaux-vannes, à l'état de phosphate ammoniaco-magnésien, au moyen du phosphate trimagnésique obtenu par précipitation des eaux-mères des marais salants par la chaux, et mêlant à la boue de magnésie résultante de l'acide phosphorique.

Fabrication au moyen des os, cornes, poils et autres substances animales azotées

L'ammoniaque s'extrait des os, cornes, poils et autres substances animales par la distillation sèche de ces produits.

Les os, provenant des boucheries ou de l'équarissage, servent à fabriquer, soit la gélatine et le phosphate de chaux, soit le noir animal et les sels ammoniacaux.

Les os verts, c'est-à-dire encore garnis de débris de muscles et de tendons sont mis à tremper, pendant 24 heures, dans l'eau chaude et nettoyés.

On les concasse ensuite entre des cylindres cannelés et on les fait dégorger dans l'eau bouillante afin d'en extraire toute la graisse contenue qui se rassemble à la surface et que l'on écume de temps en temps. Cette graisse sert dans la fabrication des savons.

Au bout de deux heures et demie d'ébullition, les éclats d'os sont mis dans un laveur méthodique.

On les met ensuite en tas sous des hangars pour les faire sécher. On les réduit de nouveau en petits éclats entre des cylindres cannelés et on les blute, les fines servant comme engrais phosphaté et les grugeons pour le noir animal.

Deux procédés peuvent être employés pour la calcination.

Le premier consiste à calciner les os dans des pots en terre ou en fonte empilés les uns sur les autres. Mais, dans ce cas, les gaz sortant de chaque pot ne servent qu'à entretenir la chaleur du four par leur propre combustion, l'ammoniaque et les autres produits étant totalement perdus.

Le deuxième, qui seul nous intéresse et qui est couramment suivi en Angleterre, consiste à chauffer les os dans des cornues en fonte ou mieux en terre réfractaire, cylindriques ou à section méplate et disposées verticalement dans une chambre chauffée par un ou deux foyers. Ces cylindres ont 1 m.70 de hauteur.

Sur la tête de la cornue, qui émerge du four, il y a une tubulure de chargement qui est fermée, pendant la marche, au moyen d'un tampon luté et, sur le côté une tubulure pour le dégagement des gaz.

A la partie inférieure, se trouve l'orifice de déchargement, fermé par une trappe à glissière. Les vapeurs se rendent dans un barillet où arrive continuellement un mince filet d'eau pour maintenir le niveau constant. A la sortie du barillet, on emploie les mêmes appareils de condensation que dans la fabrication du gaz, condenseurs et scrubbers, comme, en général, dans toutes les industries de l'ammoniaque.

Les gaz résiduaires sont brûlés sous la grille du foyer à l'aide d'un injecteur, en ayant soin de les faire dégager à l'endroit le plus chaud, afin d'avoir une parfaite combustion.

Les liquides du condenseur marque 14 à 15° Baumé et celui du scrubber 1 à 2°.

Les liquides condensés se séparent par le repos en deux couches : l'une est formée par un liquide huileux et goudronneux, qui constitue l'huile animale de Dippel impure, qui est composée de bases pyridiques (1,7 à 2 0/0 du poids des os) et l'autre d'une liqueur ammoniacale composée, en majeure partie, de carbonate d'ammoniaque (6 à 7 0/0 de Am^2 SO^4 du poids des os) quelquefois fortement colorée.

Les cornes, cornailles, etc., quand elles sont distillées pour la fabrication du prussiate de potasse donnent, selon Dumas, 50 0/0 d'une liqueur ammoniacale à 8-10° B· et 10 0/0 d'huile de Dippel.

Quelques inventeurs ont essayé d'augmenter le rendement et de détruire les impuretés par le passage des gaz sur la chaux au rouge ou par distillation des matières animales avec de la chaux, de la soude caustique ou du carbonate de potasse.

Lorenzen recommande de faire passer les gaz produits sur de la chaux portée au rouge ou sur de la chaux légèrement sodée.

Proschwitzky fait la distillation de la matière animale en présence de la chaux et Richters en présence du carbonate de potasse.

Le procédé L'Hôte est actuellement suivi dans le traitement des déchets de laine.

Les déchets des industries lainières se composent de déchets de laine, de tontisses de draps, de poussières de peignages, de balayures, de matières provenant du peignage, du battage, du lavage, etc.

La laine pure contient environ 17 0/0 d'azote.

Les produits commerciaux renferment, en général, 3 à 5 0/0 d'azote avec 0,3 à 0,18 0/0 d'acide phosphorique.

Les tontisses en contiennent 4 à 6 0/0.

Les poils provenant des tanneries, pelleteries, déchets de crins, soies de porcs (fabrication des brosses, objets de literie) ont une richesse variable suivant la pureté, de 14 à 15 0/0 à 4, 5 et 6 0/0 dans les matières impures ou humides.

Dans le procédé L'Hôte, les déchets de laine sont traités par une solution de soude caustique à 10 0/0; après dissolution, on empâte le liquide épais avec de la chaux éteinte et on distille le tout dans des cornues en fonte.

Les vapeurs sont reçues dans de l'acide sulfurique à 53° Be. On voit que ce procédé est une ingénieuse application du procédé de dosage de l'azote par la chaux sodée. On chauffe donc progressivement et à la fin on porte au rouge.

Le résidu est formé d'un mélange de carbonate de soude et de chaux; on le traite par l'eau pour récupérer le carbonate de soude.

Tout l'azote contenu dans les déchets se transforme ainsi en ammoniaque.

Fabrication comme sou sproduit de la fabrication du sucre de betteraves.

L'extraction de l'ammoniaque dans la fabrication du sucre peut se faire dans deux phases différentes du travail des sucres.

1° On peut la récupérer, au moment même de sa formation, à la première carbonatation.

Toute personne, qui a travaillé dans une sucrerie, a pu souvent remarquer la forte odeur ammoniacale qui se dégage des chaudières d'épuration, pendant le travail des jus de diffusion par la chaux, en présence de gaz carbonique. L'ammoniaque, qui se forme, est due à la décomposition des matières azotées organiques existant dans la betterave, par l'ébullition en présence du lait de chaux. Souvent, l'auteur de cet ouvrage a fait cette remarque.

2° Par le traitement des vinasses de betteraves.

L'attention des chimistes sucriers s'est portée depuis quelques années sur les méthodes de la première classe et divers appareils ont été proposés pour recueillir l'ammoniaque qui se dégage en même temps que la vapeur d'eau, des chaudières de la première et de la seconde carbonatation.

1° Pendant l'évaporation des jus sucrés.

Procédé Böhm et Hyros. — Ce procédé consiste à recueillir et à envoyer les vapeurs d'échappement des caisses de carbonatation, contenant de

l'acide carbonique et de l'ammoniaque alternativement dans deux récipients renfermant du lait de
chaux.

Après que la vapeur a séjourné dans le récipient,
l'acide carbonique a été absorbé par la chaux et le
liquide ammoniacal peut être dirigé dans des appareils qui en séparent les parties calcaires entraînées, avant qu'il ne se rende dans un bac renfermant de l'acide sulfurique ou chlorhydrique
pour la saturation.

Leplay, en 1882, a fait breveter un procédé pour
recueillir l'ammoniaque, pendant l'évaporation.
Vibrans de Ueffingen avait déjà proposé, en 1881, de
recueillir cette ammoniaque. On a employé l'acide
sulfureux gazeux, mais ce procédé n'est applicable
qu'aux vapeurs à basse pression; de plus, le sulfite
d'ammoniaque, en solution étendue, agit plus fortement sur les métaux que l'ammoniaque. Bunke
et Forstrenter frères sont arrivés cependant à extraire pratiquement l'ammoniaque par le gaz sulfureux.

2° Par distillation sèche des vinasses de betteraves.

Procédé Ernst. — Consiste à mélanger la vi-
nasse avec de la chaux et des huiles grasses et à
distiller le mélange dans des cornues particulières
Lederer et Gintl, Brosche. La Badische Gesellschaft für Zückerfabrikation, Haring. Ehrenberg et
C° et M. Baswitz ont proposé d'autres méthodes
qui, toutes, tendent à la transformation totale des
matières azotées en ammoniaque. M. Vincent, au
contraire a eu principalement pour but, la fabrica-

tion de la triméthylamine et du chlorure de méthyle, une partie seulement des matières azotées étant convertie en ammoniaque.

Procédé Vincent. — Depuis quelques années, cette méthode est appliquée à la production des sels de méthylamine, du chlorure de méthyle et des sels ammoniacaux, par la calcination en vase clos des vinasses de betteraves.

Dans cette opération, il distille un mélange de produits gazeux et de vapeurs, qui donnent un liquide goudronneux où se trouve l'ammoniaque et la méthylamine sous forme de carbonates, cyanures, chlorures, sulfures, etc.

Cette solution, saturée par un acide et évaporée, donne le sel ammoniacal qui est moins soluble que les sels correspondants de méthylamine.

Les eaux-mères servent à l'obtention du chlorure de méthyle et renferment de la diméthylamine et de la triméthylamine. Elles sont distillées. Pendant la distillation le chlorhydrate de triméthylamine se décompose et, jusqu'à 285° environ, on a presque que de la triméthylamine et du chlorure de méthyle ; le résidu solide n'est composé que de chlorhydrate de triméthylamine non altéré et de monométhylamine.

$$3(CH^3)^3 Az.HCl = 2Az(CH^3)^3 + 2CH^3Cl + CH^3.AzH^2.HCl$$

A partir de 305° et au-dessus, il ne reste dans l'appareil que du chlorydrate de monométhylamine et du chlorhydrate d'ammoniaque.

Les produits gazeux contiennent, à ce moment,

de fortes quantités d'ammoniaque mélangées avec du chlorure de méthyle. Enfin, vers 325°, tout est décomposé ou sublimé.

La réaction, à partir de 305°, est la suivante :

$$AzH^2\ CH^2.HCl = CH^3Cl + AzH^3.$$

Le chlorhydrate de diméthylamine se comporte semblablement. Le mélange gazeux, produit pendant la distillation, est dirigé dans de l'acide chlorhydrique où il abandonne l'ammoniaque et les méthylamines, tandis que le chlorure de méthyle, lavé à l'eau, est recueilli dans un gazomètre et ensuite est liquéfié.

On sépare les chlorhydrates par cristallisations fractionnées.

La potasse des vinasses de betteraves contenant des cyanures, Legrand et Dabermard proposent de la traiter par la vapeur, à haute température, pour en retirer 1 à 4 0/0 de sulfate d'ammoniaque.

Steffens et Schiller traitent l'alcool, qui a servi à récupérer le sucre des mélasses (procédés Steffens et Manoury), pour en retirer l'ammoniaque qu'il renferme.

Fabrication au moyen de la tourbe.

La tourbe résulte de la réunion, de l'enchevêtrement de certains végétaux aquatiques en décomposition appartenant pour la plupart aux genres *Sphagnum, Brynem* et *Mnium* (famille des mousses)

Les tourbières ont pour origine, un lac, un étang qui ont été peu à peu comblés et dans lesquels l'eau n'a un faible courant afin que les plantes entraînées puissent y éprouver un commencement de décomposition et former ainsi la tourbe.

Les parties les plus profondes des tourbières sont plus tassées et offrent une texture plus serrée et une couleur plus noire.

La tourbe forme des amas assez grands, en Hongrie, en Bavière et surtout dans le Hanovre. Elle abonde aussi en Silésie et en Écosse et dans certaines parties du Nord de la France, principalement dans la vallée de la Somme, entre Saint-Quentin et Abbeville, en Normandie et en Bretagne. On en extrait annuellement, en France, environ 300000 tonnes.

En Picardie, on distingue 2 espèces de tourbes : l'une, compacte, due à la décomposition des gros végétaux et l'autre, légère, provenant de prêles, joncs et autres plantes aquatiques.

Quelques tourbes, nommées tourbes à cendres, contiennent des débris de coquillages et de minéraux.

On l'extrait sous forme de prismes rectangulaires allongés qu'on dessèche et qui, par la dessication, perdent les 5/6 de leur volume. Malgré cette opération, les tourbes retiennent toujours une certaine quantité d'humidité, ainsi, les tourbes de première qualité de la Somme accusent de 10 à 30 0/0 d'eau et les tourbes à cendres de 5 à 15 0/0, après une très longue exposition à l'air.

On a cherché à produire des tourbes dures et compactes ayant une densité de 0,45 à 0,70 retenant 10 à 15 0/0 d'eau et 5 à 15 0/0 de cendres.

MM. Bocquet et Ménard, extracteurs de tourbe à Mareuil, la travaillent mécaniquement.

On emploie deux modes d'extraction :

1° Si la tourbière est importante, on se sert d'une drague flottante portant tous les appareils de traitement (désagrégateur, broyeur) ; on transforme la tourbe extraite en pâte qui, refoulée sur la berge, tombe dans des voitures mouleuses, et ensuite est pressée et séchée à l'air.

2° Si la tourbière ne peut porter un bateau, on extrait la tourbe à l'aide d'un louchet mécanique.

Les bonnes tourbes sèches ont un pouvoir calorifique de 3400 à 3500 calories (Kolb).

Carbonisation de la tourbe. — La carbonisation a lieu en vase clos et donne 60 0/0 de gaz combustible, du goudron riche en acide phénique, paraffine et acide acétique et une quantité d'eau ammoniacale représentant 2 0/0 du poids de la tourbe travaillée.

La tourbe desséchée peut être utilisée sur les grilles de générateurs ou de foyers métallurgiques.

M. Lencauchez, qui a étudié cette question, de façon très détaillée, a construit un appareil spécial pour la carbonisation de la tourbe et qui est décrit dans son traité de la tourbe (voir *Bibliographie*).

La carbonisation de la tourbe peut se faire dans les fours à coke, chauffés par gazogène et munis de récupérateurs. On recueille l'ammoniaque comme dans la fabrication du coke.

Le charbon de tourbe provenant de la calcination est mis dans des étouffoirs, comme dans le cas du coke résultant du procédé Baudoin, car il brûle très rapidement à l'air, ainsi que nous l'avons constaté.

Le tableau ci-après indique la richesse en azote de tourbes de diverses provenances. On peut admettre que 9 0/0 de cet azote sont transformés en ammoniaque.

Tourbes séchées à l'air et empilées à l'état naturel.	Az 0/0 de la matière à 20 0/0 d'eau.
Tourbe de Mennecy	24
Tourbe de Vulcaire, près Abbeville	20,9
Tourbe de Tevin (Finistère)	17,0
Tourbe de Saumur	6,5
Tourbe de Montoire (Loire-Inférieure)	5,5

La tourbe peut fournir jusqu'à 80 kilogr. de sulfate d'ammoniaque par tonne.

Les tourbes de 2ᵉ qualité fournissent encore 17 kilogrammes d'ammoniaque soit 68 kilogrammes de sulfate d'ammoniaque à la tonne et celles de 3ᵉ qualité 10 kilogrammes d'ammoniaque correspondant à 40 kilogrammes de sulfate d'ammoniaque.

CHAPITRE V

Travail des eaux ammoniacales

1. Eaux ammoniacales de la fabrication du gaz du coke. — Lavage du gaz. — Condenseurs (Pelouze et Audoin, Chevalet, Standard). — Scrubbers.
2. Appareils de distillation. — Appareil Margueritte et Sourdeval, Lair, Sintier et Muhe, Bilange, Chevalet, P. Mallet, Solvay, Feldmann, Grünelery et Bhim, Ellis, Elwert et Müller, etc.

Eaux ammoniacales de la fabrication du gaz, du coke, des industries métallurgiques.

Pour obtenir une bonne extraction de l'ammoniaque et des sels ammoniacaux, contenus dans le gaz de ces diverses industries, les appareils condenseurs doivent être ainsi disposés : les réfrigérants, l'extracteur, le laveur-condensateur, d'un système quelconque, et les scrubbers ou colonnes à coke.

1° Les réfrigérants.

Dans la fabrication du gaz d'éclairage, les gaz

sortant des cornues se rendent d'abord dans le barillet où la majeure partie du goudron se dépose avec une certaine portion de l'eau ammoniacale. Un trop-plein entraîne l'excédent de manière à maintenir le niveau constant. De là l'eau ammoniacale se rend à une citerne spéciale. Les gaz passent ensuite dans les condenseurs ou réfrigérants, constitués par de longs tubes en fonte refroidis par l'air extérieur, disposés verticalement, reliés à la partie supérieure par des coudes et reposant sur une caisse rectangulaire, divisée par des cloisons en plusieurs compartiments, communiquant entre eux par la partie inférieure. Une nouvelle quantité d'eau ammoniacale et de goudrons se réunit dans la caisse inférieure et se rend de là à la citerne.

Dans quelques grandes usines, l'ensemble de ces tuyaux, qu'on appelle communément *jeu d'orgues* est remplacé par un dispositif horizontal plus facile à refroidir à l'aide d'un courant d'eau.

Les gaz, sortant des condensateurs, sont aspirés par l'extracteur, qui n'est autre chose qu'une pompe aspirante et foulante, au fur et à mesure de leur production ; celui-ci les refoulant à travers le laveur-condensateur et les scrubbers.

2° *Laveur-condensateur*.

Il existe actuellement un certain nombre de laveurs parmi lesquels nous citerons le laveur Standard, l'appareil Drory, le laveur Chevalet, le laveur Lunge à plateaux, le laveur-condensateur Pelouze et Audoin, etc. Ces condensateurs ont pour but de retenir le goudron entraîné et la pres-

que totalité de l'ammoniaque, les dernières traces
de celle-ci étant retenues dans les scrubbers,
quoique certains condensateurs puissent la recueillir presque entièrement.

Condensateur Pelouze et Audoin. — Le fonctionnement de cet appareil est basé sur le fait suivant : lorsqu'un courant gazeux animé d'une certaine vitesse et contenant en suspension des particules liquides, vient frapper contre un obstacle, le
gaz est dévié de sa direction, tandis que les particules liquides, restant collées sur l'obstacle, s'y
réunissent sous forme de gouttes et ruissellent
jusqu'au bas.

On réalise pratiquement cette disposition en
forçant le gaz à traverser une cloche dont les parois latérales sont formées de quatre plaques de
tôle perforée, concentriques et disposées en deux
couples.

Chaque couple constitue un élément de concentration et se compose de deux cages polygonales
en tôle, espacées de 1,5 à 2 millimètres seulement
et percées d'un certain nombre de rangées de
trous : ces orifices sont placés sur les 2 plaques, de
façon que les parties pleines de l'une soient en re-
gard des parties percées de l'autre et réciproque-
quement. Les deux couples sont séparés par un
intervalle vide de quelques centimètres.

Mais, cette disposition avait un inconvénient
pour les usines à gaz employant certaines houilles
donnant des goudrons épais et chargés de noir de
fumée ; la condensation donnait alors lieu à des
dépôts difficiles à enlever, qui obstruaient l'espace

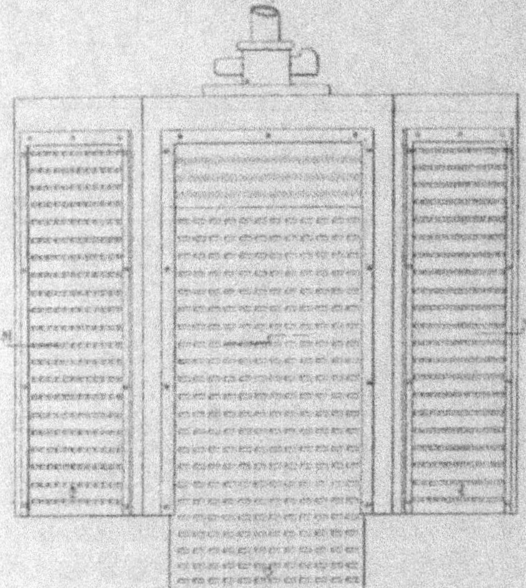

Fig. 2

Coupe M N.

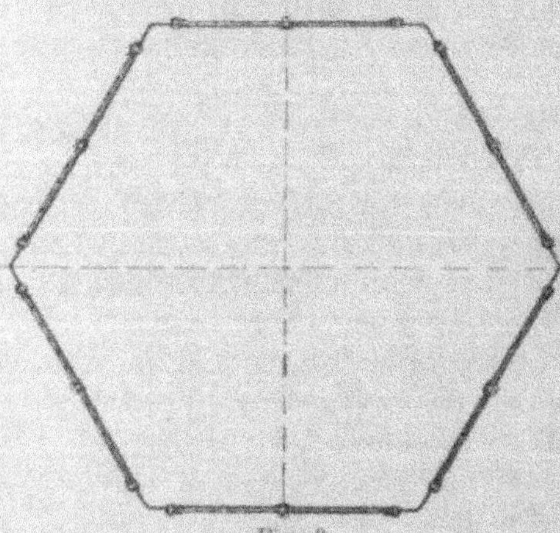

Fig. 3

libre entre les plaques et augmentaient considérablement la pression.

Pour remédier à cet inconvénient, M. Audoin a

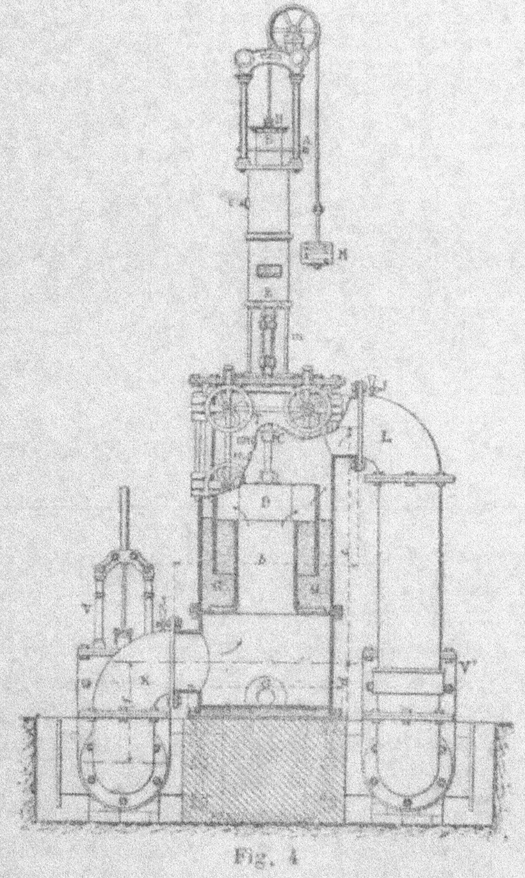

Fig. 4

imaginé l'emploi d'une cloche à lames mobiles,

formée d'une ou de deux cloisons, selon le degré
de condensation à obtenir. Cette disposition est
représentée par les figures 2 et 3.

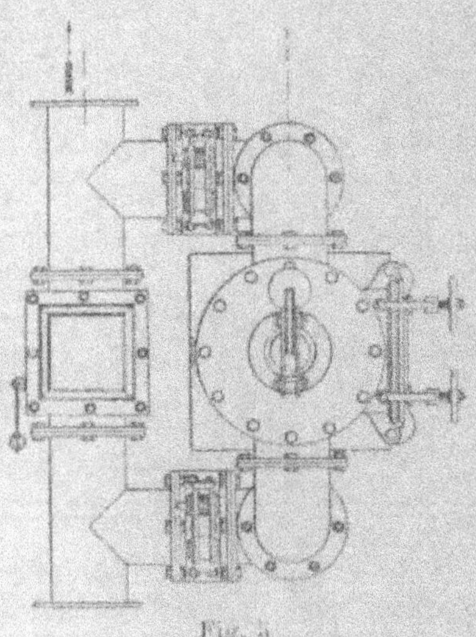

Fig. 3.

L'ensemble du condensateur Pelouze et Audoin
est représenté par les figures 4 et 5.

Le gaz pénètre dans l'appareil par le tuyau inférieur K et arrive dans une caisse surmontée d'un
tuyau vertical, débouchant sous la cloche qui baigne en partie dans le goudron ; il traverse les
cloisons perforées et la section de passage qui lui
est offerte varie évidemment avec le nombre de
trous mis à découvert par l'émersion de la cloche ;
puis, il quitte l'appareil par le tuyau supérieur L.

Le goudron et l'eau ammoniacale, abandonnés

par le gaz, ruissellent le long de la cloche et s'y joignent au bain G où elle plonge ; l'excès, débordant sur l'arête du tuyau central, tombe dans la caisse inférieure et s'écoule au dehors par la turbine a que l'on voit au bas de l'appareil et sur laquelle s'adapte un siphon.

La cloche condensatrice est suspendue par une tige clavetée à une deuxième cloche B, d'un diamètre beaucoup moindre. Cette dernière plonge dans un godet hydraulique ménagé dans la colonne E, qui surmonte l'appareil et empêche le gaz de s'échapper par l'ouverture nécessaire au passage de la tige ; elle est reliée à un contrepoids M, variable à volonté, qui sert à régler la perte de pression que doit subir le gaz par son passage dans l'appareil. Un manomètre m, communiquant par l'une de ses branches avec l'entrée, par l'autre avec la sortie du condensateur, indique cette perte de pression. Enfin un large tampon T, placé au-dessus du tuyau d'entrée, permet la visite et le nettoyage de la cloche, que l'on sort en déclavetant la tige.

Le contrepoids étant réglé pour une perte de pression donnée, la cloche et tout le système mobile sont en équilibre dans une position déterminée ; deux causes peuvent venir déranger cet équilibre.

1° Une modification dans l'état de la cloche condensatrice ;

2° Une variation dans la production.

Supposons qu'un certain nombre de trous viennent à se boucher, les conditions n'ayant pas varié pour les appareils placés après le condensateur, la

pression de sortie ne change pas ; mais, par le fait
de la diminution du passage laissé au gaz, la perte
de pression est augmentée et, par suite aussi, la
pression d'entrée. L'équilibre est donc rompu, dans
le sens du mouvement ascendant de la cloche ; de
nouveaux trous sont successivement découverts,
jusqu'au rétablissement de la perte de pression
primitive ; l'équilibre se trouve alors dans une position plus élevée de la cloche.

Si, au contraire, un certain nombre de trous en-
gorgés viennent à se déboucher, l'effet inverse se
produit et la cloche s'abaisse.

Le condensateur rétablit donc automatiquement
son équilibre. Cette action régulatrice est limitée
naturellement par la course de la cloche de sorte
que lorsque cette dernière est une fois arrivée à
l'une de ses positions extrêmes, il faut modifier le
contrepoids. La douille c, placée à l'intérieur, sert
à limiter la course ascendante de la cloche D.

La tringle horizontale A, qui passe dans des trous
ménagés derrière les colonnes, est fixée au-dessous
du rebord de la cloche supérieure B, formant cha-
piteau, de façon à limiter la descente de la cloche
condensatrice et à l'empêcher de tomber jamais à
fond.

Avant de faire passer le gaz dans l'appareil, on
commence par remplir d'eau (ou d'huile lourde de
houille, en cas de gelée), le cylindre supérieur E,
jusqu'à l'ouverture du bouchon de niveau F. On
remplit ensuite d'huile lourde de houille ou de goudron bien fluide et privé de poussières la gorge G
dans laquelle baigne la cloche perforée, la cloche

étant maintenue en haut par un contrepoids suffisant. Le disque H, fixé à la partie supérieure de la petite cloche de suspension, indique sur une échelle graduée, fixée à l'une des colonnes, la course parcourue et la situation de la cloche condensatrice par rapport à la gorge hydraulique dans laquelle elle se meut.

On ferme ensuite le tampon T après avoir mis de l'eau à hauteur convenable dans le manomètre différentiel m.

On a soin de remplir de goudron le siphon d'écoulement a. Cela fait, on ouvre la vanne d'entrée V, celle de sortie V', puis on ferme progressivement la vanne (*bypass*) qui sert au passage direct du gaz. Le gaz traverse alors le condensateur. On diminue peu à peu la charge du contrepoids de manière à laisser la cloche s'abaisser jusqu'au moment où le manomètre m indique une différence de pression de 5 à 6 centimètres entre l'entrée et la sortie.

Cette opération doit se faire très lentement, au moment de la journée où la production du gaz est la plus régulière.

On s'assure du bon fonctionnement de l'appareil au moyen de papiers, dits *témoins*, qu'on laisse en contact pendant 2 ou 3 secondes avec un jet de gaz sortant d'un petit robinet *ad hoc j*.

Il faut, autant que possible, que la température de l'appareil ne s'abaisse pas au-dessous de 10 à 12°; sans cela, il se produit sur la cloche des dépôts de naphtaline, ce qui occasionne de fréquents nettoyages.

Laveur condensateur Chevalet. — Ce système de laveur est fondé sur le principe suivant : si, sur une plaque en métal, perforée de trous de 1 à 3 millimètres de diamètre, placée bien horizontalement, on fait couler de l'eau, puis que l'on fasse arriver un courant gazeux sous la plaque, le liquide ne traversera pas les trous de cette plaque: il sera soutenu par le gaz qui vient en sens inverse ; pour peu que le gaz ait une pression suffisante, il traversera l'eau en barbotant et il sera d'autant plus divisé que les trous seront plus nombreux et plus petits.

Le gaz, en traversant la couche de liquide, se lavera et se débarrassera du goudron et des poussières charbonneuses ; en même temps, l'ammoniaque se dissoudra dans l'eau, d'autant mieux que cette eau sera plus froide.

Le gaz arrive par la branche a, traverse les plaques et sort par le tuyau b. Chacun de ces tuyaux porte une vanne, l'une d'entrée, l'autre de sortie. On règle l'appareil laveur suivant la quantité de gaz produite par l'usine, en tirant plus ou moins les registres fff, fig. 6 et 7.

Laveur Standard. — Cet appareil, dénommé laveur scrubber de Kirkham, Hulett et Chandler, est employé pour extraire les produits ammoniacaux du gaz d'éclairage, du gaz de fours à coke, hauts fourneaux, etc.

Le laveur « *Standard* » est représenté par les figures 8 et 9.

Cet appareil se compose d'une série de compar-

timents en fonte, de grandeur et de nombre variables, suivant la puissance de l'appareil.

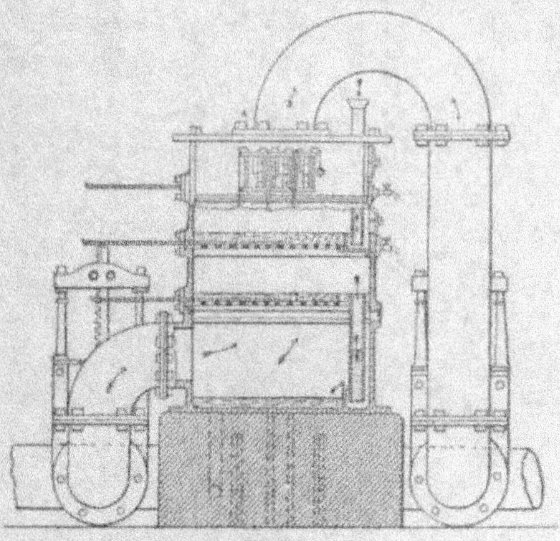

Fig. 6

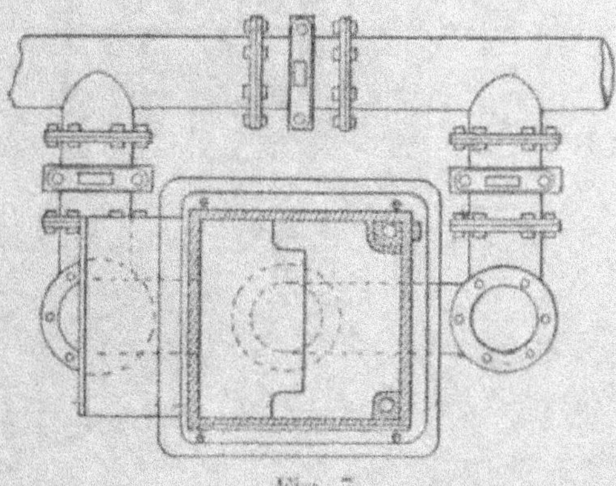

Fig. 7

Un arbre traverse horizontalement le centre de

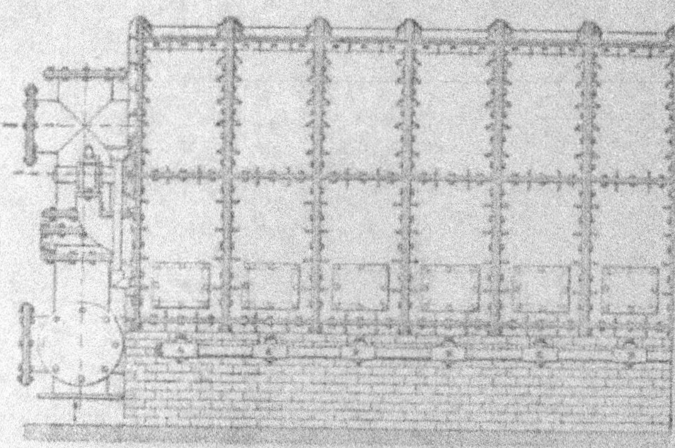

Fig. 8

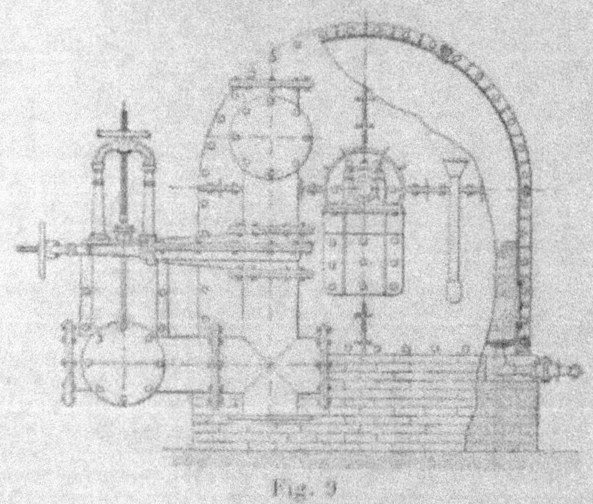

Fig. 9

ces compartiments et est actionné par une machine
ou par un moyen mécanique quelconque.

Chaque compartiment renferme un certain nombre de disques en tôle qui sont boulonnés ensemble et clavetés sur l'arbre ; ces disques sont formés de tôle mince, garnie de mamelons emboutis pour assurer leur écartement à distance de 2 à 3 millimètres entre deux plaques.

L'eau entre d'un côté dans l'appareil et s'écoule en sens inverse du gaz, et, en passant par les différentes chambres, elle se charge de produits ammoniacaux. Il faut de 45 à 55 litres d'eau par tonne de charbon.

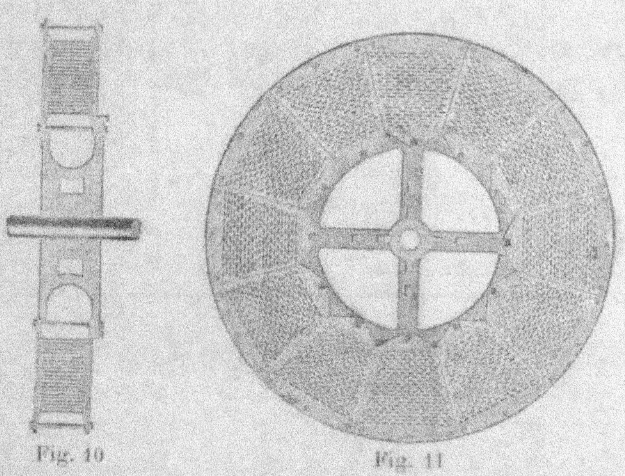

Fig. 10   Fig. 11

L'arbre fait de cinq à dix révolutions par minute, entraînant les plaques de tôle dont une moitié est dans l'eau et l'autre émergée présentant ainsi une énorme surface d'absorption.

Le laveur est rempli d'eau jusqu'au niveau des petits robinets qui sont fixés aux différentes cham-

bres, à des hauteurs peu variables. Le gaz doit,
autant que possible, entrer dans le laveur à une
température modérée.

Quelques perfectionnements ont été apportés à
cet appareil, qui avait le grave inconvénient de
coûter assez cher.

Les feuilles de tôle embouties ont été rempla-
cées par des morceaux de bois découpés en forme
de prismes droits rectangulaires, disposés en quin-
conces et fixés par leurs extrémités dans deux
feuilles de tôle perforées. Le tout est boulonné de
manière à former un segment d'une seule pièce
comme le représentent les figures 10 et 11.

Le disque tournant dans le dernier comparti-

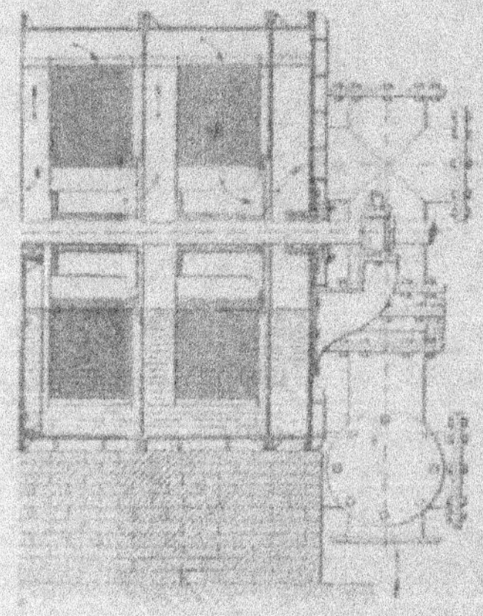

Fig. 12

ment, recevant le gaz impur, a reçu sur ses côtés un
système de cuillers solidaires avec lui et qui,
tout en continuant leur révolution, remontent le
liquide et le déversent dans un entonnoir qui se

prolonge à l'extérieur de l'appareil par un tuyau muni de robinets et permettant de distribuer l'eau ammoniacale dans l'un quelconque des compartiments précédant le dernier. De cette manière, la liqueur est repassée automatiquement et l'on obtient le degré de l'eau ammoniacale produite aussi élevé qu'on le désire. Cette disposition est représentée par la figure 12.

Cet appareil modifié demande beaucoup moins de force pour être actionné. Il est employé exclusivement en Angleterre.

Ces laveurs-condensateurs permettent de restituer aux scrubbers leur véritable rôle, qui est d'arrêter l'ammoniaque contenue encore en petite quantité, ainsi que l'hydrogène sulfuré, tout le goudron étant éliminé.

3° *Scrubbers*. — A la sortie de ces appareils, le gaz, totalement privé de goudron, contient encore un peu d'ammoniaque. On le dépouille entièrement de ce corps par passage à travers de hautes colonnes nommées *scrubbers*, qui sont remplies de diverses matières, choisies de manière à offrir la plus grande surface possible d'absorption : coke lavé, copeaux de bois, fragments de pierre ponce ou de briques, briques perforées, etc.

Le garnissage des scrubbers doit être soigneusement fait, si on veut avoir de bons résultats, en même temps qu'un arrosage constant doit maintenir toutes les surfaces d'absorption dans un parfait état d'humidité.

Chevalet, dans un travail publié en 1887, dit que dans un scrubber dont les matériaux sont bien disposés et offrant beaucoup de surface, il suffit de faire couler un filet d'eau pure, à la partie supérieure, pour que l'eau, qui s'écoule dans le bas, puisse être envoyée aux appareils distillatoires.

Il dit avoir vu une usine à gaz qui, par ce moyen, obtenait des eaux à 13° B.

Les scrubbers garnis de petit coke, bien débarrassé de poussières, ou de petits copeaux de bois légèrement tassés, peuvent donner de très bons résultats.

Ce genre d'appareil est surtout employé dans les petites usines qui n'emploient pas de laveurs-condensateurs.

La quantité d'eau à introduire dans un scrubber se règle en prenant la densité de l'eau ammoniacale au bas du scrubber et en constatant que le gaz qui s'en échappe ne contient plus d'ammoniaque.

Cette quantité doit être la plus faible possible, tout en ayant une parfaite condensation de l'ammoniaque contenue, afin d'avoir des eaux au plus haut degré possible.

L'eau d'alimentation des scrubbers et des laveurs doit être la plus froide possible, car, plus la température est basse, mieux l'ammoniaque se dissoudra dans l'eau.

Le coke, les planches, les copeaux, les cailloux ne retenant que très peu d'eau à leur surface et l'arrivée du gaz étant irrégulière, M. Chevalet a construit un scrubber, dit rationnel.

L'appareil est représenté par la figure 43.

Il se compose d'un cylindre creux, en tôle, en fonte ou en poterie, suivant la nature du gaz à laver ; dans cette colonne se trouvent des cuvet-

tes en fonte B B B… espacées de 0 m. 20. Toutes
ces cuvettes sont percées d'un grand nombre de
trous ou cheminées *d d d*… qui sont un peu moins

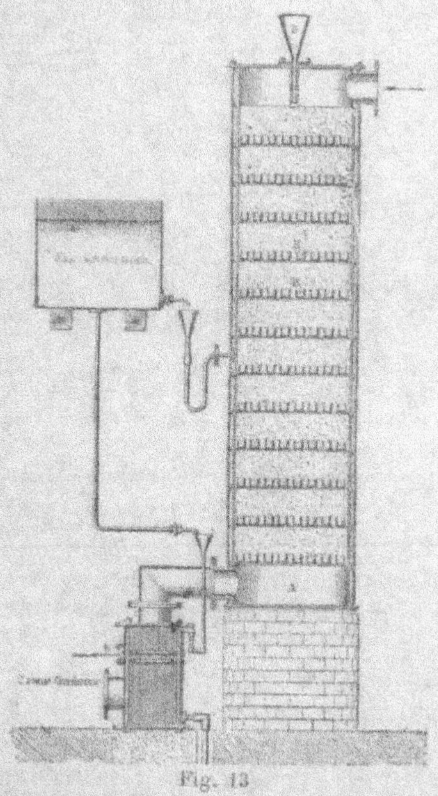

Fig. 13

hautes que le bord des cuvettes. Chaque cuvette de
lavage est fixée dans un anneau sans fond de colonne distillatoire et ces anneaux tournés sont
placés les uns sur les autres avec un joint formé
d'une bande de papier un peu épais. Quand le tout

est monté, on serre les joints avec 4 à 6 grands boulons. La colonne se trouve ainsi constituée.

Entre chaque cuvette, on place des copeaux de bois ou du coke.

Dans le haut du scrubber se trouve un siphon D, muni d'un entonnoir dans lequel coule l'eau de lavage.

D'après M. Chevalet, cet appareil, combiné avec son laveur, permet d'avoir des eaux marquant 7 à 8° B. Pour monter à ce degré la totalité des eaux produites, il introduit les eaux des barillets et des réfrigérants à moitié ou au tiers du scrubber, et, dans le haut, 25 à 30 litres d'eau pure par tonne de houille distillée.

Les eaux ammoniacales, ainsi recueillies, sont distillées dans des appareils spéciaux, qui seront étudiés au prochain paragraphe.

Voici les prescriptions auxquelles doivent se conformer les usines traitant les eaux ammoniacales et qui ont été édictées à la suite d'un rapport fait au Conseil d'hygiène et de salubrité par M. Combes, inspecteur-général des mines :

1° De séparer aussi bien que possible le goudron des eaux ammoniacales avant d'amener celles-ci dans la chaudière où elles sont soumises à la distillation avec la chaux.

2° De prévenir l'émission des vapeurs ammoniacales au moment du mélange avec la chaux.

3° D'empêcher, dans l'atelier, le dégagement des vapeurs empyreumatiques des bacs à acide sulfurique qui reçoivent les produits de la distillation, en faisant échapper ces vapeurs par une des grandes cheminées de l'usine.

Appareils de distillation des eaux ammoniacales.

Les appareils employés pour le traitement des eaux ammoniacales du gaz, des fours à coke, des hauts fourneaux, etc., sont presque tous des appareils continus, basés sur le principe de la colonne Savalle à distiller les flegmes alcooliques.

Le traitement des eaux ammoniacales se fait par trois procédés, selon le produit à obtenir :

1° Fabrication du sulfate d'ammoniaque ;

2° Fabrication des eaux concentrées ;

3° Fabrication de l'alcali volatil.

1° Fabrication du sulfate d'ammoniaque.

Appareil Mallet. — Le plus anciennement connu des appareils employés pour le traitement des eaux du gaz est l'appareil Mallet.

Il est employé par la Compagnie parisienne du gaz et peut servir aussi bien à la fabrication de l'ammoniaque en solution qu'à celle du sulfate.

Il est composé (fig. 14) de deux batteries de 3 chaudières A, B, C, munies d'agitateurs H, H, dont les axes traversent des boîtes à étoupes, fixées sur les couvercles. Les deux premières chaudières A et B, sont chauffées directement par le foyer ; la chaudière C est chauffée par les vapeurs de B ; elle sert de laveur. Ces 3 chaudières communiquent inférieurement entre elles par des tubes et, à la partie supérieure, par les tubes J et I qui descendent près du fond.

L'eau ammoniacale à traiter arrive par le robinet a dans le vase de jauge G ; de là, elle passe dans le réfrigérant F, où elle sert de liquide refroidisseur au serpentin, en même temps qu'elle s'échauffe.

Pour préparer l'ammoniaque liquide, on introduit, avant la distillation, dans la chaudière B, une quantité suffisante de chaux pour décomposer *tous* les sels ammoniacaux. Pour cela, on prépare un lait de chaux avec de l'eau ammoniacale tirée du réfrigérant F, dans un réservoir spécial, placé derrière la chaudière D, invisible sur la figure ; il communique avec la chaudière B au moyen d'un tuyau. L'eau ammoniacale, à la sortie du réservoir G, s'écoule à la partie inférieure du réfrigérant F, refroidit le serpentin, s'échauffe et s'écoule par un tuyau de sortie situé à la partie supérieure. Elle tombe dans la chaudière D ; de là, en C, puis en B et, enfin, en A. Les gaz ammoniacaux qui se dégagent par la chaleur, s'enrichissent en barbotant dans les diverses chaudières B, C, D ; ils passent dans le serpentin, plongé dans le vase F, où ils sont refroidis ; la partie aqueuse se condense et s'écoule dans un réservoir S et, de là, dans un collecteur général. Les gaz riches s'échappent à la partie supérieure du réservoir S, parcourent le serpentin T, refroidi par l'air extérieur, et se rendent par le tube U dans l'auge à absorption V, contenant de l'eau ou de l'acide sulfurique.

Les produits condensés en T retournent dans le collecteur général. Avec une pompe, on peut faire passer le liquide ammoniacal de ce collecteur dans le vase D. Le tube P conduit, dans le réservoir G, les vapeurs qui se dégagent du réfrigérant F.

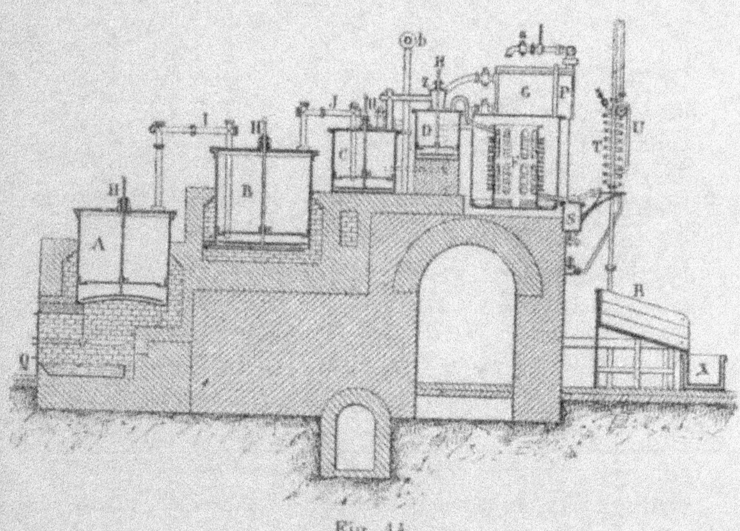

Fig. 14

Lorsqu'on veut fabriquer le sulfate d'ammoniaque, on remplace le serpentin T par un cylindre de 3 m. de hauteur et de 0 m. 50 de diamètre, rempli aux deux tiers, au fond duquel plonge le tuyau des gaz se dégageant de S. Un tube de niveau fait écouler l'excédent du liquide de ce cylindre dans le collecteur général. RR sont des égouttoirs en bois, doublés de plomb.

X est une caisse recevant les eaux-mères, qui retournent en V.

11

A la Villette, 10 appareils Mallet fabriquent par jour 10 tonnes de sulfate d'ammoniaque ; 4 appareils semblables produisent 5 tonnes d'alcali volatil.

On emploie, par m³. d'eau ammoniacale à 3° B, 60 à 80 litres de chaux. Un appareil double est desservi par un homme et consomme 1 m³. de coke par jour.

Appareil P. Mallet. — M. Paul Mallet a imaginé une *colonne inobstruable* à diaphragmes, dans les compartiments de laquelle on peut traiter les eaux ammoniacales par la chaux et les distiller.

L'originalité de l'appareil réside dans l'agitation mécanique constante des matières avec la chaux pendant leur trajet dans la colonne, après que les sels volatils ont été entraînés.

La colonne P. Mallet est représentée fig. 15 et 16. Elle est formée d'une colonne distillatoire A, A, surmontée d'un échangeur de température en fonte B ; on y fait arriver l'eau ammoniacale par la partie supérieure où les parties volatiles commencent à se dégager.

Au bas de cette colonne, elle est conduite, par le tuyau C, dans l'appareil *m* (fig. 16) où elle sera soumise à l'action de la chaux. La chaux est mise dans la trémie close K, et une vis sans fin V l'amène, d'une façon continue et régulière, dans le mélangeur *m*, où elle est éteinte et mise en suspension dans l'eau ammoniacale arrivant par le tuyau *c* ; le mélange est favorisé par un agitateur. Le tout s'écoule par un tuyau *d* dans la colonne inobstruable F.

La vanne *n* sert à extraire de temps en temps les impuretés du mélangeur *m*. La colonne inobs-

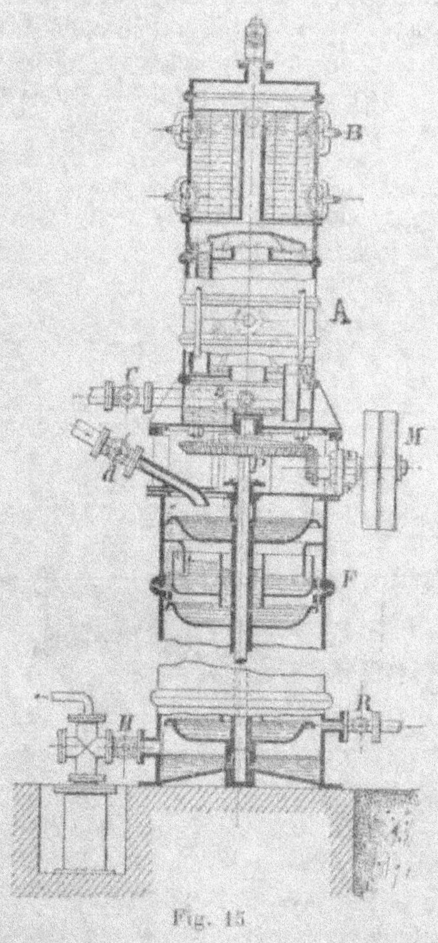

Fig. 15

truable F est formée d'une série de plateaux alternativement fixes et mobiles. Ces derniers sont montés sur un arbre vertical P, actionné par la poulie M. Chaque plateau est nettoyé par un racloir faisant corps avec le plateau mobile immédiatement supérieur. Les racloirs maintiennent la chaux en suspension et facilitent le départ de l'ammoniaque contenue dans les sels fixes.

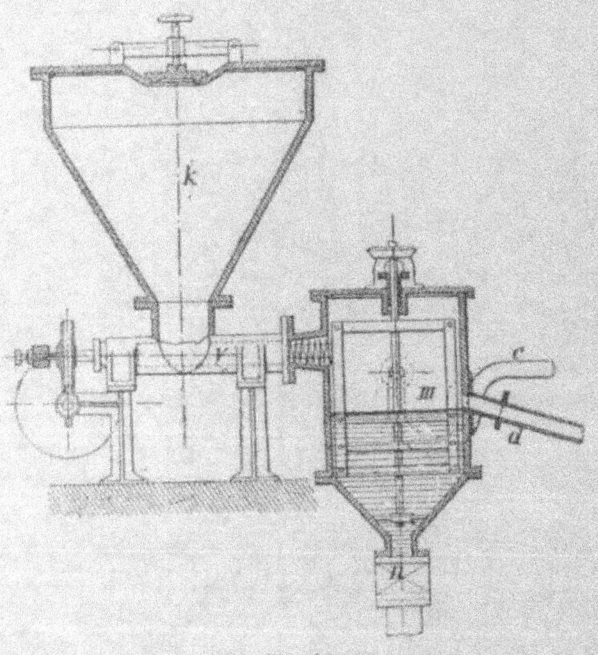

Fig. 46

Les eaux épuisées sont expulsées par le purgeur automatique H, encore chaudes et clarifiées ; elles sont envoyées à l'échangeur de température B. La

vapeur de chauffage est amenée par le tuyau R.
Les gaz ammoniacaux, de plus en plus riches, suivent un chemin inverse, se dégagent par le tuyau S
et vont aux bacs à acide sulfurique. Cette colonne
peut également servir à la fabrication des eaux
concentrées. Dans ce cas, elle est plus haute.

Appareil Grüneberg et Blum. — Cet appareil,
un des plus répandus en Allemagne, permet de fabriquer soit du sulfate d'ammoniaque, soit avec
quelques modifications, des eaux ammoniacales
concentrées.

Il se compose d'une colonne à compartiments A
où s'effectue la distillation (fig. 17) ;

2° D'un échangeur de température E ;

3° D'une chaudière à bouilleur C dans laquelle on
introduit la vapeur par un serpentin ouvert, qui
sert à enlever les dernières traces d'ammoniaque et à amener le liquide à l'ébullition ;

4° D'une pompe à chaux H ;

5° Du saturateur D.

L'eau ammoniacale arrive par le tuyau *b* dans
l'échangeur E dans lesquels circulent les gaz non
absorbés par l'acide du saturateur qui pénètrent
dans la colonne, à la partie supérieure, par le tube *c*.
Elle tombe successivement sur tous les plateaux,
dégage son ammoniaque libre sous l'action de la
chaleur et se rend dans la chaudière B où elle est
mélangée avec un lait de chaux, envoyé par la
pompe H, et le tuyau *e*.

De là elle déborde par le tuyau plongeur *f* dans
la chaudière à bouilleur *c* et, enfin, s'écoule sur le

cône à gradins où elle est chauffée par le serpentin de vapeur, abandonnant ainsi ses dernières
traces d'ammoniaque et elle s'échappe complètement épuisée par le tuyau h.

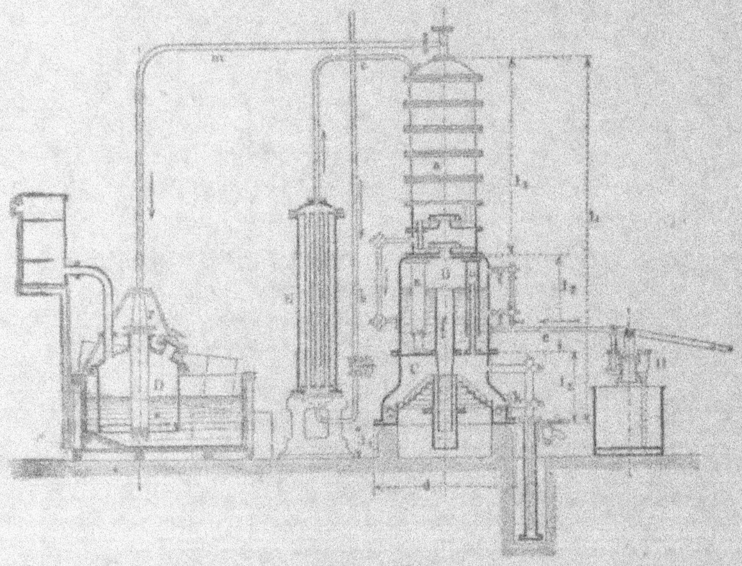

Fig. 17

Les vapeurs et les gaz suivent un chemin inverse de l'eau ammoniacale en s'enrichissant de
plus en plus en ammoniaque. Du bouilleur C, elles
passent dans le récipient à chaux B par les tubes
n n et, de là, traversent tous les plateaux de la colonne à distiller A, puis s'échappent par une conduite m pour entrer dans le saturateur à acide sulfurique D. Les gaz non absorbés se dégagent par la
cloche r et vont circuler dans l'échangeur de tem-

pérature, où ils abandonnent leur calorique, en chauffant l'eau ammoniacale à traiter.

De 10 en 10 minutes, on introduit une quantité de lait de chaux correspondante à la teneur en AzH^3 des eaux ammoniacales.

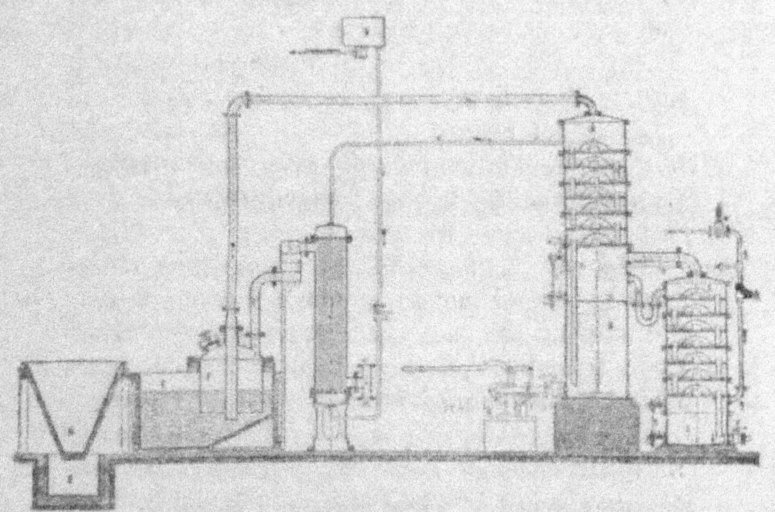

Fig. 18

Le saturateur est formé par une caisse en bois doublée de feuilles de plomb de 10 m.m. d'épaisseur. La caisse est aux 3/4 remplie d'acide.

Pour préparer l'eau ammoniacale concentrée, Grüneberg envoie les vapeurs ammoniacales riches qui se dégagent à la partie supérieure de la colonne A dans des serpentins refroidis où elles se condensent.

Appareil Feldmann. — Cet appareil est représenté, fig. 18.

1° Il se compose d'une colonne A ;

2° D'un récipient de décomposition B ;

3° D'une colonne adjacente C ;

4° D'un échangeur de températeur J ;

5° D'un satureur E, muni d'une cloche F ;

6° D'un égouttoir à sulfate N.

Les eaux ammoniacales arrivant d'un réservoir passent dans le bac jaugeur *b*, qui mesure une quantité déterminée de liquide ; puis, elles passent par un tuyau *c*, dans un réchauffeur tubulaire J, et, ensuite, dans le compartiment supérieur de la colonne A par le tuyau *d*.

Des tuyaux de trop-plein *a* les font descendre ensuite de compartiment en compartiment où elles s'échauffent par la vapeur qui pénètre sous les cloches dentelées ; l'ammoniaque se dégage et elles arrivent par un long tuyau de trop-plein presque dans le fond de la chaudière de décomposition B. De temps en temps, aussi régulièrement que possible, une pompe G envoie dans ce récipient du lait de chaux, et, en même temps, une conduite *g* amène de la vapeur dans la colonne adjacente

Cette prise de vapeur est réglée de manière à ce que les eaux ammoniacales décomposées débordent par le trop-plein en col de cygne *e* dans la colonne adjacente ; un tamis *x*, placé dans le haut de B, arrête le bouillonnement et les eaux arrivent claires et débarassées de la chaux qui s'est rassemblée au fond de B, dans la colonne C et, de là, tombent dans le compartiment inférieur D, où sa hauteur est indiquée par le niveau q. On l'évacue continuellement par le robinet f. Le dégagement d'ammoniaque se produit dans le parcours des divers compartiments de la colonne.

La vapeur nécessaire arrive dans la colonne G par le tuyau g, traverse le liquide par tous les plateaux et arrive par le tuyau h dans la colonne A.

Elle s'enrichit de plus en plus en ammoniaque et se rend à la cloche en plomb F par le tuyau i. Cette cloche plonge dans l'acide sulfurique contenu dans le saturateur en plomb E.

L'ammoniaque se combine à l'acide sulfurique et les gaz non absorbés : acide carbonique, hydrogène sulfuré, vapeur d'eau restent enfermés dans la cloche, d'où ils se rendent par le tuyau K dans l'échangeur de température J. La vapeur d'eau s'y condense et les autres gaz sont conduits sous le foyer de la chaudière, ou traités par le procédé Chance-Claus pour la récupération du soufre.

Voici le compte des frais de fabrication, avec une colonne Feldmann, pour 100 kilogrammes de sulfate d'ammoniaque obtenus :

82 k. 6 d'acide sulfurique à 66° B..........	8f.	13
3 boisseaux de coke..............	1	15
Main-d'œuvre.....................	0	99
Chaux	0	40
Frais divers (pelles, balais, éclairage, etc).	0	40
Amortissement et intérêts................	2	53
Total des frais...............	13 f.	60

Appareil-Ellis. — La figure 19 représente le dessin d'un nouvel appareil à distiller les eaux ammoniacales, proposé par Ellis de Londres.

Nous empruntons au Dictionnaire de chimie industrielle de M. Villon la description de cette nouvelle colonne.

Les eaux à traiter descendent du réservoir supérieur E, à travers le tuyau r, sur lequel se trouve le robinet r_1, jusqu'au fond du réchauffeur G. En remontant dans celui-ci, elles sont réchauffées par le gaz, ainsi qu'on le verra plus loin, et se débarrassent des matières goudronneuses et autres écumes, les plus légères s'écoulant par la conduite q, tandis que les parties lourdes, ou goudron, tombent et sont évacuées par q_1.

Les eaux, devenues chaudes, s'élèvent et passent par i dans la colonne de distillation F vers laquelle les gaz produits se dirigent aussi, par le conduit h_1.

Cette colonne, en fer, renferme à l'intérieur, une série de plateaux, sur lesquels coule le liquide, d'une façon continue.

Celui-ci se trouve alors chauffé par un courant de vapeur, et l'ammoniaque, mise en liberté, se dégage vers le sommet de F.

Les eaux, descendant toujours, atteignent finalement l'appareil F_1, qu'une cloison continue horizontale partage en deux compartiments superposés. Le compartiment supérieur est, à son tour, divisé en trois, dont l'un, central, est cylindrique et les deux autres circulaires ; la chambre inférieure comprend 5 divisions ; une centrale, quatre périphériques et annulaires.

Un serpentin, rempli de vapeur, traverse tous
ces compartiments où s'achève la séparation des
goudrons restant encore dans les eaux. La chaux
est introduite par le tuyau *h* et l'ammoniaque se
trouve mise en liberté. La vapeur entre, en pre-

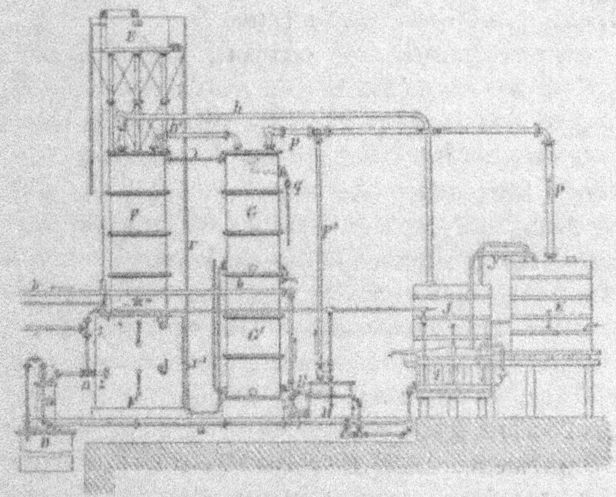

Fig. 19.

mier lieu, dans la chambre qui renferme la liqueur la plus ancienne, presque complètement
épuisée ; cette chambre, en fer, est également
cylindrique. Les eaux de rebut s'écoulent par *u*
dans le réservoir D.

L'ammoniaque, qui a atteint le sommet de la colonne F, est conduite par le tuyau *h* dans le saturateur J qui renferme de l'acide sulfurique étendu.
Les gaz chauds non absorbés en J traversent en K,
une nouvelle couche d'acide sulfurique, où ils se
débarrassent de leurs dernières traces d'ammoniaque. Chargés de composés sulfurés, ils se ren-

dent par le tuyau *p* dans le réchauffeur G, au bas duquel ils sont conduits par un serpentin, jusque dans le condenseur G_1 où circule un courant d'eau. Ils sortent par le tuyau *b* et peuvent être traités par l'une quelconque des méthodes ordinaires d'utilisation de l'hydrogène sulfuré.

Le liquide impur, très odorant, séparé dans le condenseur G_1, s'écoule par b_1 dans H qui est chauffé, soit par de la vapeur, soit par les eaux presque bouillantes qui sortent du réservoir D et suivent le conduit *a*. Les vapeurs dégagées sont, soit ramenées vers *p* et G par p_1, soit traitées pour donner le cyanogène qu'elles renferment.

Le liquide du saturateur J qui pourrait contenir un léger excès d'ammoniaque, est conduit dans la chaudière fermée I où il se débarrasse de ses dernières traces d'ammoniaque, d'hydrogène sulfuré, etc..., sous l'action, soit des liquides chauds qui sortent de D après avoir déjà traversé H, soit de la vapeur.

Les gaz s'échappent par *y* vers K ; *y* est un tube de sûreté. En I a lieu la séparation des précipités des sulfures de fer et d'arsenic, et la liqueur que la chaleur a concentrée, devenue claire, est décantée, pour être mise à cristalliser.

Appareil Gareis. — Cet appareil, représenté par la figure 20, est spécialement disposé pour les petites usines à gaz. L'eau ammoniacale à distiller se trouve dans la chaudière A, chauffée directement par le foyer *f* ; les produits de la combustion se dégagent par la cheminée *n*. Le liquide à distiller est amené dans un réservoir, placé à quelques mètres au dessus du sol ; il est conduit à l'appareil distillatoire par le tube *t* ; il circule d'abord dans le réchauffeur V, qui entoure la cheminée *n* et remplit peu à peu le réservoir. Le remplissage de ce réservoir demande quatre heures et se fait pendant que le liquide de la chaudière A distille ; ceci a pour but de récupérer une partie des chaleurs perdues.

Lorsque le liquide de A est épuisé, on l'écoule par un robinet de vidange, non visible sur la figure et on évacue également le liquide de B par le robinet *i*. On ouvre le robinet *k*, on fait passer le liquide de C en A de telle façon qu'il s'écoule au-dessus des bords de A et se déverse en B. Ceci fait, on laisse écouler le lait de chaux, préparé en D par le robinet *l* dans la chaudière B et on distille. Les gaz ammoniacaux, produits en A, passent dans le liquide de B en le portant à l'ébullition, traversent de même l'eau ammoniacale contenue en C par le tube S et se rendent par le tube *h* dans le bac à acide sulfurique K. Les gaz odorants s'échappent dans la cheminée *n* par le tuyau *p*. Le plus petit modèle de cet appareil traite 1 m³ d'eau ammoniacale en 24 heures en dépensant 50 kg. de déchets de coke.

Procédé Croll. — Le procédé Croll consiste à faire passer les produits de la combustion du foyer, destinés à chauffer les eaux ammoniacales, lorsqu'ils sont chauds dans les eaux ammoniacales elles-mêmes.

Ces gaz cèdent une partie de leur calorique à ces eaux, en les traversant, et produisent ainsi la volatilisation des gaz qu'ils renferment.

En même temps, il se forme de l'acide sulfurique aux dépens de l'hydrogène sulfuré et des sulfites. On se sert, pour cela, d'un appareil à colonne, genre Coffey. Les gaz, chargés d'ammoniaque, se rendent ensuite dans un satureur à acide sulfurique.

Un autre procédé consiste à faire passer les produits de la distillation de la houille à travers un épurateur, chargé de sciure de bois, imbibée du double de son poids d'acide sulfurique.

2° Fabrication des eaux ammoniacales concentrées.

Appareil Solvay. — La colonne distillatoire verticale est ici remplacée par une chaudière horizontale divisée en une série de compartiments par des cloisons verticales, dans lesquels les vapeurs circulent successivement. Cet appareil, permet d'amener les eaux ammoniacales titrant 2 ou 3° B à une concentration de 15 °/₀ (19 B°).

Il se compose donc d'une grande chaudière A (fig. 21), divisée en un certain nombre de compartiments B¹ B²... B¹² par des cloisons verticales C. Chaque compartiment renferme un vase F en communication, par la partie inférieure, avec le compartiment suivant. A la partie supérieure de chaque cloison, se trouve un ajutage horizontal, terminé par un tube vertical plus large T pour conduire les vapeurs dans le compartiment qui précède. L'eau ammoniacale à traiter se trouve dans le réservoir K ; elle passe dans le régulateur à soupape RS, s'écoule dans le réchauffeur G et passe dans la chaudière A par le tube M. Elle se maintient dans cette chaudière au niveau o. Par le chauffage, l'ammoniaque se dégage d'un compartiment dans le précédent, par les tubes T, ce qui oblige l'eau ammoniacale à s'élever dans l'espace annulaire, formé entre les tubes T et les vases E et à se déverser d'un compartiment dans

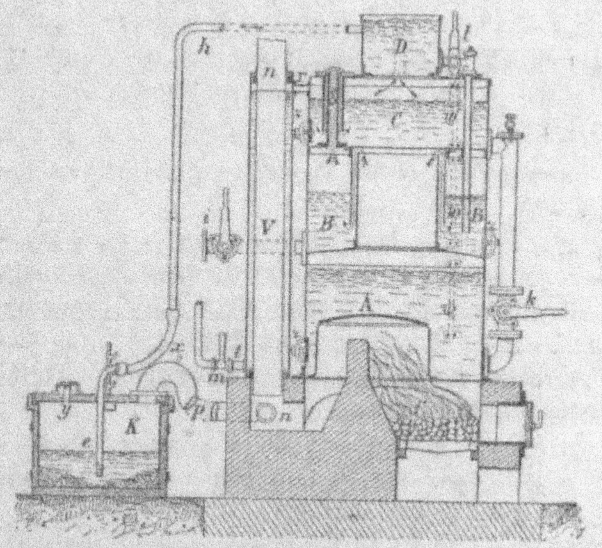

Fig. 20.

le suivant. Elles parcourent ainsi la chaudière de droite à gauche, en sens inverse des flammes de chauffage, et s'écoulent complètement épuisées par la conduite V. Les vapeurs ammoniacales se dégagent par le tube V, se refroidissent dans le serpentin J, contenu dans G, traversent le laveur Q et se rendent dans un appareil à absorption.

Un seul appareil permet de concentrer 12, 24 et 48 m³ d'eau ammoniacale en 24 heures avec une dépense de 25 kg. de combustible par m³.

Fabrication de l'alcali volatil. — Depuis quelque temps, on fabrique directement avec les eaux ammoniacales du gaz, de l'alcali volatil. Parmi les appareils employés, nous ne décrirons que les plus connus : celui de Elwert et J. Muller Park et celui de Weill-Goetz, de Strasbourg. On trouvera à la page 165 une description du procédé Grüneberg-Blum.

Appareil Elwert et Muller. — Cet appareil, représenté figure 22, se compose d'une chaudière A, montée sur un foyer ; sur le dôme de cette chaudière est adapté un tube $a\,a$, recourbé en siphon, dont l'autre branche verticale est fixée, par une bride, sur la chaudière A et s'introduit jusqu'au fond de cette chaudière, en s'allongeant ensuite horizontalement sur toute sa longueur.

Cette partie horizontale du tube $a\,a$ est percée de petits trous, servant de sortie aux vapeurs qui se dégagent de la chaudière A.

Sur le dôme de la chaudière A_1, est adapté le tube bb, recourbé en siphon, dont l'autre branche plonge jusqu'à $0^m,50$ du fond dans le vase B en communication avec la chaudière A_1, par le tube b.

Sur le couvercle du vase B, est fixé le tube c

qui introduit les vapeurs ammoniacales dans le serpentin du réfrigérant C.

Le tube *c*, en quittant le réfrigérant, plonge jusqu'à $0^m,10$ du fond dans le vase D, muni d'un tube de sûreté *d* et d'un robinet S, qui établit, par le tube *p*, la communication entre ce vase et la chaudière A_1.

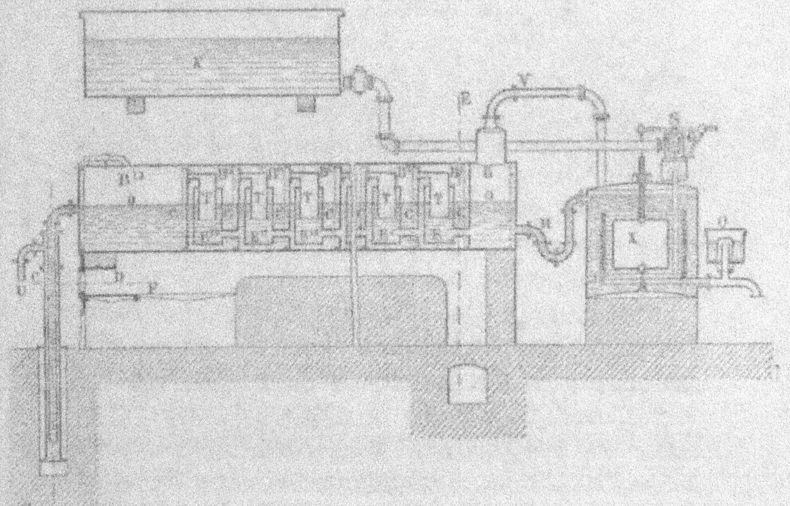

Fig. 21.

Dans ce vase D, se déposent les vapeurs ammoniacales aqueuses, condensées en liquide par le serpentin, tandis que les vapeurs ammoniacales riches passent par le tube *c* pour traverser les quatre épurateurs E, E^1, E^2, E^3, en communication entre eux par les tubes *f f¹ f²*. Du tube épurateur E^3, les vapeurs se dirigent par le tube en plomb *q*, dans le vase en plomb G, muni d'un tube de sûreté à entonnoir *h* et d'un robinet de vidange *i* les gaz et les vapeurs, non condensés dans le vase G, se dirigent par le tube courbé *i* dans le vase H, muni d'un robinet de vidange, d'un tube de sûreté à entonnoir *j* et du tube *k*; ce dernier sert au dégagement des gaz non condensables par l'eau et se dirige hors de l'usine.

Les eaux ammoniacales brutes s'introduisent, par le robinet *q*, dans la chaudière A', où on les met en contact avec du lait de chaux, versé en bouillie par le trou *r*, en quantité suffisante pour décomposer les sels ammoniacaux contenus dans les eaux brutes. Le tube à robinet *q* est en communication avec un réservoir placé plus haut, d'une capacité de 1000 litres, quantité d'eau nécessaire pour une charge.

La vidange de la chaudière A', dans la chaudière A, se fait par le tube à vanne *m*. Pour débarrasser ce tube des matières dont il peut être engorgé, on fait usage de la tige *o* qui passe dans une boîte à étoupes, ce qui permet d'avancer ou de retirer la tige, sans produire aucune fuite. La chaudière A est munie d'un tube à vanne *n* servant pour la vidange.

Pour empêcher dans la chaudière A, la formation du vide, il est adapté, sur le tube *aa*, un tube en communication avec le vase *u*, dont le couvercle est traversé par le tube de sûreté à robinet *v*.

La vase G est renfermé dans un réservoir en tôle F, afin de pouvoir le refroidir lorsqu'il se chauffe par l'absorption des vapeurs ammoniacales dans l'eau.

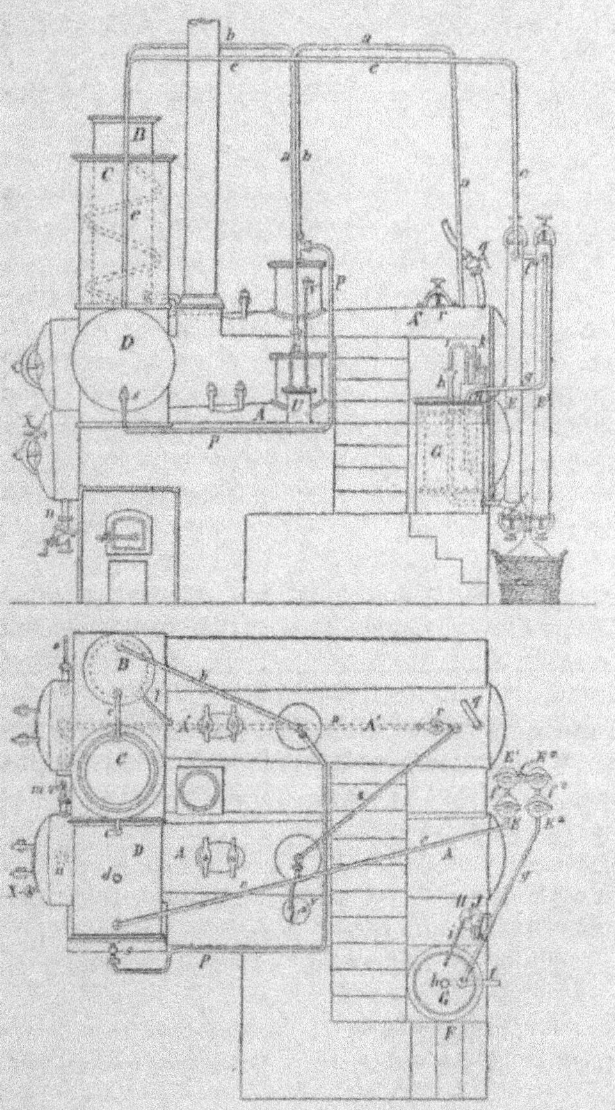

Sur la face de la chaudière A, à environ 0^m,60 du fond, est fixé un petit robinet X pour pouvoir examiner si la chaudière est épuisée d'ammoniaque.

Pour commencer l'opération, on ferme, après avoir bouché les trous d'homme des chaudières, la vanne *n* de la chaudière A ; on ouvre la vanne *m* ; on remplit les réfrigérants C et F avec de l'eau ordinaire, les quatre tubes E, E¹, E², E³, avec des morceaux de charbon de bois fraîchement calcinés, ou, ce qui est préférable, avec de la braise de boulanger ; on bouche les quatre épurateurs avec leurs couvercles en employant, comme mastic, la pâte de farine de lin ; on verse dans le vase G, 60 à 65 litres d'eau pure et, dans le vase H, 1,5 litre.

Après ces préparatifs, on laisse couler, en ouvrant le robinet *q*, 1000 litres d'eau ammoniacale brute dans la chaudière A, en versant en même temps par le trou *r*, du lait de chaux en quantité suffisante pour mettre en liberté toute l'ammoniaque contenue dans les 1000 litres d'eau. Quand l'eau, mélangée, avec le lait de chaux, a coulé dans la chaudière A, on ferme le robinet *q* et la vanne *m*, on bouche le trou *r* et on allume le feu qui passe sous la première moitié de la chaudière A et revient ensuite sous l'autre moitié pour se rendre dans la cheminée.

Bientôt, la température, dans la chaudière A, atteint le degré d'ébullition, et l'air, chassé par la chaleur, barbote dans les vases G et H ; la chaudière et les tubes *b* et *c* commencent à se chauffer.

Lorsque le tube *c* à l'entrée du réfrigérant C est bien chaud, cela prouve que tout l'air est chassé des chaudières et qu'il faut charger la chaudière A¹.

On ferme alors le robinet *v*, on ouvre le robinet *q*. L'eau ammoniacale froide coule dans la chaudière A, et y produit le vide, ce qui fait aspirer par les tubes *c* et *p* le surplus du liquide dans le vase D, pendant que l'air entre par le tube *d*. La chaudière A, étant chargée de 1000 litres d'eau ammoniacale brute, on ferme le robinet *q*, on ouvre le robinet *v* et le trou *r* et on verse par ce trou la quantité de lait de chaux nécessaire. Après avoir agité le liquide dans la chaudière A, avec un bâton introduit par le trou *r*, on bouche ce trou et on active le feu.

La vapeur ammoniacale aqueuse sort par les petits trous de la partie horizontale du tube *aa*, agite le liquide dans la chaudière A, et se dégage, enrichie et refroidie, de l'ammoniaque de ce liquide.

Cette vapeur passe par le tube *b* dans le vase B; elle s'y refroidit, ce qui fait condenser une partie de l'eau et des sels ammoniacaux contenus dans le liquide; le liquide condensé coule dans la chaudière A¹ par le tube *l* tandis que la vapeur concentrée passe par le tube *c* dans le serpentin, où toute la vapeur aqueuse se condense en liquide qui retient une partie des hydrocarbures, de l'ammoniaque libre et des sels ammoniacaux. Ce liquide s'accumule dans le vase D; il sert, vers la fin de l'opération, lorsque les vapeurs entraînent des

sels ammoniacaux, pour laver les vapeurs et retenir ces sels.

Les vapeurs sèches, non condensées, passent par
le tube *e* dans les épurateurs à braise E, E¹, E², E³ ;
la braise absorbe, outre une petite partie de
l'ammoniaque, tous les corps pouvant souiller l'alcali, principalement les hydrocarbures, et la vapeur
se dégage par le tube *g*, dans l'eau contenue dans le
vase G, qui absorbe la vapeur ammoniacale, en donnant, d'après la quantité de vapeur absorbée, de
l'alcali au titre voulu.

Les gaz non condensés dans le vase G, comme
par exemple l'air atmosphérique, s'échappent par
le tube *i* et passent dans le liquide du vase H, qui
retient le peu d'ammoniaque échappé à l'absorption dans le vase G ; les gaz non condensables, se
dirigent par le tube *k* en dehors de l'usine.

Pendant toute l'opération, on tient les réfrigérants C et F toujours froids, pour condenser, dans
le premier, toutes les vapeurs ammoniacales et
pour faire dissoudre, dans le liquide du vase G,
autant d'ammoniaque que possible, puisque la
solubilité de l'ammoniaque dans l'eau est en raison
inverse de la température.

Une opération dure 4 ou 5 heures : 100 litres
d'eau de gaz, à 3° B, donnent 100 à 110 kg. d'ammoniaque à 22° B.

Appareil Weill-Gœtz. — Cet appareil, représenté figure 23, fonctionne à l'usine à gaz de Strasbourg.

Il se compose : 1° d'un grand bassin A de 15000

lit. de capacité, contenant les eaux ammoniacales
à traiter.

2° de 2 chaudières de décomposition Z, dans lesquelles on fait le traitement à la chaux et au sulfate de fer.

3° d'une pompe à vapeur, non visible sur la figure,
aspirant l'eau des chaudières Z et la refoulant dans
la colonne B.

4° d'un réchauffeur E.

5° d'une colonne à distiller B.

6° d'un analyseur C.

7° d'une série d'épurateurs FF.

8° des saturateurs SS.

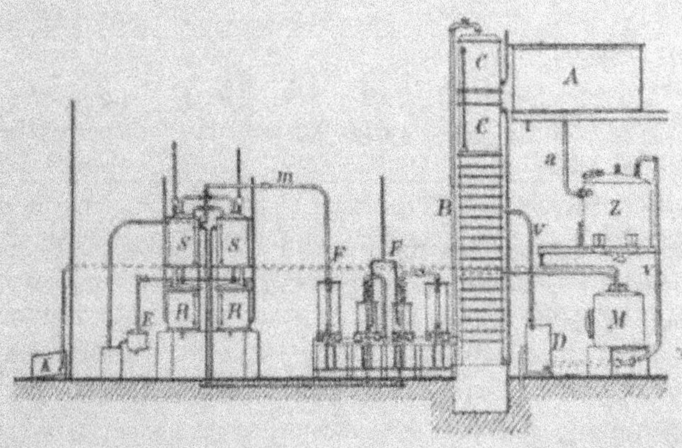

Fig. 23.

L'eau ammoniacale du réservoir A s'écoule par

le tuyau *a* dans la chaudière Z, d'une contenance
de 1000 litres. Dans cette chaudière, on introduit, à
l'aide d'un injecteur, la quantité suffisante de chaux
et de sulfate de fer.

On emploie 28 parties de chaux pure pour 17
parties d'ammoniaque contenues dans les eaux
(équivalent à équivalent).

On chauffe à 50° C, à l'aide de la vapeur, et on met
l'agitateur en mouvement. La pompe fait passer
l'eau ammoniacale de Z dans la colonne B, par le
tuyau V, en lui faisant traverser l'échangeur de
température D. Pendant que la pompe aspire l'eau
d'une des chaudières Z, on charge l'autre chaudière qui sera prête à fonctionner quand la première sera vide. La vapeur chauffant la colonne B
arrive par le tuyau *d*, passe ensuite dans chaque compartiment en traversant l'eau ammoniacale et fait dégager le gaz qui s'enrichit en passant sur les plateaux de rectification de la colonne.
Le gaz ammoniac achève de s'enrichir et de se
refroidir dans l'analyseur C. De là, il passe dans les
épurateurs à charbon et à soude caustique FF. Le
gaz, complètement épuré, arrive par le tuyau *m* aux
saturateurs SS contenant de l'eau distillée ; lorsque l'eau est saturée, on la fait couler dans les
réservoirs R. L'air des réservoirs R, chargé de gaz
ammoniac, traverse le petit saturateur E, et enfin
un petit bac à acide sulfurique. Un courant de
vapeur, dirigé dans les épurateurs F, enlève les dernières traces d'ammoniaque qui pourraient rester
dans la matière épurante. Les vapeurs, chargées
d'ammoniaque et de produits empyreumatiques,

sont reçues dans la chaudière de rectification M, d'où le gaz ammoniac, chassé par un courant de vapeur, va se condenser dans le bac à acide sulfurique K où l'on recueille du sulfate.

On pourrait aussi envoyer les vapeurs dans les chaudières Z.

Traitement des eaux-vannes.

Les appareils destinés au traitement des eaux-vannes, pour en retirer l'ammoniaque, sous forme de sulfate d'ammoniaque, sont analogues comme principe, aux appareils décrits précédemment pour le traitement des eaux du gaz.

Appareil de Figuera. — Le plus ancien appareil est celui de Figuera, qui fut mis en pratique, au dépotoir de Bondy, et qui, depuis longtemps, est abandonné.

L'appareil se composait d'une grande chaudière, recevant les eaux-vannes, chauffée à feu nu où à la vapeur. Le carbonate d'ammoniaque dégagé venait se condenser dans de grands cylindres en tôle, contenant des eaux-vannes, qui s'échauffaient et dégageaient de l'ammoniaque , celle-ci était absorbée dans un bac à acide sulfurique. Deux appareils permettaient le traitement de 250 à 300 m³. par jour avec une production de 2500 kg. de sulfate d'ammoniaque.

Appareil de Margueritte et Sourdeval. — Les appareils employés jusqu'ici, ne permettaient d'obtenir que des dissolutions faibles de sulfate d'ammoniaque qui, la plupart du temps, étaient souillées de matières empyreumatiques.

Leurs principaux inconvénients étaient :

1° La grande dépense de combustible destiné à la concentration des liquides.

2° La sortie, de l'appareil, de liquides incomplètement épuisés.

MM. Margueritte et Sourdeval songèrent, à ce moment, à appliquer le principe de la colonne distillatoire Savalle pour l'épuration des flegmes alcooliques et construisirent un appareil formé de 2 parties principales :

1° Une colonne distillatoire en fonte, ayant 22 plateaux d'un diamètre de 1 m. 30, munis chacun de 10 calottes.

2° Un réfrigérant à rétrogradation multiple, utilisant l'eau-vanne à traiter pour condenser les vapeurs ammoniacales se dégageant de la colonne. Les eaux de condensation contiennent du carbonate d'ammoniaque ; elles marquent 16° B. Les gaz sont dirigés dans un bac à acide sulfurique à 53° B.

Un appareil traite 100 m³. en 24 heures. Il fonctionne dans les usines de la Compagnie Lesage et de la Compagnie l'*Urbaine*.

Appareil Kuentz. — Cet appareil est formé de deux colonnes distillatoires superposées et distinctes. La première, comportant 18 plateaux, reçoit les eaux-vannes, préalablement chauffées par les eaux résiduaires qui dégagent de l'ammonia-

que et du carbonate d'ammoniaque. Le liquide
passe dans un récipient intermédiaire, où on l'additionne de chaux, traverse un débourbeur et tombe
dans la seconde colonne, possédant 8 plateaux
chauffés par la vapeur. Les gaz ammoniacaux,
dégagés des deux colonnes, passent dans un condenseur à colonne, où ils se séparent des eaux
ammoniacales concentrées ; les gaz sont ensuite
absorbés par l'acide sulfurique. On peut condenser
séparément les vapeurs ammoniacales de la première et de la deuxième colonne. Celles de la première sont traitées par du sulfate de chaux : il se
forme du sulfate d'ammoniaque et du carbonate de
chaux. Les eaux de la seconde colonne sont traitées par l'acide phosphorique : il se forme du phosphate d'ammoniaque ; celui-ci est traité par le sulfate de chaux, qui produit du sulfate d'ammoniaque et du biphosphate de chaux.

Cet appareil fonctionne à Toulouse et à Clermont-
Ferrand.

Appareil Hennebutte et Vauréal. — Dans cet
appareil, les eaux-vannes, réchauffées par les eaux
résiduaires, sont envoyées dans une série de 3
cuves, où elles subissent une distillation continue.

Les vapeurs passent dans un serpentin, qui condense les vapeurs aqueuses ; elles se rendent ensuite dans un bac à acide sulfurique. La dernière
cuve reçoit 1 0/0 de chaux.

Cet appareil fonctionne à Villejuif.

Appareil Lair. — Plusieurs des appareils précédents n'extrayaient pas la totalité de l'ammonia-

que contenue dans les eaux-vannes, car les sels
fixes n'étaient pas décomposés ; notamment, les
phosphates, sulfates, chlorhydrates et sulfhydrates
étaient toujours entraînés avec la vapeur d'eau, ce
qui constituait une perte notable d'ammoniaque.

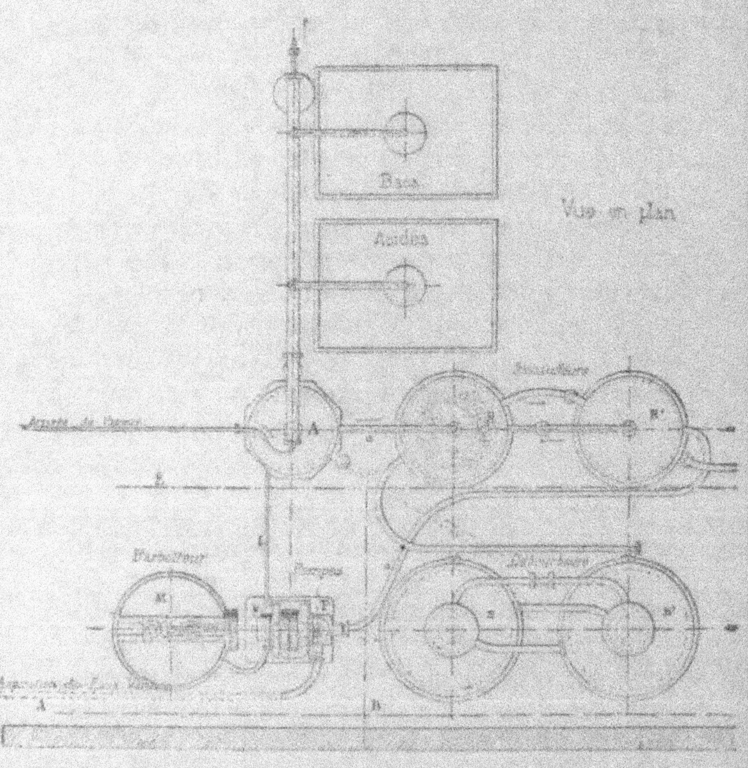

Fig. 24.

D'autre part, les eaux épuisées étaient rejetées
bouillantes, d'où une grande perte de calorique et

consommation plus grande de combustible ; de plus, ces eaux résiduaires étaient troubles et noires et il fallait les envoyer dans des bassins de dépôt ; enfin, l'inconvénient cité à propos de l'appareil de Figuera existait toujours un peu : on n'obtenait que des dissolutions relativement faibles de sulfate d'ammoniaque, qu'il fallait ensuite concentrer, d'où une nouvelle consommation de vapeur ou de charbon ; or, tous les industriels savent combien la question de l'économie de charbon ou de tout autre combustible est importante.

M. Lair a donc cherché à satisfaire à ces différents desiderata, en extrayant des eaux-vannes la totalité de l'ammoniaque, en ne rejetant que des eaux résiduaires, claires, propres et froides.

Le dispositif, qu'il avait installé à Bondy, Créteil et Saint-Denis, a donné d'excellents résultats et nous-mêmes, ayant eu à nous en servir à l'usine d'Amfreville, en avons eu pleine satisfaction.

L'appareil se compose de quatre parties distinctes, Figures 24, 25 et 26.

1° Une colonne distillatoire en fonte A, d'un diamètre de 0m.90 et d'une hauteur de 5 m. 50.

2° Deux débourbeurs BB', où se clarifie l'eau-vanne bouillante et trouble avant de passer dans les réchauffeurs RR', d'un diamètre de 1 m. 80 et d'une hauteur de 2m.

3° Deux réchauffeurs tubulaires RR'.

4° 2 bacs en bois doublés de plomb (saturateurs) pour la saturation, par l'acide sulfurique, des vapeurs ammoniacales sortant de la colonne.

La colonne est composée de 25 plateaux, munis

chacun d'une calotte surbaissée, à bords dentelés,
en fonte.

Elle est chauffée directement par la vapeur qui
est admise par un tuyau d'un diamètre de 0,020
sur lequel se trouve une valve régulatrice.

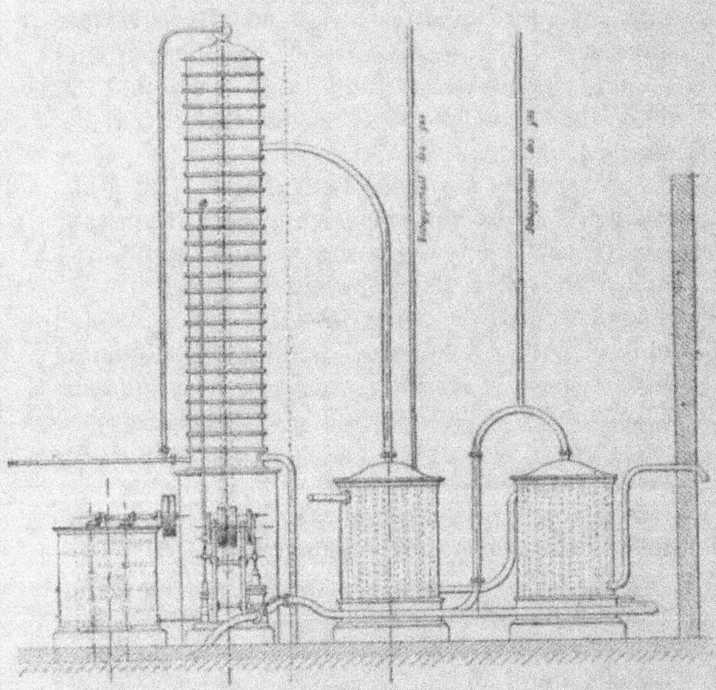

Fig. 25.

Une pompe P, mue par une transmission, aspire
les eaux-vannes contenues dans un bassin d'alimentation et les refoule à travers le corps tubulaire des réchauffeurs, dans la colonne, par un
tuyau a.

Cette eau, réchauffée, entre au 20ᵉ plateau et se dépouille méthodiquement de ses sels ammoniacaux, pendant son trajet à travers la colonne.

Une autre petite pompe *p*, placée sur le même bâti que la première, et actionnée par la même transmission, injecte par un tuyau *b* une certaine quantité de lait de chaux dans la colonne, à l'endroit où le liquide ne contient plus que des sels fixes.

Le liquide épuisé et bouillant, contenant de la chaux et des sels de chaux, se rend, du bas de la colonne, par un tuyau siphon, dans les deux débourbeurs où il s'éclaircit par le ralentissement de vitesse qu'il éprouve.

Le liquide arrive dans le premier débourbeur, à la partie supérieure, par un gros tube plongeant jusqu'au fond, puis remonte lentement pour se rendre par un tuyau latéral dans le deuxième débourbeur, d'où il sort clair et va traverser le réchauffeur R, en circulant autour du corps tubulaire, où il chauffe les eaux-vannes pompées se rendant à la colonne et enfin est rejeté froid et parfaitement limpide.

Les matières en suspension s'accumulent dans les débourbeurs, d'où on les extrait, de temps en temps, à l'aide d'une tuyauterie spéciale.

Une calotte dentelée, placée au fond, sur l'orifice, empêche l'engorgement du tuyau de décharge.

Les produits gazeux, qui se dégagent, formés de vapeur d'eau, de carbonate d'ammoniaque et de gaz infects, sont dirigés dans des bacs en plomb contenant de l'acide sulfurique à 53° B qui, bientôt, se

sature et laisse déposer du sulfate d'ammoniaque
en petits cristaux. Le mélange est brassé de temps
en temps.

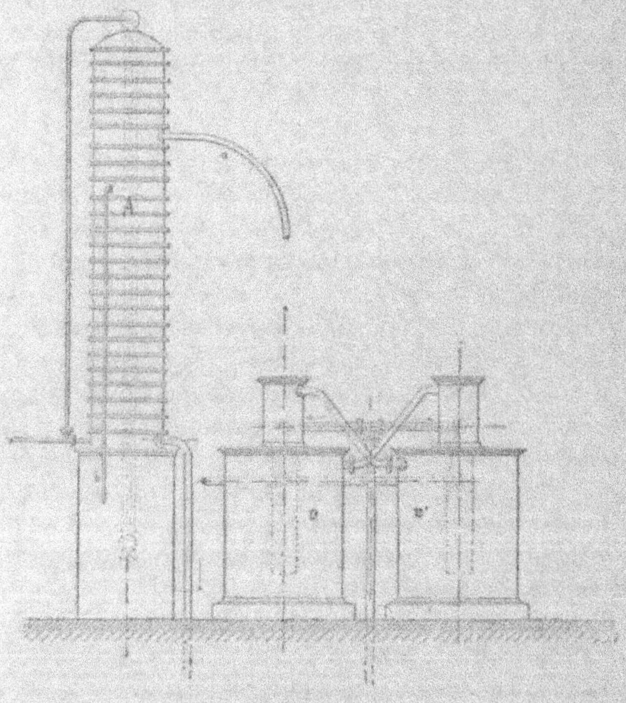

Le tuyau de dégagement des gaz, qui a un
diamètre de 0 m. 10, contient, à l'intérieur, un
autre petit tuyau de vapeur servant à empêcher
la condensation et la cristallisation du carbonate d'ammoniaque qui obstruerait le tuyau

et pourrait ainsi occasionner des accidents. Ce tuyau se prolonge, jusqu'au robinet placé avant le saturateur, au-dessus duquel se trouve un té qui lui permet de sortir du tube de dégagement des gaz.

Le lait de chaux doit être parfaitement homogène et ne point contenir de grugeons. Dans ce but la chaux est éteinte dans un panier cylindrique, en tôle perforée, tournant sur un axe porté par deux tourillons et plongé dans une bâche remplie d'eau. La chaux se délite et se dissout dans l'eau, puis se rend par un tuyau dans un appareil mélangeur M, au milieu duquel tourne un axe muni de palettes, commandé par 2 pignons d'engrenage. Le lait de chaux est ainsi constamment agité, ce qui permet à la pompe de n'aspirer qu'un liquide parfaitement homogène.

La colonne Lair permet de traiter 50 m³ d'eaux-vannes par 24 heures.

Les dépôts boueux, extraits des débourbeurs, sont vendus comme engrais.

Le dépotoir de Bondy possédait, il y a 4 ans, quatre de ces appareils permettant de traiter 200 m³ d'eaux-vannes. Les eaux utilisées ne contenaient que 2,5 grammes d'ammoniaque par litre et produisaient 11 k. 400 de sulfate d'ammoniaque par m³ en brûlant 1 k. 800 de houille par kg. de sulfate produit.

Les eaux épuisées ne renfermaient que 0,06 à 0,10 grammes d'azote par litre.

Le seul inconvénient de cet appareil, est la quantité relativement faible d'eau, qu'il peut traiter journellement.

Appareil Sintier et Muhé. — Ce système est une modification de la colonne Lair, où le réchauffeur et le débourbeur sont réunis en un seul organe. D'autre part, le tronçon inférieur de la colonne a une capacité plus forte et reçoit le lait de chaux injecté, ainsi que la vapeur introduite. Le mélange du lait de chaux avec l'eau ammoniacale se fait par un agitateur.

Appareil Bilange. — Cet appareil est analogue au triple effet employé dans les sucreries pour l'évaporation et la concentration des jus sucrés.

La distillation s'y opère sous pression réduite.

Il est formé de quatre caisses tubulaires verticales en fonte, hermétiquement closes et chauffées au moyen de la vapeur. Les eaux-vannes sont portées à la température de 65°C, et les vapeurs ammoniacales sont aspirées, par une pompe à air, dans une caisse, contenant les eaux-mères d'un traitement précédent, dans lesquelles on fait couler de temps en temps de l'acide sulfurique à 53° B.

La solution, obtenue, est évaporée pour l'obtention du sulfate d'ammoniaque.

Appareil Chevalet. — La fig. 26 représente l'installation complète de la fabrication du sulfate d'ammoniaque, avec les eaux-vannes, à l'aide de l'appareil Chevalet.

Les vidanges sont amenées dans les dépotoirs AA, où on les laisse reposer, pour en séparer, par décantation, la partie liquide, qui est conduite dans un réservoir A¹.

De là, elle se rend par le tuyau *a* au moyen de la

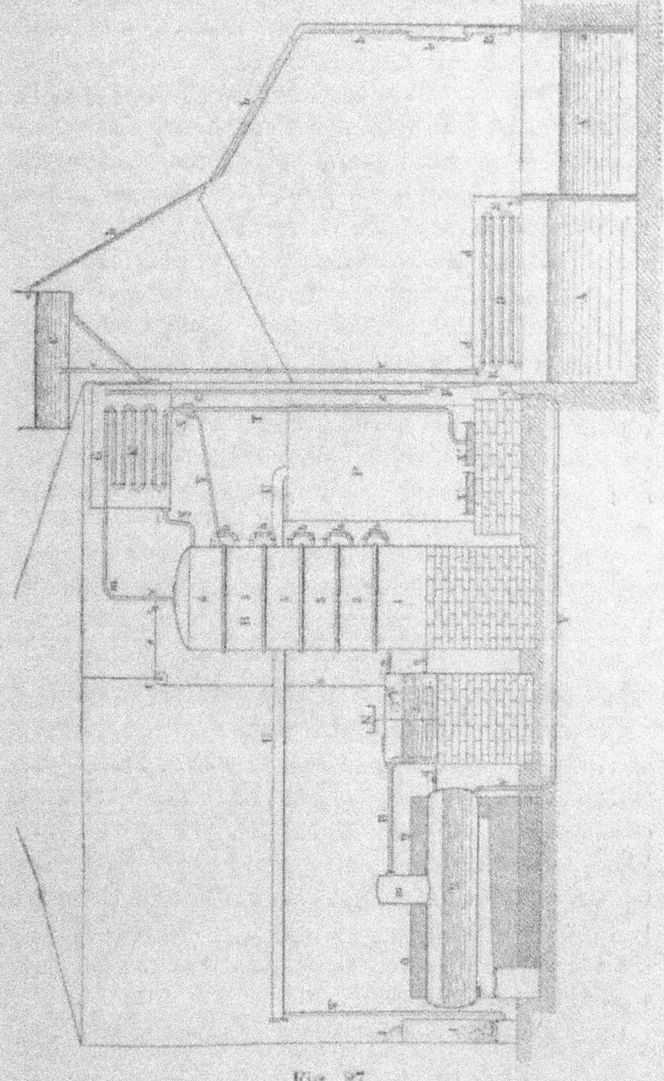

Fig. 27.

pompe B, et refoulée par les tuyaux *bb*, dans la bâche C, placée en charge sur le toit de l'usine, à 6 ou 8 m. du sol.

De ce réservoir C la matière coule par le tuyau *c* de son propre poids, dans un serpentin D, placé dans une cuve EE, en maçonnerie, ayant 10 m. de longueur sur 4 m. de largeur, hermétiquement close ; elle renferme le liquide chaud, épuisé, sortant de la chaudière, lequel communique son calorique aux eaux-vannes, qui circulent lentement dans le serpentin ; ce liquide peut être porté à 60 ou 70° C.

Il est pris par la pompe F et refoulé par le tuyau *ee* dans la cuve G, qui renferme un serpentin, où circulent les vapeurs ammoniacales chaudes sortant de la colonne H ; le liquide se réchauffe encore et atteint environ 80° C. De la bâche G, le liquide coule par le tuyau *g*, dans la colonne H, d'abord sur le premier plateau ; puis, au moyen des tubes *hhhh*, sur les différents plateaux ; du dernier, il s'écoule par un tuyau O dans la bâche L, où il est additionné de chaux et mélangé intimement au moyen de l'agitateur à palettes N ; dans ce liquide, barbote un courant de vapeur pour faciliter le dégagement de l'ammoniaque. De la bâche à chaux, le liquide se rend dans une chaudière M par le tube *q* : cette chaudière est chauffée à feu nu, elle produit la vapeur et finit par dégager l'ammoniaque contenue dans le liquide ; après épuisement complet, les eaux résiduaires s'écoulent par le tuyau VVV, se rendent dans la cuve EE pour abandonner leur chaleur, et s'écoulent par la tubulure Z.

Le système est intermittent : on vide, toutes les 4

heures, le liquide de la bâche à chaux dans la chaudière, qui est d'une capacité de 4 m³. Le liquide de la cuve EE se vide toutes les nuits.

Voyons maintenant la marche des vapeurs ammoniacales.

Au sortir de la chaudière, elles viennent, par le dôme *m* et le tuyau R, barboter dans la bâche à chaux L, ayant 1 m. de hauteur sur 1 m.50 de diamètre ; de là, les gaz passent par le tuyau *p* dans la colonne H, qui mesure 4 m. de hauteur sur 1 m.50 de diamètre ; ils s'enrichissent et se dégagent par le tuyau S en passant dans le serpentin K pour y condenser une certaine quantité de l'eau qu'ils renferment encore et pour réchauffer le liquide ; la bâche renfermant ce serpentin a 2 m. de long, 1 m. de large, et 1 m. de haut. Les liquides condensés et le gaz ammoniacal vont, au sortir du serpentin, dans l'analyseur X, où les liquides sont reconduits à la colonne, par le tuyau Y, et les gaz, par le tuyau T dans les saturateurs X¹, renfermés dans une chambre P, qui reçoit les gaz non condensés et les conduit, par un tuyau U et un autre W, dans un foyer à coke J, et de là, dans la cheminée par le tuyau I.

Les saturateurs sont en bois, doublé de plomb : ils reçoivent de l'acide sulfurique des chambres à 53° B. Lorsque cet acide est saturé, on a une solution concentrée de sulfate d'ammoniaque ; on rajoute de l'acide, et le sulfate, au fur et à mesure de sa formation, se dépose au fond des bacs. On le retire avec des râteaux doublés de plomb, on le met sur le bord des bacs, pour l'essorer de l'eau-mère et on le transporte en QQ, au-dessus de la maçonnerie de la chaudière M, pour le faire sécher.

Le travail est continu jusqu'à la bâche à chaux, et intermittent de la bâche à chaux aux chaudières. Un inconvénient peut se présenter : il peut s'accumuler, pendant les quatre heures de chauffe de la chaudière, du liquide dans la bâche à chaux et dans la colonne analyseuse, que la pression forcerait à remonter, avec les vapeurs, par le tuyau m, le serpentin K, l'analyseur X, le tube T, dans les saturateurs ; l'opération serait alors perdue.

On évite cet inconvénient, par l'emploi d'un flotteur r, placé dans la bâche à chaux, et qui, lorsque cette bâche est pleine, tire, au moyen d'un cordon s et d'une poulie t, une soupape placée sur le tuyau d'alimentation de la colonne m, en v : cette soupape se ferme aussitôt que la bâche à chaux est pleine ; on place ordinairement une sonnerie électrique pour avertir le chauffeur de vider la bâche.

La dépense en houille est de 25 à 30 kg. par m³ d'eau-vanne ; la dépense en chaux de 4 à 6 kilogr. environ. On compte aussi sur une dépense de 110 kg. d'acide à 53°B. par 100 kg. de sulfate d'ammoniaque sec produit.

On produit 8 kg. de sulfate d'ammoniaque par m³ d'eau-vanne traitée, dont on extrait 90 à 95 0/0 de l'ammoniaque contenue.

Les gaz ne sont pas absorbés complètement dans les bacs à acide ; les gaz odorants, qui se dégagent de ces derniers, s'amassent dans une chambre P, d'où un ventilateur les refoule dans un foyer. Malheureusement, tous les gaz odorants ne sont pas détruits, par le passage dans le foyer ; des odeurs nauséabondes se dégagent par la cheminée et in-

commodent fortement les voisins. On a proposé de
faire passer les gaz, à la sortie des saturateurs,
dans une colonne à eau, à acide sulfurique, à per-
sulfate acide de fer, à perchlorure de fer, à chlorure de manganèse, à hydrocarbures lourds, etc...,
avant de les envoyer au foyer. Ces moyens donnent de meilleurs résultats, mais ne sont pas par-
faits.

L'air de la chambre P est composé de :

Air (oxygène).....................	20.629 0/0
— (azote)	75.822 »
Acide carbonique.............	2.540 »
Acide sulfhydrique.............	0.713 »
Ammoniaque.....................	0.212 »
Produits odorants (scatol, butyrol, etc.).............	0.025 »
Eau vésiculaire.............	0.069 »

Ce qu'il faut éviter, c'est la dilution des gaz dans
l'air. Il est donc essentiel de supprimer la chambre
P et d'absorber les gaz ammoniacaux dans un laveur *standard* à acide sulfurique par exemple, ou
tout autre système analogue, de conduire les produits non condensés dans un bac contenant de l'essence de pétrole et de les envoyer ensuite dans un
foyer.

On a reconnu qu'il est très avantageux de faire
passer les gaz dans une colonne à lait de chaux
avant de les envoyer au saturateur. L'acide carbonique et l'acide sulfhydrique, qui entraînent avec
énergie les vapeurs odorantes, sont ainsi retenus
en partie.

Dans tous ces procédés de traitement, les gaz

non absorbés, résultant de la saturation de l'acide sulfurique, peuvent être traités par passage sur des terres argileuses ou de l'oxyde de fer, qui les débarrasse d'hydrogène sulfuré, ou bien, par les procédés Claus et Chance-Clauq, pour la récupération du soufre, qui fonctionnent actuellement dans un grand nombre d'usines anglaises (1).

1° *Emploi de la chaux*. — La quantité de chaux à employer pour la décomposition des sels fixes est déterminée par l'analyse.

Cox établit, comme règle, l'emploi de 350 parties de chaux pour 300 parties d'ammoniaque fixe et Blum 10 à 12 kg. de chaux calcinée par 100 kg. de sulfate d'ammoniaque produit.

Une eau ammoniacale ordinaire, à 3°Bé, exige par m³ 6 à 7 kg. de bonne chaux fraîche ou 8 kg. de chaux emmagasinée.

Ce point doit être parfaitement déterminé; car, si la chaux n'est pas en quantité suffisante, l'élimination de l'ammoniaque ne sera pas complète.

2° *Emploi de la vapeur*. — Il est également très important d'employer la quantité de vapeur strictement nécessaire.

Quant elle n'est pas suffisante, tout le carbonate d'ammoniaque peut ne pas être chassé ; il pénètre alors dans la partie inférieure des colonnes et forme du carbonate de chaux, qui encrasse et obstrue les orifices de dégagement.

Pour que l'appareil soit en bonne marche, il faut que les eaux résiduaires ne sentent plus l'ammo-

(1) *Moniteur Quesneville*, mars 1894.

niaque et qu'un échantillon, prélevé à l'endroit où les sels volatils sont entièrement chassés, ne contienne plus de carbonate d'ammoniaque.

D'après M. Chevalet, il faut, pour le traitement de 1 m³ d'eaux ammoniacales par 24 heures, une surface de chauffe de chaudière de 0 m² 50.

La quantité de combustible consommée dans les appareils Chevalet est par m³ de 60 kg. pour les petits appareils et de 45 kg. pour les appareils un peu plus puissants.

L'appareil Chevalet est employé également pour le traitement des eaux ammoniacales du gaz. La chaudière est chauffée par un foyer, ou par la vapeur, ou au moyen d'un thermo-siphon.

Pour clôturer ce chapitre, voici d'après MM. Weil-Goetz et Desor, un compte mensuel de fabrication d'alcali volatil, suivant les résultats relevés à l'usine de Strasbourg et qui pourra fournir ces renseignements très utiles.

Compte mensuel d'une fabrication d'alcali volatil.

Débit (Dépenses).

	kg.	frs.		frs.
Chaux..............	18.810 à	25.00	0/00	316 00
Poussière de coke.	36.800	4,25	»	156 40
(Chauffage).				
Charbon............	(néant)			
Sulfate de fer......	1.775	6,88	»	122 12
Huile d'olive......	57	155,00	»	88 35
Soude caustique..	48	32,14	»	15 43
Acide sulfurique..	436	8,02	»	34 96
Charbon animal..	36	68,70	»	24 73
Éclairage......................				54 60
Main-d'œuvre, salaires..............				429 30
Usure, entretien, prélèvement de 1 fr. 50 0/0 sur 21.760 kg. produits.............				326 40
Balance sur la marche du mois, valeur de 340000 kg. d'eau employés à 3°B. ressortant au prix de 20 fr. 12 0/00, soit.				6.840 50
				8.429 79

Crédit (Produits).

Alcali volatil, 21.760 kg. :		
824 kg. à 20°B. à 27 fr. 50 0/0..........		89 10
15.591 » 24°B. à 37 fr. 00 0/0..........		5 768 67
5.845 » 28°B. à 44 fr. 00 0/0..........		2 572 02
		8 429 79

Si, maintenant, on veut se rendre compte de ce que cette production représente en ammoniaque, on aura obtenu 21760 kilogr. dont :

324 kg. à 20°B. à 16.8 0/0 d'AzH³ correspondant à 54,4 d'AzH³.

15591 kg. à 24°B. à 25,2 0/0 d'AzH³ correspondant à 3928,93 d'AzH³.

5845 kg. 50 à 28°B. à 33,3 0/0 d'AzH³ correspondant à 1946,55 d'AzH³.

Or, les 21760 kilogr. d'alcali, à divers degrés, représentent 5930 kg. d'ammoniaque ayant été vendus 8429 fr. 79 : le kilogramme d'ammoniaque ressort donc à 1 fr. 42.

CHAPITRE VI

Fabrication de l'ammoniaque liquide
et des sels ammoniacaux.

1° Fabrication des eaux concentrées et de l'alcali volatil. — 2° Fabrication du sulfate d'ammoniaque. — 3° Fabrication du chlorhydrate d'ammoniaque. — 4° Fabrication du carbonate d'ammoniaque. — 5° Fabrication de l'azotate et de l'azotite d'ammoniaque. — 6° Fabrication du phosphate et du phosphite d'ammoniaque. — 7° Fabrication du picrate d'ammoniaque.

I. — Eaux concentrées

Les eaux ammoniacales, qu'on obtient dans la fabrication du gaz, ont en moyenne un titre de 3°B. à 10°B. suivant les points où les eaux sont prélevées. Les petites usines, qui, souvent, ne les transforment pas en sels ammoniacaux, ce qui, cependant, serait quelquefois plus rémunérateur, surtout en fabriquant des produits purs, ne font que les concentrer en les ramenant en moyenne à 17°B, ce qui correspond à 17 0/0 d'AzH³ à 15°C.

Le titre des eaux, dépend de la quantité d'eau employée pour le refroidissement.

Avec des appareils employant des serpentins ou des faisceaux tubulaires, pour la condensation il est difficile de dépasser un titre de 15 0/0 sans avoir à craindre les bouchages et les obstructions occasionnés par le carbonate d'ammoniaque.

Les eaux concentrées sont de couleur jaunâtre, sentant fortement le sulfure d'ammonium et l'ammoniaque. La concentration a lieu dans les appareils dont nous avons parlé dans le précédent chapitre ; quelques modifications légères remplacent le saturateur contenant l'acide sulfurique.

Les eaux concentrées sont expédiées par wagons-citernes de 10 tonnes ; on emploie souvent, comme réservoirs des réservoirs en tôle. Dans les petites usines, on emploie aussi des récipients en bois. A la longue, les récipients en fer s'attaquent par l'ammoniaque et donnent du ferrocyanure d'ammonium. On emploie, pour remédier à cet inconvénient, les récipients en ciment, système Monnier.

Les derniers appareil, Solvay, Feldmann et Grüneberg-Blum, servent aussi à la concentration en remplaçant l'appareil de saturation par un réfrigérant ordinaire.

Les eaux ammoniacales concentrées servent à la fabrication de la soude Solvay, qui est basée sur la réaction du chlorure de sodium sur le bicarbonate d'ammoniaque.

$$2NaCl + 2\ AzH^{4}CO_{2}H = 2NaHCO^{3} + 2AzH^{4}Cl.$$

L'ammoniaque employée est récupérée. D'après Lunge, il s'en perd cependant annuellement une quantité correspondante à 10000 tonnes de sulfate d'ammoniaque.

Alcali volatil ou dissolution d'ammoniaque.

On distingue commercialement deux sortes d'alcalis, l'*alcali blanc* qui est le plus pur, et l'*alcali ambré*, qui est souillé par de petites quantités de produits empyreumatiques.

L'alcali volatil n'est donc constitué que par une dissolution de gaz ammoniac plus ou moins concentrée et plus ou moins pure.

Cette dissolution d'ammoniaque est fabriquée en employant les divers appareils décrits précédemment, avec quelques modifications. L'alcali volatil se retire ainsi directement des eaux-vannes ou des eaux ammoniacales du gaz.

Alcali ambré. — On l'extrait de l'eau du gaz à l'aide de l'appareil Mallet.

Il contient des alcaloïdes huileux et des empyreumes qui jaunissent avec le temps et principalement lorsqu'il est soumis à l'action de la lumière.

Alcali blanc. — La Compagnie Parisienne du Gaz emploie, pour la fabrication de l'alcali blanc, l'appareil Mallet précédemment décrit.

Il se compose : 1° de 3 chaudières, en tôle, placées à des niveaux différents et chauffées par un même foyer. Elles ont des hauteurs respectives de 0 m. 80, 1 m. 10, 1 m. 35.

2° D'un réchauffeur tubulaire des eaux ammoniacales, qui amène celles-ci à une température de 80°, à l'aide de la vapeur des chaudières.

3° D'une colonne à distiller, en fonte, à 7 plateaux munis de calottes.

4° D'un analyseur tubulaire, en fonte, refroidi par un courant d'eau.

L'appareil reçoit une charge de 4 hectolitres d'eaux ammoniacales, toutes les 3 heures.

Procédé Grüneberg-Blum. — Dans cette méthode, on traite avant la distillation, les eaux ammoniacales par la chaux, qui les purge ainsi totalement de tout l'acide carbonique contenu. On ajoute donc, dans une cuve, 6 0 0 de chaux en pâte ; on mélange soigneusement par agitation et on laisse reposer 10 à 15 minutes.

L'eau clarifiée s'écoule dans une cuve et la pâte calcaire, délayée, est introduite dans un bouilleur placé sous cette cuve; ce bouilleur est chauffé par un serpentin de vapeur ouvert et l'eau ammoniacale épurée est poussée, par cette vapeur ou par l'air comprimé, dans un réservoir surélevé, divisé en 2 compartiments et se rend, de là à l'appareil à distiller qui est construit comme la colonne Grüneberg-Blum ordinaire, la caisse à chaux étant supprimée. Le fonctionnement est absolument le même. Les vavapeurs du bouilleur servent au chauffage de l'appareil.

Les vapeurs produites sont séchées dans le condenseur, et passent avec les eaux de condensation dans un petit récipient où l'eau condensée est reprise et revient au bouilleur ; les vapeurs ammoniacales se rendant, de leur côté, dans quatre cy-

lindres : les deux premiers contenant du lait de
chaux, le troisième de l'huile de paraffine et le
quatrième une dissolution de carbonate de soude.
Après avoir traversé ces divers liquides où il abandonne son hydrogène sulfuré et son goudron, le
gaz ammoniac traverse ensuite 6 filtres à charbon de bois, et enfin est amené dans des cylindres
d'absorption fonctionnant alternativement et qui
sont à moitié remplis d'eau distillée. Le gaz y est
condensé par un refroidissement énergique.

Essai de l'ammoniaque aqueuse. -- Elle peut
renfermer du carbonate d'ammoniaque en petites
quantités ; elle ne doit laisser aucun résidu sur la
lame de platine et ne pas précipiter par les sels de
chaux ou par le nitrate d'argent (chlorures). Elle
ne doit pas contenir non plus de sels de fer.

L'ammoniaque, en dissolution, se vend dans le
commerce à plusieurs degrés.

Soit à 22° Baumé, densité = 0.918.
  Id. 24°   id.   densité = 0.904.
  Id. 29°   id.   densité = 0.880.

Différents procédés sont encore employés pour
obtenir de l'alcali blanc avec le sulfate ordinaire du
commerce. Avant d'envoyer le gaz au condenseur,
on lui fait traverser une solution de chlorure de
manganèse, qui arrête le sulfhydrate et le carbonate d'ammoniaque (Mallet), ou un ou plusieurs
filtres à charbon de bois, comme nous l'avons vu
dans le procédé Grüneberg.

M. Villon propose, pour obtenir un gaz entièrement pur, de laver le gaz dans un lait d'oxyde de

plomb et de chaux éteinte, renfermant, par conséquent, du plombite de chaux en dissolution et de le laver ensuite dans une colonne à hydrocarbures lourds. Le plombite de chaux arrête énergiquement les acides carbonique et sulfhydrique, tandis que les hydrocarbures enlèvent totalement les produits goudronneux et empyreumatiques.

Nous donnons ci-dessous deux analyses comparatives d'alcalis volatils, obtenus tous deux avec le même sulfate d'ammoniaque impur du commerce: l'un sans purification, l'autre avec purification au plombite de chaux et aux hydrocarbures.

	Ammoniaque obtenue	
	Sans purification	Avec purification
Eau.	77,165 0/0	79.745 0,0
Ammoniaque.	18.622 »	20,149 »
Chlorhydrate d'ammoniaque	0,269 »	0,000 »
Carbonate d'ammoniaque.	3,334 »	0,008 »
Sulfhydrate d'ammoniaque	0,410 »	0,000 »
Matières goudronneuses.	0,200 »	0,008 »

Ammoniaque liquide. — L'ammoniaque liquide, autrement dit liquéfiée, est d'une consommation courante dans l'industrie, pour le service des machines frigorifiques.

On l'obtient en décomposant le sulfate par la chaux ; on purifie ensuite et on dessèche le gaz en le faisant passer à travers des colonnes à charbon de bois, fraîchement calciné, et des caisses pleines de chaux vive.

Le gaz ammoniac, complètement sec, se rend dans un gazomètre à huile minérale, et de là, une pompe à compression, système Linde-Fixary, qui est décrite au chapitre « Applications de l'Ammoniaque », le comprime, à la pression de 30 atmosphères, dans un serpentin en fer forgé, entouré d'eau froide constamment renouvelée.

L'ammoniaque liquide commerciale n'est pas complètement pure ; voici sa composition, d'après Hans von Strombeck.

	I	II
Ammoniaque.	97,9260	99,3115
Fluide incolore.	1,4322	0,0270
Humidité.	0,5882	0,0266
Huile minérale.	0,0158	0,0108
Sesquicarbonate d'ammoniaque.	0,0304	0,0235
Sulfhydrate d'ammoniaque	0,0008	0,0002
Sulfate d'ammoniaque	0,0042	traces
Chlorhydrate d'ammoniaque.	0,0002	0,0004
Matière minérale.	0,0022	traces

Le fluide incolore, qui se trouve dans toutes les ammoniaques, a une densité de 0,7948 et distille entre 130° et 180° C: il est principalement composé d'alcool méthylique, d'acétone, d'alcool éthylique, et d'alcool isopropylique.

M. Hans von Strombeck conseille le procédé suivant, pour obtenir une ammoniaque liquide complètement pure :

On fait passer le gaz ammoniac, préparé par un des procédés ordinaires, dégoudronné et desséché, comme nous l'avons dit, dans un récipient rempli de sodium métallique fondu. Comme il se dégage de l'hydrogène, pendant cette opération, on fait passer le gaz sur du noir de palladium, qui absorbe cet hydrogène.

Le noir de palladium est revivifié, de temps en temps, en le faisant traverser par un courant d'air. L'ammoniaque, préparée par ce procédé, a une richesse de 99,995 0/0 et ne renferme que 0,005 0/0 d'huile minérale comme impuretés.

Procédé Wren. — M. G. Wren, de New-York, a tenté de produire, par simple distillation, de l'ammoniaque anhydre pure, sans l'emploi de pompes de compression ou autres appareils semblables.

Il décrit ainsi son invention : l'eau ammoniacale est chauffée dans une chaudière, faite en tôle forte pour bouilleurs, et capable de soutenir une haute pression. Les gaz, qui se dégagent, sont emmenés par un tuyau placé sur le sommet de la chaudière et haut d'au moins quarante pieds, en relation avec un serpentin, qui est placé dans une bâche. Un courant d'eau froide refroidit le tout et condense la vapeur qui est entraînée pendant la distillation ; elle retourne à la chaudière et le gaz ammoniac se rend dans le serpentin refroidi, où il est liquéfié par la pression même de la vapeur.

II. Sulfate d'ammoniaque.

Le sulfate d'ammoniaque est fabriqué, comme nous l'avons vu dans le chapitre précédent, par la distillation des eaux-vannes ou des eaux ammoniacales du gaz, en recueillant les gaz produits dans de l'acide sulfurique.

On emploie ordinairement, pour cette fabrication, de l'acide sulfurique à 60° Bé ou d'une densité de 1,71, correspondant à une teneur de 78,01 0/0 de SO^4H^2, et plus rarement l'acide à 66° Bé ou d'une densité de 1,83 correspondant à 92,10 0/0 de SO^4H^2.

L'acide sulfurique concentré n'attaquant pas le fer est transporté dans des bonbonnes ou des wagons-citernes. L'acide est ensuite transvasé des citernes dans des récipients en bois, doublés de plomb et fermés où on le conserve. Ces récipients sont reliés aux ateliers par des tuyaux de plomb permettant d'amener l'acide dans les saturateurs.

Les appareils de saturation sont, la plupart du temps, en bois, doublés d'une feuille de plomb, quelquefois en granit, les joints étant alors faits avec du soufre et du verre pilé.

La quantité d'acide à introduire est déterminée par la teneur des eaux en ammoniaque.

Lorsque l'acide est saturé, le sel se sépare et cristallise dans le fond des bacs de saturation. Il y a toujours une forte évaporation, à cause du dégagement de chaleur, dû à la combinaison.

Quand on emploie de l'acide à 60° Bé, il faut environ quatre fois la teneur des eaux en ammoniaque. Si on distille des eaux à 3° Bé, qui correspondent à 2 0/0 d'AzH³, il faut environ 80 kg. ou 67 litres d'acide par mètre cube.

Les impuretés, que peut contenir le sulfate, sont l'arsenic, le fer et le plomb.

Lorsqu'il est d'une couleur jaune, il contient des sels ferriques. Si on se sert d'acide sulfurique, provenant de pyrites arsénicales, pendant la saturation, il se produit, à la surface, une mousse verte de sulfure d'arsenic impur. Dans ce cas, si on ne peut faire autrement, on écume le liquide pour enlever ce dépôt.

Dans certaines usines, on emploie, pour la saturation, de l'acide à 60° Br, auquel on ajoute une certaine quantité d'acide ayant servi au lavage des avant-coulants et des naphtes bruts dans la distillation du goudron. Dans ce cas, dès que l'acide est saturé, le goudron remonte à la surface, englobant le sulfure d'arsenic produit et rendant ainsi sa séparation plus facile.

La teinte bleue, que possède quelquefois le sulfate, est due au bleu de Prusse qui s'est formé dans les conduits en fer.

S'il est gris ou noirâtre, il contient du sulfure de plomb.

Le sulfate produit est pêché, égoutté et séché. Le sulfate commercial renferme environ 24 0/0 d'ammoniaque (AzH³).

Le sulfate, chimiquement pur, contient 25,75 0/0 d'AzH³ correspondant à 21,20 0/0 d'Az.

Comme nous l'avons vu. les gaz non condensés, qui s'échappent, sont brûlés sous les chaudières, ou transformés, par le procédé Chance-Claus, en soufre.

De Lachomette a proposé de préparer le sulfate d'ammoniaque, en faisant arriver simultanément du gaz ammoniac et du gaz sulfureux dans des récipients contenant de l'eau, à sécher le sulfite cristallisé jusqu'à ce qu'il perde une molécule d'eau. A ce moment, l'exposer, en couches minces, à l'air, où il se transforme en sulfate.

III. Chlorhydrate d'ammoniaque

Le chlorhydrate d'ammoniaque, ou sel ammoniac, est fabriqué, en certaine quantité, avec la dissolution concentrée de carbonate d'ammoniaque impur, obtenue dans la distillation avec la colonne Margueritte et Sourdeval. Les vapeurs, sortant de cette colonne, se condensent partiellement dans le serpentin, avant de se rendre à la caisse de saturation. C'est cette dissolution condensée qui, recueillie dans un vase à la partie inférieure du réfrigérant et marquant 16° Bé., est utilisée par la Compagnie Lesage pour la fabrication de l'alcali volatil et du chlorhydrate d'ammoniaque.

Pour cela, on dispose une série de touries contenant : les unes la dissolution de carbonate d'ammoniaque, les autres de l'acide chlorhydrique commercial à 18-20° Bé.

En contre-bas, se trouve un grand bac rectangulaire en bois, doublé de plomb, muni d'un couvercle et d'un tuyau d'échappement, se rendant à la cheminée. Par le moyen de siphons en plomb et en verre, on fait écouler simultanément l'acide et le carbonate dans le bac, où ils se neutralisent au fur et à mesure. Il se dégage de fortes quantités d'acide carbonique et d'hydrogène sulfuré et la température du liquide s'élève vivement.

Quand le bac est suffisamment rempli, on remue fortement, on arrête les siphons et, le liquide étant légèrement acide, on l'évapore à l'aide d'un serpentin de plomb amenant la vapeur au fond du bac. La concentration terminée, on transvase la solution dans des cristallisoirs doublés de plomb. On trouble plusieurs fois la cristallisation, par l'agitation, afin d'avoir de petits cristaux. Quand la cristallisation est terminée, on fait écouler les eaux-mères, qui rentrent dans une nouvelle opération ; on enlève le sel ammoniac avec des pelles en bois, on l'égoutte et on le fait sécher. Puis, il est ensaché et livré à la consommation.

En Angleterre, quelques usines mélangent directement les eaux ammoniacales et l'acide chlorhydrique. Les cuves ont une capacité de 60 à 80 m³.

M. Kuentz a proposé de fabriquer le sel ammoniac directement, avec les eaux et le perchlorure de fer impur, obtenu en traitant les schistes pyriteux par le sel marin. On obtient une solution faible de chlorhydrate d'ammoniaque, de l'oxyde et du sulfure de fer. Il a aussi proposé de traiter les liqueurs carbonatées de l'appareil Margueritte par une dis-

solution de chlorure de calcium ; on passe au filtre-
presse, et on a une solution de chlorhydrate d'ammoniaque qu'on acidifie légèrement et qu'on évapore.

Procédé Dubosc et Heuzey. — Cette méthode
est basée sur l'insolubilité des sulfures et des carbonates métalliques, en présence du chlorhydrate
d'ammoniaque. On produit une double décomposition entre le sulfhydrate et le carbonate d'ammoniaque, par le perchlorure de fer et le chlorure de
calcium, mélangés en proportions convenables.

Le traitement se fait de la manière suivante :
Dans un bac, placé à une certaine hauteur, on refoule
les eaux ammoniacales du gaz, préalablement dé-
goudronnées par un séjour de 48 heures dans des
citernes. Une pompe amène au fond du bac la quantité de mélange de chlorure de fer et de chlorure
de calcium nécessaire pour transformer les eaux
du gaz en liqueur-mère de chlorure d'ammonium.
Le mouvement continu d'un agitateur facilite la
réaction. Après douze heures de dépôt, les 2/3 du
bac sont remplis d'eaux-mères absolument limpi-
des, ne précipitant plus par les réactifs de l'acide
carbonique et de l'acide sulfhydrique. Cette partie
claire, après acidulation, est envoyée à l'évaporation. Le précipité de carbonate de chaux, de sulfure de fer et de sulfure de calcium est passé au
filtre-presse. Ce mélange, desséché, peut remplacer
le mélange Laming. Les eaux-mères, marquant
7° B⁴ sont évaporées jusqu'à 13°, à chaud, dans des
bacs plats, en tôle forte ou en fonte contenant environ 2000 litres.

Les vapeurs, qui se dégagent, sont emmenées à l'aide de manteaux de rabat, en bois silicaté et stucaté recouvrant le fourneau et munis d'un large tuyau, jusqu'à la cheminée de l'usine. On soutire à 18° et on laisse cristalliser dans des bacs en bois.

La cristallisation demande quinze jours et, chaque jour, on brise la surface des cristallisoirs.

Si on veut du chlorhydrate en cubes, on ajoute environ 5 0/0 de perchlorure de fer à 35° B⁹ ; pour la cristallisation en aiguilles, il n'y a aucune addition à faire. Le perchlorure de fer a une simple action de présence et se retrouve dans les eaux-mères.

Pour le chlorhydrate servant à la galvanisation, on ajoute des sels de manganèse, de zinc ou des matières grasses, en proportions variables. Après égouttage sur des claies, les cristaux sont séchés à 50-60° C. Un traitement à la chaux éteinte leur donne la couleur brun-jaune, que leur demande le commerce.

Pour le sel raffiné, on arrête à 11°; l'eau-mère est envoyée dans des bacs en bois, on y précipite les métaux par le sulfure d'ammonium, on filtre et l'eau-mère de sel pur est concentrée dans des bâchettes en fonte émaillée ; puis, on fait cristalliser dans des terrines en grès.

Sublimation du chlorhydrate d'ammoniaque. — Les anciens Égyptiens l'obtenaient ainsi (Voir *Historique de l'Ammoniaque*). On le fabrique, actuellement, en pains blancs ou gris, sous forme de croûtes épaisses blanches, de 0 m. 10 à 0 m. 15 d'épaisseur.

Le sel ammoniac bien sec se vaporise peu à peu.

Une condition essentielle pour obtenir un bon produit, c'est d'avoir une température constante et suffisante pour que la sublimation s'effectue lentement. Trop vite, le sel sublimé n'a pas la densité convenable et, à une température trop élevée, il est souillé par des produits empyreumatiques.

En Angleterre, la sublimation se fait dans de grandes chaudières en fonte, hémisphériques, garnies intérieurement de briques réfractaires, pour modérer la chaleur du foyer. Elles sont fermées par un couvercle en fonte, fixé par des clavettes, et qui peut se soulever à l'aide d'un palan. Leur diamètre est de 1 m. à 3 m.; elles peuvent contenir 1000 à 9000 kg. de sel, chacune.

Pour remédier à l'action corrosive des vapeurs, Mond a proposé dernièrement d'employer des récipients nickelés ou revêtus intérieurement d'antimoine ou d'un alliage d'antimoine. La distillation du chlorhydrate a lieu en présence de chlorure de zinc : il évite ainsi la fusion de l'antimoine en recouvrant toute la partie du récipient, soumise à l'action de la flamme, avec du chlorure de zinc fondu.

Quand une chaudière est chargée, on la chauffe rapidement et, lorsque les vapeurs de sel ammoniac sortent par un petit orifice, percé à la partie supérieure du couvercle, on ferme ce trou avec une cheville en fer. Le tout est recouvert de sable et d'escarbilles pour éviter le refroidissement. La durée d'une opération est, pour ces grandes chaudières, d'une semaine.

En France, la sublimation se fait dans de petits pots en grès, de 0 m. 50 de hauteur, et de 0 m. 30 à

0 m. 35 de diamètre. On en dispose une vingtaine, dans un carneau, sur la voûte d'un fourneau de galère, sur deux rangées parallèles. Dans la voûte, sont ménagées de petites ouvertures, qui permettent aux flammes du foyer de circuler autour des pots. A la partie supérieure, se trouve une plaque de fonte où les pots sont engagés, et le tout est recouvert de sable. A la partie supérieure des pots, se trouve un orifice de dégagement de l'air et de la vapeur, qui se produisent au commencement de l'opération, qui dure environ 2 jours.

Pour obtenir des pains d'un poids suffisant, on recharge deux ou trois fois chacun des pots. Pour obtenir le sel ammoniac gris, que préfèrent certaines industries, pendant la sublimation, on introduit une petite quantité de matières grasses, qui se décomposent en produits pyrogénés, et se mélangent au sel, pendant sa sublimation.

Le sel français est plus pur que le sel anglais qui est souillé par des traces de fer, entraîné à l'état de protochlorure, pendant la sublimation.

Dans quelques usines, la sublimation se fait dans des ballons de verre. Les cristaux doivent être introduits bien secs.

Carbonate d'Ammoniaque.

On connaît trois carbonates d'ammoniaque : 1° le carbonate neutre $(AzH^4)^2CO^3$; 2° le bicarbonate ou carbonate acide $AzH^4. CO^3H$; 3° le sesquicarbonate $(AzH^4)^4H^2. (CO^3)^3 + H^2O^2$.

Carbonate neutre d'ammoniaque. — $(AzH^4)^2CO^3 + H^2O^2$.

M. Divers est parvenu à obtenir le carbonate neutre par plusieurs procédés. (*Bull. Soc. Chim.* t. XI.)

Pour l'obtenir cristallisé, Divers fait digérer, pendant quelques jours, le carbonate commercial avec une solution d'ammoniaque dans un vase fermé ; il sature ensuite le mélange de gaz ammoniac en refroidissant, puis ajoute une nouvelle quantité de carbonate commercial en chauffant doucement pour le dissoudre par : refroidissent, le carbonate neutre se dépose en cristaux transparents, groupés en épis, qui se réunissent par la compression, en une masse molle et soyeuse.

On peut aussi le préparer en dissolvant le carbonate commercial dans l'eau à 30 ou 35° ou dans l'ammoniaque concentrée froide : par refroidissement, on a des cristaux prismatiques volumineux. A l'air, il perd de l'ammoniaque et se transforme en sel acide. A 58°, il se décompose en eau, acide carbonique et ammoniaque.

Il est insoluble dans l'alcool absolu qui, copendant, le dédouble en carbonate acide et ammoniaque.

La composition du carbonate d'ammoniaque commercial a déjà fait l'objet de nombreuses recherches. On admet généralement pour ce produit, qui se présente en morceaux grossièrement rectangulaires, à texture cristalline, la formule :

$$HAzH^4CO^3 — AzH^4CO^3H^2Az$$

c'est-à-dire qu'on le considère comme une combinaison de carbonate acide et de carbamate d'ammonium.

M. de Konninck, dans un travail fait au laboratoire de chimie analytique de l'Université de Liège, en avril 1894, a démontré l'existence, dans le commerce, de deux produits différents, vendus sous le nom de carbonate d'ammoniaque. (*Moniteur Quesneville*, juin 1894).

Procédé Carl Raspe. — Pour la préparation du carbonate d'ammoniaque pur, on débarrasse les lessives brutes de ce sel de la majeure partie des empyreumes, en les agitant avec des huiles grasses. On distille ensuite et on fait passer les vapeurs, au sortir de l'alambic, à travers une colonne de charbon fortement chauffée. Ce procédé est appliqué à l'épuration du carbonate d'ammoniaque, provenant de la distillation des bitumes, lignites, etc.

Bicarbonate d'ammoniaque. — Le bicarbonate d'ammoniaque est obtenu en saturant, par l'acide carbonique, une solution aqueuse de sesquicarbonate ou d'ammoniaque.

Exposé à l'air, le bicarbonate se volatilise, devient opaque et répand une odeur ammoniacale.

Le sesquicarbonate du commerce, traité par très peu d'eau, donne une solution de carbonate neutre et un dépôt de bicarbonate insoluble. Tous les carbonates d'ammoniaque, abandonnés à eux-mêmes, se transforment en carbonate acide.

Sesquicarbonate d'ammoniaque. — Le carbonate d'ammoniaque du commerce, ou *sel volatil d'Angleterre*, est surtout formé de sesquicarbonate. La distillation des matières animales donne du carbonate d'ammoniaque, mélangé de sulfhydrate

et de produits huileux ; le carbonate d'ammoniaque
se dépose à l'état solide, en cristaux jaunes, constituant le *sel de corne de cerf*; on a, en même temps,
un liquide saturé de carbonate, qui est l'*esprit de
corne de cerf*. On le purifie toujours, par sublimation, et on obtient un produit souillé d'empyreumes,
comme en pharmacie sous le nom d'*ammonium
carbonicum pyro-oleum*. Au lieu de ce procédé,
on préfère décomposer le chlorhydrate d'ammoniaque par la craie en poudre.

On chauffe progressivement, jusqu'au rouge
naissant, le mélange contenu dans une chaudière,
ou une cornue de fonte, qui est reliée à un récipient
en plomb, refroidi par un courant d'eau.

Procédé anglais. — Dans cette méthode, on se
sert du chlorhydrate d'ammoniaque impur, obtenu
par saturation directe des eaux du gaz par l'acide
chlorhydrique. Le chlorhydrate est séché et distillé
avec le double de son poids de craie, dans des cornues horizontales, en fonte, ayant 2 m. de longueur,
0 m. 50 de largeur et disposées par batteries de 3 à
5, comme dans la fabrication du gaz. Elles sont re-
liées par un large tuyau en fonte avec deux petites
chambres de plomb ayant 2 m. de hauteur, 2 m. 50
de longueur et 0 m. 75 de largeur, où se fait la
condensation. Chacune de ces chambres a une
paroi mobile, permettant d'enlever le carbonate
formé.

Pendant la distillation, le mélange est brassé
continuellement avec un ringard passant par une
ouverture percée dans la cornue. Le carbonate
commence à se sublimer vers 50°. L'opération dure

14 à 15 jours avant l'enlevage du sel. Des tampons-regards, percés dans la paroi des chambres, permettent de surveiller l'opération.

Le produit obtenu est ensuite sublimé dans des marmites en fonte, recouvertes de feuilles de plomb agrafées, ayant un diamètre de 0 m. 33 et une hauteur de 0 m. 75. On obtient ainsi du carbonate, translucide, fibreux, qu'on enferme dans des bonbonnes en grès, bien bouchées.

Azotate d'ammoniaque.

L'azotate d'ammoniaque, dont les applications à l'industrie des explosifs deviennent de plus en plus nombreuses, a été le sujet, dans ces derniers temps, de multiples recherches.

M. Cary l'obtient à l'aide du nitrate de baryum et du sulfate d'ammoniaque, par double décomposition, comme dans la majeure partie des procédés traitant de la fabrication du nitrate d'ammoniaque.

Il transforme la barytine ou le spath pesant ($BaSO^4$ naturel), en sulfure de baryum, en le calcinant à l'abri de l'air avec du charbon et de l'huile de résine. Il fait bouillir le sulfure de baryum obtenu avec du soufre en poudre, et le polysulfure est traité par une solution de nitrate de soude, qui transforme les sulfures de baryum en nitrate de baryum, que l'on sépare par cristallisation.

On fait ensuite réagir le nitrate de baryum sur une solution de sulfate d'ammoniaque pur, qui donne du nitrate d'ammoniaque et du sulfate de baryum régénéré.

Procédé Rolls. — On obtient le nitrate d'ammoniaque par double décomposition entre le nitrate de soude et le sulfate d'ammoniaque. L'opération a lieu sous pression réduite, ce qui hâte la dessiccation du produit sans perte de nitrate décomposé par la chaleur.

Le nitrate d'ammoniaque est réduit par le couple zinc-cuivre en donnant à froid de l'ammoniaque et à chaud du bioxyde d'azote (Gladston et Tribe).

M. Berthelot dans les *Annales de Physique et de Chimie*, a publié une série de recherches sur les produits de la décomposition du nitrate d'ammoniaque suivant la vitesse d'échauffement et la température. Il nous a paru intéressant au point de vue de l'industrie des explosifs de consigner les principaux résultats de ces expériences.

Le nitrate d'ammoniaque peut éprouver 7 modes de décomposition distincts ou simultanés.

1° A basse température, décomposition du sel fondu en acide azotique gazeux et ammoniaque; absorbe environ 37.000 calories depuis le sel fondu.

2° Echauffement ménagé, il y a formation de protoxyde d'azote.

$$AzO^3AzH^4 = Az^2O + 2H^2O + 10 \text{ calories } 200$$
$$\text{Solide}$$

3° Echauffement brusque, (décomposition explosive).

$$AzO^3AzH^4 = Az^2 + O + 2H^2O + 30 \text{ calories } 700$$
Solide

4° On observe également,

$$AzO^3AzH^4 = AzO + Az + 2H^2O + 9 \text{ calories } 200$$

$$5° \ AzO^3AzH^4 = \frac{1}{2} AzO^2 + \frac{3}{2} Az + 2H^2O + 29 \text{ calor. } 500$$

$$et \ 6° \ AzO^3AzH^4 = \frac{4}{3} Az + \frac{1}{3} Az^2O^4 + 2H^2O + 23 \text{ calor. } 300.$$

D'après M. Veley, la présence du gaz ammoniac retarde la décomposition du nitrate et peut même l'arrêter totalement.à une température supérieure de 50 à 60° à celle où elle se produit normalement.

Quatre des réactions de décomposition de l'azotate sont exothermiques, la chaleur varie de 21 à 64°, du simple au triple.

Quand la réaction véritable a lieu, elle est presque toujours la somme d'un certain nombre des réactions précédentes. (Barthelot, *Ann. de Phys. et de Chimie*).

Sublimation du nitrate d'ammoniaque. — On peut sublimer ce sel, en le chauffant doucement au dessous de 200°, dans des capsules recouvertes d'un disque en papier filtre, et surmontées d'un cylindre en carton rempli de morceaux de verre. L'azotate se dépose en partie en beaux cristaux brillants l'autre partie traverse le papier sous forme de fumées blanches très difficiles à recueillir. Il n'y a pas de décomposition en acide azotique, et, ce qui le prouve, c'est que le papier reste parfaitement intact. (Berthelot, C. R., T. LXXXII, *Bull. Soc. Chim.*, T. XXVI).

Procédé Grandhall et J. Landin. — Pour obtenir du nitrate exempt de produits sulfurés, les auteurs extraient à l'alcool, un mélange intime de nitrate de soude et de sulfate d'ammoniaque, on a ainsi une solution alcoolique de nitrate d'ammoniaque, qu'on débarrasse du nitrate de soude par filtration à travers une couche de sulfate d'ammoniaque ou de chlorhydrate d'ammoniaque granulé.

Procédé Habay-Chevallot et Maire, 1890. — On dissous 130 parties 5 de nitrate de baryum dans quatre fois son poids d'eau bouillante et on mélange avec une solution de 66 parties de sulfate d'ammoniaque dans une fois son poids d'eau bouillante.

Le nitrate de baryum est obtenu par double décomposition, entre une solution de chlorure de baryum dans deux fois son poids d'eau bouillante, et une dissolution de nitrate de soude dans la moitié de son poids d'eau à la même température. Le nitrate de baryum se précipite à froid à l'état cristallin. On le sépare par turbinage.

Fluorure d'ammonium.

On prépare ce sel en traitant, dans un creuset de platine, un mélange de chlorhydrate d'ammoniaque (1 p.) et de fluorure de sodium (2 p. 1/4), ou en saturant l'acide fluorhydrique du commerce par l'am

moniaque, mélangée de carbonate d'ammoniaque et
de sulfure d'ammonium (*Rose; Annales de Poggendorff*). On laisse déposer et on évapore à sec dans
un vase de platine en ajoutant de temps en temps
du cabonate d'ammoniaque solide et en remuant
avec une spatule.

On le conserve dans le platine ou dans la gutta-
percha.

Ce sel sert dans la gravure sur verre. Depuis
quelque temps, il est aussi employé dans le procédé Effront.pour faciliter l'accroissement et le développement des cellules de levure.

En employant 1 gramme de levure. M. Effront a
obtenu :

Avec 1 mmg. de fluorure d'ammonium une
moyenne de 8 cellules au lieu de 6.

Avec 2 mmg. de fluorure d'ammonium une
moyenne de 11 cellules.

Avec 4 mmg. de fluorure d'ammonium une
moyenne de 10 cellules.

Lorsqu'on augmente la teneur en fluorure, il y a
diminution du nombre des cellules ainsi avec 5¢
mmg.de fluorure d'ammonium on obtient plus que
4 cellules.

Azotite d'ammoniaque.

M. Berthelot l'a préparé en grande quantité par
double décomposition entre l'azotite de baryum
pur et le sulfate d'ammoniaque en quantités strictement équivalentes. On dessèche ensuite dans le
vide sur la chaux vive. Cette opération est extrê-

mement lente et dure plusiers semaines. La masse
cristalline obtenue est blanche, très déliquescente,
élastique, s'attachant aux parois comme le mono-
chlorhydrate de térébenthène. Le rendement ne dépasse guère 30 à 40 0/0.

Pour conserver l'azotite d'ammoniaque, il faut le
laisser dans le vide sur la chaux vive et non dans
des tubes scellés, car il se décompose lentement et
les tubes feraient explosion. Il détone subitement
à 60-70° ou par le choc. Sa décomposition dégage
presque autant de chaleur que celle de la nitroglycérine.

Sa solution mousse comme du vin de Champa-
gne, et chauffée, dégage aussitôt des torrents d'azote
pur.

On peut l'obtenir, en faisant arriver dans une
éprouvette refroidie, d'une part, un mélange de gaz
ammoniac et d'oxyde azotique et d'autre part de
l'oxygène.

Une partie du gaz, se combine pour former de l'eau
nécessaire à la réaction principale.

1° $2AzO + O + 2AzH^3 = 2Az^2 + 3H^2O$
2° $6AzO + O^3 + 6AzH^3 = 6AzO^2AzH^4$

(Berthelot, *Bull. Soc. Chim.* T. XXI).

Phosphate d'ammoniaque. $PO^4H^2AzH^4$.

Il existe trois combinaisons d'acide phosphorique et d'ammoniaque.

Seul, le phosphate acide $AzH^4PO^4H^2$, est fabriqué industriellement.

Ce fut M. Lagrange, qui le premier, en fabriqua à Asnières, des quantités considérables pour son procédé d'épuration des jus sucrés.

Il traitait le phosphate acide de chaux, par une solution d'ammoniaque jusqu'à neutralisation, faisait évaporer et cristalliser.

Voici un extrait du rapport de M. Lagrange : Le phosphate acide de chaux était obtenu en traitant l'apatite ou la phosphorite (phosphates de chaux naturels) par l'acide sulfurique. Le minerai pulvérisé, était introduit par une trémie, dans un cylindre mélangeur en fonte, muni d'agitateurs à palettes, on faisait arriver la quantité d'acide sulfurique nécessaire. Il se dégageait une assez forte quantité d'acide fluorhydrique. On employait poids égaux d'apatite et d'acide sulfurique à 66°. On obtenait ainsi une masse contenant du sulfate de chaux, de l'acide phosphorique libre, du phosphate acide de chaux et de l'acide sulfurique en excès. On épuisait méthodiquement et on obtenait une liqueur à 25° B. renfermant de l'acide phosphorique libre, du phosphate acide de chaux, du sulfate de chaux. On additionnait de carbonate de baryte en léger excès pour éliminer la chaux et l'acide sulfurique.

La liqueur d'acide phosphorique et de phosphate acide de chaux est alors neutralisée par de l'ammoniaque en léger excès. Toute la chaux se précipite à l'état de phosphate de chaux insoluble, qui est remis en fabrication après lavage préalable. Le liquide filtré est une dissolution de phosphate acide d'ammoniaque qu'il faut transformer en phosphate bibasique, il marque environ 20° B.

On effectue alors la précipitation en versant dans de petits cristallisoirs, la liqueur à 20° B. et de l'ammoniaque à 22° (1 équivalent 5 d'alcali, pour 1 de phosphate).

Le biphosphate d'ammoniaque se précipite au fur et à mesure. Après refroidissement on sépare les pains et on les comprime à la presse hydraulique.

Phosphite d'ammoniaque. PO^3H^2. AzH^4.

Le phosphite monoammonique, s'obtient en faisant cristalliser une solution concentrée préparée en saturant des quantités convenables d'acide phosphoreux et d'ammoniaque, en se servant de l'orangé de méthyle comme indicateur.

Ce corps, perd $1/2$ AzH^3 à 145° et se décompose à plus haute température, en donnant de l'hydrogène phosphoré et de l'acide phosphorique.

Sulfocyanure d'ammonium. $CAzS(AzH^4)$.

Le sulfocyanure d'ammonium peut se préparer en traitant l'acide cyanhydrique ou prussique par une solution de polysulfure d'ammonium. Deux parties d'ammoniaque d'une densité de 0,95 sont saturées d'hydrogène sulfuré et mélangées avec six parties d'ammoniaque de même densité. On ajoute deux parties de fleur de soufre, et tout l'acide cyanhydrique provenant de la distillation d'un mélange de 6 parties de ferrocyanure de potassium. 3 parties d'acide sulfurique et 18 parties d'eau, on laisse digérer et on chauffe le mélange au bain-marie jusqu'à ce que le soufre ne diminue plus et que le liquide ait une couleur jaune, on fait bouillir, on filtre et on évapore.

On obtient ainsi 3,3 à 3,5 parties de sulfocyanure d'ammonium parfaitement blanc (1).

Millon a proposé l'action du sulfure de carbone sur l'ammoniaque et c'est de son procédé que sont dérivés ceux actuellement employés dans l'industrie (2).

Procédé Gélis (1860). — M. Gélis a fait breveter le 6 juin 1860 une méthode à peu près semblable où il supprime l'emploi de l'alcool.

Le mélange de Millon était composé de 15 volumes d'ammoniaque aqueuse, 2 volumes de sulfure de carbone et 15 volumes d'alcool qu'on laissait 24 heures en contact.

Gélis, au mélange d'ammoniaque, de sulfure d'ammonium saturé et de sulfure de carbone ajoute 2 à 3 0/0 d'une huile grasse dans le but de produire avec l'ammoniaque, une émulsion qui facilite le mélange intime du sulfure de carbone, avec les solutions aqueuses.

(1) Liebig, *Annale de Chem. und. Pharm.*, T. LXI, p. 126.
(2) Millon, *Journal de Pharmacie* (3), T. XXXVIII, p. 491.

Au bout de quelques heures d'agitation, la réaction est terminée, on laisse reposer, on décante une couche huileuse claire, qui peut servir dans une opération ultérieure et on distille le liquide.

On reçoit ce qui passe, dans un récipient contenant de l'ammoniaque, pour retenir l'hydrogène sulfuré, le sulfocyanure d'ammonium reste sous forme d'un liquide incolore, qu'il suffit d'évaporer et de faire cristalliser.

Dans ce mode de préparation, il se forme d'abord, par union du sulfure de carbone et du sulfure d'ammonium, du dithiosulfocarbonate d'ammonium.

$$CS^2 + (AzH^4)^2S = CS(SAzH^4)^2$$

qui à la distillation se dédouble en hydrogène sulfuré et sulfocyanure d'ammonium.

$$CS.(SAzH^4)^2 = CAzS^2(AzH^4) + 2H^2S \qquad (1)$$

Procédé Günzburg et Tcherniac, 1879. — MM. Günzburg et Tcherniac, ont apporté d'heureux perfectionnements à la méthode de Gélis. On en trouvera les divers détails dans leurs brevets du 12 février 1878, 25 avril 1879, 24 décembre 1880 qui ont été concédés à la Compagnie générale des Cyanures qui les exploite actuellement dans ses établissements de Saint-Denis.

Voici la description de la méthode de fabrication et des appareils employés, d'après M. Tcherniac.

Ces derniers consistent en : 1° En une pompe as-

(1) A. Gélis, *Journal de Pharmacie*, (3), T. XXXIX, p. 95.

pirante et foulante tout, en fer, analogue à celles employées dans les machines à glace à ammoniaque (Voir applications de l'ammoniaque).

2° Une série d'autoclaves en fer forgé, à haute pression, qui sont munis d'un agitateur à palette, d'un manomètre, d'un thermomètre et de trois robinets destinés, l'un à amener le liquide venant de la pompe, l'autre à livrer passage, à volonté, aux gaz accumulés dans l'autoclave, le troisième à la décharge. Les autoclaves sont entourés d'une enveloppe de vapeur et communiquent chacun par un système de tuyaux, avec la pompe alimentaire et l'alambic. Les manomètres, dont la partie en contact avec le gaz est en fer ou en platine, sont munis chacun d'un tube plongeant dans le liquide, sans quoi ils seraient bientôt faussés par le sulfure d'ammonium qui se sublimerait sur la membrane ou dans le tube cintré.

3° Un alambic chauffé par un serpentin à fond de cuve. Il est surmonté d'une capacité cylindrique qui en constitue une partie importante et qui est appelée le *Déverseur*, organe destiné à opérer une séparation complète entre la vapeur venant de l'alambic et la solution entraînée à l'état vésiculaire. La vapeur vésiculaire est amenée par un tube qui entre dans le réservoir d'une vingtaine de centimètres environ, elle s'y sépare complètement en vapeur d'eau, hydrogène sulfuré et ammoniaque qui s'échappent tous par un tube placé sur le dôme, tandis que les particules de liquide entraîné, se réunissent et reviennent à l'alambic, par un tube qui plonge dans le liquide à distiller.

4° Un échangeur à surface, surmonté d'une colonne à coke et établi au-dessus d'un récipient spacieux destiné à recueillir les liquides condensés. Une petite pompe aspirante et foulante vient puiser du liquide dans le récipient, et le déverse en pluie continue dans le haut de la colonne à coke et à travers l'échangeur. On assure ainsi une condensation parfaite de la vapeur ammoniacale et on empêche les obstructions dues au sulfure d'ammonium.

5° Une cloche à gaz de 15^{m3} environ faisant office de régulateur.

Voici le fonctionnement de ces appareils :

La pompe alimente les autoclaves avec du sulfure de carbone, de l'ammoniaque liquide à 20 0/0 et une certaine quantité de liquides ammoniacaux qui proviennent de la condensation des eaux de distillation de l'alambic. Aussitôt qu'un autre a reçu sa charge : le robinet d'entrée est fermé et l'agitateur mis en mouvement. On chauffe par la vapeur jusqu'à ce que le thermomètre, logé dans un tube à huile plongeant dans le liquide, indique 100° ; on ferme alors l'arrivée de vapeur, et on continue l'agitation jusqu'au moment où le manomètre marque 15 atmosphères. L'opération étant terminée, on cesse d'agiter et on ouvre le robinet de décharge, qui communique par un tube avec le fond de l'autoclave, le liquide est expulsé violemment par la forte pression qui règne dans l'autoclave et se rend à l'alambic.

Ce liquide qui est constitué par une solution am-

moniacale de sulfocarbonate d'ammoniaque et de
sulfure non attaqué est chauffé à 105-110°.

Le sulfocarbonate d'ammonaque s'est formé dans
les autoclaves par la réaction suivante :

$$CS^2 + 2AzH^3 = H^2Az - CS - SAzH^4$$

et durant la distillation il se décompose en sulfocyanure d'ammonium et en hydrogène sulfuré,

$$H^2Az - CS - SAzH^4 = CAzS (AzH^4) + H^2S.$$

Il reste donc dans l'alambic, une solution aqueuse
de sulfocyanure d'ammonium, et les produits dis-
tillés ; composés d'eau, sulfure d'ammonium, hydrogène sulfuré et sulfure de carbone se dirigent
dans les récipients et à travers les échangeurs. Ils
y abandonnent complètement l'eau et le sulfure
d'ammonium, qui rentrent de nouveau dans la fabrication, tandis que l'hydrogène sulfuré, entraînant
un peu de sulfure de carbone, s'échappe des appareils de condensation malgré leurs perfectionnements (1). Ce phénomène de gazéification est bien
connu des fabricants de sulfure de carbone aux-
quels il cause des pertes sérieuses de ce produit.
On est arrivé à neutraliser complètement les effets
de cet entraînement, qui absorbait près de 20 0/0 de
sulfure de carbone, en dirigeant le courant gazeux
dans une huile quelconque, notamment l'huile
lourde de pétrole ; où le sulfure de carbone est presque entièrement absorbé, tandis que l'hydrogène
sulfuré qui s'échappe est presque pur.

L'huile saturée n'a plus qu'à être distillée.

(1) Berthelot, *Ann. Phys. et Chimie*, (4). T. XXVI, p. 470.

L'appareil méthodique ainsi employé assure un rendement atteignant plus de 95 0/0 de la théorie.

A l'exception des serpentins de l'alambic, tous les appareils décrits doivent être en fer ou en fonte. Avec les serpentins en fer, on a du sulfocyanure d'ammonium chargé de sulfocyanure ferreux qui, au contact de l'air, prend une coloration rouge en se transformant en sulfocyanure ferrique. On emploie donc pour les serpentins l'étain, et pour avoir des solutions absolument pures, on a recours à l'aluminium. On a même construit un alambic entièrement en aluminium, qui fait un excellent usage.

Pour obtenir le sulfocyanure cristallisé, on évaporise à 125° la solution et on abandonne dans des cristallisoirs en bois doublés d'étain.

Si on veut obtenir du sulfocyanure se gardant blanc à l'air, avec des liquides provenant d'alambics en fer, on n'a qu'à précipiter par le sulfure d'ammonium, ou bien faire barboter un courant d'air, dans la solution additionnée d'une petite quantité d'ammoniaque, le fer est ainsi précipité à l'état de sulfure ou d'oxyde, on laisse reposer, on filtre et on évapore dans des bassines en étain.

Picrate d'ammoniaque.

Le picrate d'ammoniaque est actuellement très employé dans la fabrication des explosifs. Voici d'après M. Magnier, un procédé de fabrication du picrate d'ammoniaque.

Procédé Magnier. — Dans un vase en grès ou en fonte émaillée, on introduit une partie d'acide phénique et deux parties d'acide sulfurique à 66°, on remue et on laisse refroidir; on obtient ainsi l'acide phénylsulfurique ou sulfophénique,

$C^6H^5\left\langle\begin{array}{l}OH\\SO^3H\end{array}\right.$. On ajoute ensuite peu à peu du ni-

trate d'ammoniaque *fondu,* en telle proportion qu'il puisse se former avec la moitié de l'acide employé le sulfate correspondant et on injecte du gaz ammoniac jusqu'à refus.

Le liquide est ensuite chauffé, jusqu'à ce qu'une goutte posée sur une surface froide, cristallise immédiatement. On filtre à chaud, on laisse cristalliser, puis on traite le dépôt cristallin par l'eau bouillante et on fait recristalliser. Le sel est ensuite essoré et desséché à basse température.

Bichromate d'ammoniaque.

Le fer chromé est calciné à la manière ordinaire sur la sole d'un four à réverbère, avec des sels de soude, pour la fabrication du chromate de soude, et on lessive la masse pour en extraire ce sel.

A la solution ainsi obtenue, on ajoute deux équivalents d'acide, c'est-à-dire que l'on double la quantité d'acide nécessaire pour convertir le monochromate en bichromate.

On fait ensuite passer un courant de gaz ammoniac dans la solution, jusqu'à ce que tout l'acide libre soit saturé.

La solution contient maintenant un bichromate et un sulfate, chlorure ou nitrate, selon qu'on a employé l'acide sulfurique, chlorhydrique ou nitrique. Par évaporation les sels étrangers se séparent et on les enlève par séchage, et le bichromate d'ammoniaque cristallise ensuite par refroidissement. Les sels pêchés peuvent être utilisés pour un nouveau traitement avec le fer chromé.

Le bichromate d'ammoniaque se prépare industriellement, d'après les procédés de M. Poussier. (Brevet n° 45778).

Il est employé en assez grande quantité comme oxydant, car par simple ébullition il cède très facilement son oxygène.

Ce sel se prépare aussi, en saturant, la moitié d'une solution d'acide chromique et ajoutant l'autre moitié, puis évaporant, ou bien en mélangeant convenablement des solutions de picrate d'ammoniaque et de bichromate de potassium.

Ammoniure de cuivre. — Sulfate de cuivre ammoniacal.

L'ammoniure de cuivre ou eau céleste dont la formule est $Cu.4AzH^3 + H^2O$, le sulfate de cuivre ammoniacal, etc... sont employés à l'état liquide, dans le traitement de la vigne contre le mildew ou *Peronospora viticola*. Ces composés à base de cuivre peuvent se ramener à deux types.

1° Les composés cupriques insolubles comprenant la bouillie bordelaise, les oxydes et les sels de cuivre insolubles et le carbonate de cuivre, indiqué par M. E. Masson, professeur à l'école de viticulture de Beaune.

2° Les composés cupriques solubles comprenant le sulfate de cuivre ammoniacal ou l'eau céleste, recommandée par M. Audoynaud et l'ammoniure de cuivre de M. Bellot des Minières, obtenu en faisant réagir l'ammoniaque liquide sur le cuivre métallique, etc...

Nous ne nous occuperons ici que des derniers composés. Il se consomme de fortes quantités d'ammoniaque pour cette fabrication.

Procédé Bellot des Minières. — M. Bellot des Minières prépare l'ammoniure de cuivre en faisant passer de l'ammoniaque sur de la tournure de cuivre, contenue dans un récipient permettant à l'air de circuler sur le cuivre, soit dans un cylindre métallique soit dans un tonneau dont les parois sont percées de trous. On peut du reste employer les procédés suivis pour la fabrication du vinaigre, en remplaçant les copeaux de bois par de la tournure de cuivre et le vin, par de l'ammoniaque.

Le liquide doit renfermer 7 à 8 0/0 d'oxyde de cuivre.

Procédé Audoynaud. — M. Audoynaud prépare l'eau céleste, en faisant dissoudre 1 kilog. de sulfate de cuivre dans 100 litres d'eau et en y ajoutant 1,5 litre d'ammoniaque du commerce à 22° B.

Procédé Casthelaz. — M. Casthelaz remplace

l'ammoniaque liquide par du sulfate d'ammoniaque.

Les mixtions bleues Casthelaz qui ne sont autres
que du sulfate de cuivre ammoniacal ou eau céleste
sont de deux natures.

1° Les mixtions bleues concentrées contenant 10
à 20 0/0 de cuivre et qu'il suffit d'étendre au moment
de s'en servir.

Le sulfate d'ammoniaque combiné au sulfate de
cuivre, donne un sulfate double qui, dissous dans
l'eau et traité par la potasse, la soude ou la chaux,
donne instantanément naissance à l'eau céleste.

2° Les mixtions bleues faibles préparées par le
viticulteur au moment de l'emploi et sur les lieux.

1° Mixtion bleue potassique :

Sulfate de cuivre cristallisé..	10 kilog.
Sulfate d'ammoniaque........	10,5 »
Potasse caustique liquide à 36°	14 »
Eau..........................	65,5 »

2° Mixtion bleue sodique, est semblable, la potasse
étant remplacée par la soude. Après réaction, la
potasse et la soude n'existent plus qu'à l'état de
sulfates neutres inoffensifs.

Les solutions étendues de neuf fois leur poids
d'eau, donnent la solution à 1 0/0 employée généralement.

3° Mixtion bleue calcique.

Sulfate de cuivre cristallisé	1 kilog.
Sulfate d'ammoniaque....	1,050 »
Chaux délitée.............	0,750 »
Eau..................... 50 ou 100	»

M. Prud'homme a étudié dans le *Moniteur Quesneville*, les propriétés oxydantes de l'ammoniure de cuivre.

D'après ce chimiste, un échantillon teint en bleu cuve moyen (indigo), se décolore complètement en 24 heures, au contact d'ammoniure de cuivre suffisamment étendu pour ne pas altérer le tissu. A une température de 60° la décoloration a lieu en quelque minutes.

Les propriétés oxydantes de l'ammoniure de cuivre surpassent donc celles de l'eau oxygénée qui n'agit que faiblement sur l'indigo. (*Moniteur Quesneville* 1891.) Le sulfate d'ammoniaque est encore employé, en présence du sulfate de Cuivre contre le mildew, dans le produit nommé « Bouillie Falgos », qui jouit en même temps, par sa composition, de propriétés fertilisantes assez grandes.

Sulfate de cuivre 98 à 0/0	60 0/0
Sulfate d'Ammoniaque à 20/21 0/0 d'Am.	15 0/0
Chlorure de potassium à 48/50 de K^2O.	10 0/0
Superphosphate à 19/20 0/0 d'acide phos. soluble	10 0/0
Sulfate de fer à 98 0/0	4 0/0
Acide Tartrique	1 0/0

CHAPITRE VII

Analyse de l'ammoniaque et des sels ammoniacaux

Caractères des sels ammoniacaux

Réactions par la voie humide. — Pour ces réactions on peut employer le chlorure, le sulfate ou l'azotate.

Les réactifs généraux ne précipitent pas les solutions de sels ammoniacaux.

1° Le *chlorure de platine*, produit dans une dissolution concentrée de chlorhydrate d'ammoniaque, un précipité jaune cristallin de chlorure double de platine et d'ammoniaque, $AzH^4Cl.PtCl^2$. Les autres solutions des sels d'ammonium, produisent le même précipité, si on a ajouté au préalable un peu d'acide chlorhydrique. Ce précipité, est un peu soluble dans l'eau et insoluble dans l'alcool éthéré. Par calcination, il donne de l'éponge de platine.

2° L'*acide tartrique* et le *tartrate acide de sodium*, se comportent comme avec les sels de potassium ; il y a précipité blanc de bitartrate d'ammoniaque dans les solutions concentrées, le dépôt est favorisé par une vive agitation. Il est soluble dans une grande quantité d'eau, et dans les alcalis. Si le liquide est étendu il ne se produit rien.

3° La potasse, la soude, la chaux, la magnésie décomposent tous les sels d'ammonium, surtout à une faible chaleur, avec dégagement d'ammoniaque, qu'on reconnaît à son odeur, à sa réaction sur le papier de tournesol rouge et aux vapeurs blanches de chlorhydrate ou d'acétate, qui se produisent en présence d'une baguette humectée d'acide chlorhydrique ou acétique.

4° *Le réactif de Nessler* même dans les solutions très étendues de sels ammoniacaux donne un précipité jaune foncé, soluble dans l'iodure de potassium et dans l'acide chlorhydrique.

Dans les solutions contenant des traces de sels ammoniacaux, il produit seulement une coloration jaunâtre.

Le *réactif de Nessler* se prépare ainsi : Dans une capsule de porcelaine, on met 8 gr. de sublimé corrosif ($HgCl^2$) pulvérisé, on verse 400 cm^3 d'eau distillée et on fait bouillir ; on ajoute 18 grammes d'iodure de potassium et on continue à chauffer pour tout dissoudre. Dans la dissolution ainsi obtenue, et pendant qu'elle est encore chaude, on met 80 gr. de potasse caustique ou 60 gr. de soude qu'on fait dissoudre en agitant. Après refroidissement, on ajoute encore un peu d'une solution saturée de sublimé corrosif, on étend à 500 cm^3 et on laisse déposer. Le réactif ainsi préparé, est légèrement jaune. On peut ainsi déceler 0,05 de milligramme de chlorure ammonique.

Le procédé de Wanklyn, est une méthode colorimétrique, basée sur l'emploi du réactif de Nessler. On prépare deux solutions types de chlorure d'ammonium, la première contenant 3gr 15 AmCl par litre et la deuxième 0 gr. 315 par litre.

Réactifs de l'acide azotique. — Le meilleur réactif pour déceler des traces d'acide azotique ou des acides de l'azote est la diphénylamine. On fait une solution de sulfate de diphénylamine en dissolvant la diphénylamine, de manière a avoir 0 gr. 2 de base, par litre d'acide sulfurique concentré.

M. Muller, a basé une méthode de dosage colorimétrique de l'acide azotique sur son emploi. On prend 5 cm^3 de la solution de diphénylamine et 1 cm^3 de la solution du nitrate à essayer, on agite et il se produit une teinte bleue, que l'on compare à celles qu'on obtient avec des solutions types de nitrate de potasse.

L'acide sulfurique employé, doit être exempt d'acides de l'azote, dans le cas contraire, on le fait bouillir avec très peu de sulfate ammonique.

M. R. Warington a comparé la sensibilité des divers réactifs de l'acide nitrique.

Le sulfate ferreux et l'acide sulfurique permettent de déceler 1/200.000 d'azote à l'état d'acide azotique ou d'acide azoteux.

La décoloration de l'indigo 1/1.300.000.

La coloration avec la Brucine 1/20.000.000.

—   —   la diphénylamine 1/100.000.000 (*Chemical News*).

Comme ces réactions appartiennent aussi aux azotites, il faut détruire au préalable ces derniers, soit par l'urée en solution acide (Piccini), soit par l'acide acétique.

Le procédé à la diphénylamine est recommandé par MM. E. Kopp, Bœttger, Spiegel.

MM. Grandval et Lajoux ont proposé un procédé colorimétrique fondé sur la production d'acide picrique, par l'action d'une solution de phénol (3 gr.) dans l'acide sulfurique concentré (57 gr.) On fait agir une certaine quantité de ce mélange sur le résidu sec contenant le nitrate, on étend d'eau, on ajoute de l'ammoniaque et on compare avec une solution type (*Comptes-Rendus*, 101,62).

M. Donath propose de déceler l'azote dans les substances organiques, en chauffant la matière en présence d'un excès d'alcali, avec un permanganate alcalin, il se forme des nitrates et des nitrites, que l'on caractérise ensuite par la diphénylamine (*Chem. Zeit.* 1890, 14).

Echantillonnage des matières premières.
Produits manufacturés.

L'échantillonnage des matières premières, et, en général de tous produits soumis à l'analyse, est une des choses les plus importantes du contrôle de toute bonne fabrication.

D'un échantillonnage convenablement fait, dépendent souvent la valeur d'une analyse et l'estimation exacte d'un produit entrant ou sortant de l'usine. Que d'erreurs et que de procès eussent été évités bien souvent, si les règles de l'échantillonnage avaient été soigneusement appliquées ! Nous donnons ci-dessous quelques règles générales ayant trait à cette partie du contrôle de l'usine.

1° *Échantillonage de minerais broyés, sels, houilles, etc.*

Au moment de l'arrivée et du pesage des produits entrant dans l'usine, on prélève, au moyen d'une cuiller, un échantillon d'environ 500 grammes dans chaque baquet ou brouette, en ayant soin de prendre à peu près la même quantité à chaque fois. Si le produit (houille, coke, minerai, etc.) arrive dans des wagons ou par bateaux, on prélève dans chacun des wagons trois prises d'essai d'environ 50 kgs, une à chaque extrémité et la dernière au milieu. Dans les bateaux, on prélève, un panier contenant une centaine de kilogs, dans chacune des travées, en ayant soin, au moment de la prise, de prendre autant que possible dans toutes les parties de la travée.

Lorsque l'échantillon est de volume moyen, on le conserve dans un baril, pour empêcher toute perte d'humidité.

Quand les différentes prises sont terminées, on étend sur une aire bien propre, l'échantillon total, qui doit toujours autant que possible, être d'un volume proportionnel à la masse livrée à l'usine.

On étend, à l'aide d'une pelle, la matière en couche mince, en rejetant en tas vers le milieu toutes les parties extérieures. Ce tas est de nouveau étendu en couche mince. Ce mélange doit être très soigeusement fait ; enfin on prélève environ le quart de la masse.

Pour cela, au moyen d'une pelle, on enlève deux bandes perpendiculaires, et on prélève encore un petit échantillon au milieu des quatre quarts restants. On opère sur ces prises partielles comme on l'a fait sur la masse totale, jusqu'à ce qu'il ne reste plus environ que 2 kilogs de matière.

Dans le cas de houilles, on peut conserver un échantillon final d'au moins 10 kilogs. On mélange de nouveau et on remplit au moins quatre flacons de 200 grammes, à large ouverture, et dans lesquels on répartit chaque poignée puisée dans l'échantillon. Lorsqu'ils sont remplis, on les bouche convenablement, on coupe les bouchons au niveau du goulot et on les plonge dans de la cire fondue. On appose, s'il y a lieu, les cachets du vendeur, de l'acheteur ou de leurs délégués.

Ce mélange et ce remplissage doivent être faits aussi rapidement que possible pour empêcher *toute évaporation ou toute absorption d'humidité.*

Les flacons sont ensuite remis au chimiste. Celui-ci en broie le contenu jusqu'à ce que la matière (selon sa nature) passe à travers un tamis à mailles de 1 mm. ou plus. On mélange soigneusement à plusieurs reprises, et on fait une prise d'essai qui est porphyrisée au mortier de fer ou d'agate au degré de finesse voulu.

L'humidité est dosée sur une portion *non pulvérisée.*

Si le minerai ou la houille se présente en morceaux volumineux, nécessitant un concassage, l'échantillon doit être d'autant plus important, que le volume des morceaux est plus considérable. Il faut avoir soin que l'échantillon moyen représente exactement la proportion entre le gros et le menu.

Si les morceaux sont gros et de volume inégal, on prélève un wagonnet entier tous les dix ou tous les vingt.

On procède alors, soit au marteau, soit mécaniquement, au concassage, jusqu'à la grosseur d'une noix. L'échantillon, ainsi préparé, est mélangé soigneusement sur l'aire. Il est ensuite étendu en couche mince et on prélève l'échantillon, comme il est dit plus haut. L'échantillon, ainsi réduit, est broyé dans un grand mortier en fer, ou mieux sur une plaque de fonte à rebords, au moyen d'un marteau, jusqu'à ce que tout passe au tamis de 3 m/m.

On mélange et on partage alternativement, et on termine comme précédemment.

2° Échantillonnage des gadoues, balayures, etc.

On prélève à trois ou quatre reprises, au moment du déchargement des voitures, à l'aide de grandes pelles et sans faire aucun triage, la matière telle qu'elle sort du tombereau.

On étend sur une aire soigneusement, balayée et on mélange à l'aide de pelles et de fourches.

Sur ce mélange sera pris l'échantillon.

Cet échantillonnage est difficile, en raison de l'hétérogénéité des matières.

3° Échantillonnage des produits chimiques.

Quand les produits sont livrés en vrac, on procède comme au n° 1. S'ils sont livrés en tonneaux, on perce le fond de chaque deuxième, troisième, cinquième ou dixième tonneau, suivant l'importance du lot, et on prélève un échantillon à l'aide d'une longue sonde, que l'on plonge dans la masse, en l'introduisant au milieu du tonneau et la faisant tourner sur son axe. Tous ces échantillons partiels sont placés dans un flacon à large goulot.

Quand la prise d'échantillon est terminée, on verse le contenu du flacon sur une feuille de papier, on l'écrase au moyen d'une spatule et on procède au remplissage des flacons comme au n° 1.

Les échantillons, en arrivant au laboratoire, sont vérifiés au point de vue de la fermeture, du cachet, etc.

Ils sont ensuite, suivant leur nature, broyés, si ce sont des minerais, et si ce sont des débris de laine, peaux, cuirs, cornes, on les coupe en morceaux aussi petits que possible.

La corne et le cuir torréfiés, le sang desséché, doivent être pulvérisés finement, et, comme cette opération fait perdre de l'humidité ; on doit déterminer au préalable cette dernière sur l'échantillon *non broyé* et rapporter le chiffre d'azote trouvé à la matière normale.

Méthode Grandeau. — On prend 50 grammes réprésentant la moyenne de l'échantillon et on les traite dans une capsule de porcelaine par une quantité d'acide sulufrique concentré, suffisante pour imprégner toute la masse, on chauffe au bain de sable en remuant fréquemment, jusqu'à désagrégation complète. On ajoute alors par petites portions de la craie finement pulvérisée, jusqu'à ce qu'on ait une masse solide, qu'on broie et mélange avec soin dans un mortier. On prend le poids de la poudre obtenu et on prend la 50ᵐᵉ partie représentant 1 gr. de la substance, On précède ensuite comme dans le procédé ordinaire à la chaux sodée.

La méthode Kjeldahl n'a pas tous les inconvénients que présente la méthode à la chaux sodée, dans le traitement préalable des matières hétérogènes soumises à l'analyse, c'est pourquoi, nous conseillons fortement que dans le cas de dosage d'azote sur des débris de laines, cuirs, peaux, poils, etc. elle seule soit employée.

Dosage de l'ammoniaque.

Dosage de l'ammoniaque dans l'ammoniaque du commerce. — 1° *Densité.* — On prend la densité de l'ammoniaque, à l'aide d'un densimètre contrôlé, ou mieux avec un pienomètre en faisant la correction de température.

2° *Dosage.* — L'ammoniaque (AzH^3) est dosée par un acide titré, par la méthode alcalimétrique ordinaire. On emploie soit l'acide sulfurique normal, soit l'acide chlorhydrique, soit l'acide oxalique. (Voir Dosage des sels ammoniacaux, page). Chaque centimètre cube de chacune de ces solutions normales correspond à 0 gr.017 d'AzH^3.

On emploie comme indicateur le tournesol, la phénolphtaléine ayant le défaut de se décolorer plus ou moins vivement, en présence d'ammoniaque ou de quantités assez fortes de sels ammoniacaux. On suppose qu'il se forme dans ce cas la diimidophénolphtaléine de Baeyer, incolore (*Journal of Chemical Society*).

L'ammoniaque du commerce peut renfermer, du carbonate d'ammoniaque, des sels de fer, de l'alumine et de la chaux.

Lorsque l'ammoniaque est combinée avec plusieurs acides fixes ou volatils, comme dans les eaux vannes ou dans les eaux ammoniacales provenant du traitement de la houille, on déplace le gaz ammoniac par ébullition avec une base fixe, potasse, soude, chaux ou magnésie.

Le choix de la base à employer a fait le sujet de
nombreuses discussions entre MM. Berthelot et
Schlœsing.

La magnésie, semble n'exercer sur les matières
organiques amidées qu'une action décomposante
très faible, mais elle ne déplace l'ammoniaque de
ses combinaisons qu'avec une extrême lenteur; de
plus, le phosphate ammoniaco-magnésien résiste à
la magnésie, même après une longue ébullition.

La chaux décompose partiellement ce phosphate.
Nous avons fait sur les eaux industrielles des expériences comparatives et nous en concluons qu'il
vaut mieux employer, soit la chaux, soit la soude
suivant les cas, le temps que dure l'analyse est plus
court et on obtient des résultats absolument justes.
Il nous est arrivé, d'avoir encore de l'ammoniaque
non libérée après trois heures et demie d'ébullition avec la magnésie. Lorsqu'on emploie la
soude caustique il est bon de faire un essai à blanc,
car souvent la soude caustique commerciale contient du nitrate de soude.

D'après M. Berthelot, il se forme avec la magnésie des composés spéciaux, analogues à ceux que
l'ammoniaque forme avec le cuivre, le zinc.

D'après M. Lunge, quand on fait bouillir de la
chaux ou de la soude caustique avec un excès de
chlorhydrate d'ammoniaque, l'équivalent d'ammoniaque est mis en liberté, tandis qu'avec la magnésie 85 0/0 seulement se dégagent et 15 0/0 restent
combinés au sel magnésien formé, l'expulsion des
dernières traces d'ammoniaque est très laborieuse,
malgré l'excès de magnésie.

Modes de séparation des alcalis

Séparation de l'ammoniaque et de la soude. — 1° Les deux alcalis sont à l'état de chlorures, ou s'ils sont combinés avec des acides volatils autres que l'acide chlorhydrique, on transforme les sels en chlorures par une simple évaporation à siccité, au bain-marie, avec de l'acide chlorhydrique en excès. Avec les azotates, il faut renouveler quatre à six fois l'opération avec l'acide chlohydrique. On pourra doser la soude à l'état de sulfate de soude, par la calcination faite sur une portion additionnée d'acide sulfurique, calcination qui éliminera le sel ammoniacal. Sur une autre portion, on pourra doser l'ammoniaque à l'état de chloroplatinate. On ajoute à la dissolution aqueuse du mélange des sels de soude et d'ammoniaque un excès de dissolution aqueuse de chlorure de platine concentrée et aussi neutre que possible. On évapore presque à siccité au bain-marie. On verse sur le résidu de l'alcool à 80° G. L., on abandonne pendant quelques heures, en remuant de temps en temps. On filtre, on lave avec l'alcool à 80°, on sèche à 110° ou on calcine le sel double et on pèse le platine formé.

2° S'il y a de l'acide sulfurique, on dose la soude de même, et l'ammoniaque par déplacement.

3° S'il y a un acide non volatil, par exemple l'acide phosphorique, ou borique, on fait une dissolution aqueuse concentrée des sels et on y ajoute un peu d'acide chlorhydrique et de chlorure de platine, on ajoute quantité notable d'alcool, laisse digérer 24 heures et on termine comme précédemment.

Séparation de l'ammoniaque et de la potasse. — 1° Si les sels sont des chlorures ou ont été transformés en chlorures, on peut les doser simultanément par le chlorure de platine. On a un mélange des deux chloroplatinates. On dessèche ce mélange à 100°, on le pèse, puis on le calcine au rouge, en évitant de le chauffer trop fortement. Le résidu est un mélange de platine et de chlorure de potassium. On lave ce résidu à l'eau qui dissout le chlorure et on dose ce dernier en le transformant en sulfate de potasse et l'on calcule la quantité de chloroplatinate de potassium correspondante. Par différence avec le premier poids obtenu, on a le chloroplatinate d'ammoniaque.

S'il n'y a pas d'acide fixe, il est plus commode de doser au début la potasse, sur une portion à l'état de sulfate, en volatilisant le sel ammoniacal on calcule ensuite le poids de chloroplatinate de potassium correspondant dans le précipité mixte obtenu comme précédemment.

2° S'il y a de l'acide sulfurique ou un acide fixe, on opérera comme dans le cas de la soude.

Séparation de l'ammoniaque, de la soude et de la potasse. — 1° Si les sels sont des chlorures ou ont été transformés en chlorures, on pourra doser l'ammoniaque et la potasse comme précédemment, en faisant le précipité mixte des chloroplatinates d'ammonium et de potassium, puis on calcinera en présence de l'acide sulfurique, ce qui donnera un mélange de sulfates de potasse et de soude. On calculera le poids du sulfate de potasse contenu dans ce mélange.

2° S'il y a des acides fixes, on les élimine par précipitation à l'aide de l'eau de baryte et de l'acide carbonique.

3° S'il y a de l'acide sulfurique, on calcine avec ce même acide, ce qui élimine l'ammoniaque, on sépare la potasse et la soude par le chlorure de platine et on dose l'ammoniaque par déplacement.

Analyse des eaux ammoniacales industrielles.

(FABRICATION DU GAZ, HAUTS-FOURNEAUX, FOURS A COKE, GAZOGÈNES, ETC.).

Les eaux ammoniacales industrielles, contrairement à ce qui se fait, devraient être vendues non à la densité, qui ne donne qu'une idée approximative sur leur teneur en ammoniaque, mais sur la quantité réelle d'ammoniaque contenue, déterminée par un essai analytique.

La composition de ces eaux est extrêmement variable, suivant la nature des charbons employés, leur degré d'humidité, le système de lavage, etc...

Elles contiennent de nombreux sels ammoniacaux qui peuvent se diviser en éléments fixes et en éléments volatils.

Éléments volatils.

Ammoniaque libre.............	AzH^3
Carbonate d'ammoniaque.......	$(AzH^4)^2CO^3$
Bicarbonate d'ammoniaque.....	$AzH^4.CO^3.H$
Sesquicarbonate d'ammoniaque.	$(AzH^4)^2H^2(CO^3)^2 + H^2O$
Sulfure d'ammonium..........	$(AzH^4)^2S$
Sulfhydrate d'ammoniaque.....	$AzH^4.HS$
Cyanhydrate d'ammoniaque....	$AzH^4.CAz$

Éléments fixes.

Sulfate d'ammoniaque.........	$(AzH^4)^2SO^4$
Hyposulfite d'ammoniaque......	$(AzH^4)^2SO^3$
Chlorhydrate d'ammoniaque...	AzH^4Cl
Ferrocyanure d'ammonium.....	$(AzH^4)^4FeCy^6$.

Les premiers s'échappent par simple ébullition, et les autres par distillation avec un lait de chaux.

Le rapport entre les éléments fixes et les éléments volatils est variable.

Dans les eaux ammoniacales du barillet, sur cent parties, on a 18,9 0/0 d'éléments volatils et 81,4 0/0 d'éléments fixes.

Dans les eaux des fosses sur 100 parties on a 88 à 82 0/0 d'éléments volatils et 12 à 18 0/0 d'éléments fixes.

M. Dyson a donné une méthode d'analyse des eaux ammoniacales industrielles.

1° *Dosage du sulfocarbonate d'ammoniaque.*

— A un volume déterminé d'eau, on ajoute du sulfate de zinc, on filtre, on lave le précipité de sulfocarbonate de zinc à l'eau froide, on le décompose ensuite par ébullition avec l'eau ; et le sulfure de carbone qui se dégage, est ensuite dosé par la triéthylphosphine, avec laquelle le sulfure de carbone donne une combinaison cristallisée, rouge. On recherche le sulfocyanate d'ammoniaque, sur le liquide filtré, qui, additionné de chlorure ferrique, donnera, s'il y a de l'acide sulfocyanique, une coloration rouge extrêmement intense.

Recherche de l'acide hyposulfureux. — On ajoute au liquide du sulfure de zinc, on filtre, puis on ajoute ensuite, du chlorure de baryum qui précipite l'acide sulfurique, on filtre de nouveau, on acidifie ensuite par l'acide chlorhydrique et on chauffe à l'ébullition, s'il y a des hyposulfites, il se dégage de l'acide sulfureux et il se dépose du soufre.

Recherche de l'acide sulfureux. — Les sulfites se reconnaissent, en précipitant d'abord les sulfures à l'état de sulfure de zinc, par le sulfate de zinc, on ajoute ensuite, au liquide filtré, de l'acide acétique et du nitroprussiate de soude. En présence de l'acide sulfureux il se forme un précipité de couleur pourpre.

Recherche des chlorures. — On ajoute à une certaine quantité d'eau, du sulfate de zinc, on filtre, on ajoute au filtrat du sulfate ferrique et du sulfate de cuivre, on filtre, on acidifie ensuite par l'acide azotique et on ajoute du nitrate d'argent. Il se forme précipité blanc caillebotté de chlorure d'argent.

Recherche de l'acide acétique. — L'acide acétique peut être isolé en évaporant à siccité, reprenant par l'eau et ajoutant une dissolution saturée à chaud de sulfate d'argent, on filtre, on lave à l'eau chaude et on distille le liquide filtré avec de l'acide sulfurique étendu. L'acide acétique distille dans ces conditions.

Dosage de l'ammoniaque totale. — Ce dosage, s'effectue en distillant 25 cc. de l'eau ammoniacale, avec de la chaux dans l'appareil décrit au dosage du sulfate d'ammoniaque. On recueille l'ammoniaque dans 50 cc. d'acide sulfurique normal. On évalue ensuite l'excédant par un titrage avec de la soude ou de la potasse normale.

Dosage de l'acide carbonique. — On précipite 50 cc. par le chlorure de calcium, on a un précipité de carbonate de chaux que l'on peut estimer pondéralement ; ou bien, on dissout le précipité bien lavé, dans de l'acide chlorhydrique normal, et on détermine l'excès d'acide par les liqueurs titrées.

Dosage du soufre total. — On traite 25 cc. de l'eau à essayer, par de l'eau de brôme, contenant de l'acide chlorhydrique, on chasse l'excès de brôme, on filtre et on précipite ensuite par le chlorure de baryum. On pèse à l'état de sulfate de baryum.

Dosage du soufre existant à l'état de sulfures. — Est dosé en précipitant par le sulfate de cuivre et le chlorhydrate d'ammoniaque 25 cc. d'eau à analyser. Le sulfure de cuivre produit, est traité par l'acide chlorhydrique et l'eau de brôme ; on chauffe à l'ébullition et on précipite par le chlorure de baryum.

Dosage de l'acide sulfurique. — On évapore à sec 250 cc. d'eau ; on reprend par l'eau, on précipite le sulfhydrate d'ammoniaque par l'hydrate de zinc, on filtre et on précipite l'acide sulfurique par le chlorure de baryum.

La différence entre le soufre total et le soufre des sulfures, sulfocyanates et sulfates est calculée comme hyposulfite.

Dosage de l'acide ferrocyanhydrique. — On additionne de perchlorure de fer, la dissolution aqueuse provenant du résidu de l'évaporation de 250 cc., on filtre, on décompose le bleu de Prusse par la soude caustique, et on titre l'oxyde ferrique produit par le permanganate, après réduction par le zinc.

Un litre d'eau ammoniacale de l'usine à gaz de Leeds, ayant une densité de 1,0207 a donné à l'analyse :

		Grammes
Ammoniaque totale		20,45
Soufre total,		3,42
Sulfure d'ammonium		3,03
Carbonate d'ammonium		39,46
Chlorure	—	14,23
Sulfocyanure	—	1,80
Hyposulfite	—	2,80
Sulfate	—	0,19
Ferrocyanure	—	0,41

La densité moyenne des eaux ammoniacales industrielles est de 1,025 à 1,030. Ce moyen est employé pour estimer la teneur en ammoniaque des

eaux, dans les comtés anglais du centre du
Royaume-Uni. La détermination se fait au moyen
de l'hydromètre Twaddell (voir la table de corres-
pondance des degrés Twaddell, Baumé et des poids
spécifiques, page 37). Dans le sud de l'Angleterre,
la teneur est exprimée en onces d'acide sulfurique.

Tableau des propriétés et de la composition des ea[ux...]
même charbon en différe[nts...]

	Eau ammoniacale du barillet.	Autre point du barillet	1er Réfrigé... à air
Couleur	Orange trouble noircissant à l'air.	Idem.	Incolo[re]
Poids spécifique à 15°,5.............	1,011	1,012	1,0[...]
Onces d'après épreuves de distillation	6,4	6,0	16,2
— — — saturation	2,7	2,8	15,9
Am^2S .... grammes par litre	5,2	6,29	34,7
$Am^2S=AzH^3$ ..... —	2,6	3,14	17,3
Am^2CO^2 .... —	8,05	7,29	48,3
$Am^2CO^2=AzH^3$ .. —	2,75	1,16	17,1
Am^2SO^2 .... —	1,74	1,17	Trac[es]
$Am^2SO^2=AzH^3$ ... —	0,40	0,27	—
Am^2SO^4 .... —	0,11	0,49	—
$Am^2SO^4=AzH^3$ ... —	0,03	0,13	—
$AzH^4.S.CAz$ ...... —	1,60	1,86	0,4
$AzH^4.S.CAz^2=AzH^3$. —	0,36	0,44	0,6
Alcali volatil .... —	22,47	20,79	1,7
Alcali volatil$=AzH^3$. —	7,04	6,60	0,5
$(AzH^4)^3Fe(CAz)^6$ .. —	—	Traces.	0,3
$(AzH^4)^3Fe(CAz)^6=AzH^3$. —	—	—	0,0
Total AzH^3....................	13,29	13,14	35,1
Pour cent en AzH^3 fixé	59	56	1,8
AzH^3 par m³ d'eaux ammoniacales exprimée en kgs. de Am^2SO^4 ...	50	50	133
Valeur pour la fabrication du sulfate.	Très minime.	Idem.	Trè[s] bonn[e]

d'une densité de 1,845, nécessaires pour neutraliser 1 gallon = 4 lit. 536. Chaque degré Twaddell, correspond à 2 onces d'acide, par gallon d'eau ammoniacale. Les eaux à 5ᵉ Twaddell correspondent ainsi à 10 onces (10 — oz. liquor.).

mmoniacales, prises pendant la distillation d'un
ints (d'après Cox).

2ᵉ Réfrigérant à air.	3ᵉ Réfrigérant à air.	4ᵉ Réfrigérant à air.	Premier laveur.	Dernier laveur.
Presque incolore.	Rouge-brun comme huiles, goudrons.	Brun foncé.	Incolore.	Incolore.
1.073	1.115	1.12	1.022	1.010.
26.1	53	58	16.05	8.3
35.7	52.5	57.4	16.10	8.1
71.43		120.6	22.74	17.43
35.71	112.93	60.3	11.37	8.71
116		173.23	64.36	24.14
41.14		61.43	22.86	8.57
4.79	5.03	10.93	3.29	1.93
0.59	1.16	2.32	0.73	0.44
—	—	—	—	—
—	—	—	—	—
Traces.	—	—	1.60	0.39
Idem.	—	—	0.36	0.09
2.21	2.87	1.53	1.26	0.54
0.71	0.91	0.48	0.40	0.17
0.59	1.79	5.36	—	—
0.11	0.13	1.29	—	—
78.29	113.43	126	35.71	18
1.85	2.2	3.4	4.2	4
298	440	479	132	68
ès-bonne.	Excellente.	Excellente.	Très bonne.	Pas suffisamment forte.

Teneur apparente en ammoniaque des eaux ammoniacales

Degré Baumé	Densité	Teneur apparente en AzH^3 grammes par litre
0	1,000	0,0
1	1.007	6,5
2	1,013	13,0
3	1,020	19,5
4	1,027	26,0
5	1,034	32,5
6	1,041	39,0
7	1,048	45,5
8	1,056	52,0
9	1,063	58,5
10	1,070	65,0

Dosage de l'ammoniaque volatile.

On dilue 20 cm³ d'eau ammoniacale, avec 10 cm³ d'eau, on ajoute 30 cm³ d'acide chlorhydrique normal, on fait bouillir jusqu'à élimination de tout le CO_2 et l'H_2S et on titre au moyen d'une solution demi-normale de soude, avec le tournesol comme indicateur. Si le liquide est trop coloré, on dilue, et on suit la saturation au papier tournesol sensible.

Chaque cm³ d'acide normal $=$ 0,017 gr. d'AzH^3 ou $=$ 0,085 0/0 en poids dans 100 volumes d'eau ammoniacale ou $=$ 0,4216 onces d'acide sulfurique normal anglais (93 0/0) par gallon.

Dosage de l'ammoniaque totale. — On met

dans un ballon 20 cm³ d'eau ammoniacale et 20 cm³ d'eau. Dans 2 récipients, on verse 30 cm³ d'acide normal, dilués au volume de 60 cm³, la plus grande portion dans le premier vase à boules. On fait ensuite couler par l'entonnoir à robinet du lait de chaux en excès, on chauffe et on maintient en ébullition pendant 1 h. 1/2 à 2 heures pour chasser toute l'ammoniaque. On réunit alors le contenu des deux vases et on titre au moyen d'une solution 1/2 normale de soude ou de potasse. Si on emploie a cm³. La quantité d'acide normal consommé sera $30 - \dfrac{a}{2}$ et on calcule comme pour l'ammoniaque volatile.

Dosage du soufre total. — A 100 cm³ d'eaux ammoniacales, on ajoute de l'eau de brôme jusqu'à ce que l'odeur et la teinte du liquide décèlent un un excès notable ; on acidule avec de l'acide chlohydrique pur, on fait bouillir pour éliminer tout le brôme, on filtre s'il y a lieu, on neutralise à peu près avec de la soude pure, et on précipite l'acide sulfurique formé par le chlorure de baryum.

Dosage du sulfocyanure d'ammonium. — On évapore à sec 50 cm³ d'eaux ammoniacales, on chauffe le résidu 3 à 4 heures à 100°, on le met en digestion avec de l'alcool fort, on filtre, on lave à l'alcool, on évapore à siccité, on dissout dans l'eau le résidu de l'évaporation, on filtre, pour séparer la partie insoluble, on ajoute une solution mixte d'acide sulfureux et de sulfate de cuivre en chauffant modérément le $Cu^2(AzCS)^2$ se précipite. On fait passer le précipité dans un matras, on le dissous dans l'acide nitrique, on fait bouillir quelque temps et on précipite le cuivre par la soude caustique à l'état d'oxyde de cuivre CuO. Le poids de CuO × 0,96 donne celui du sulfocyanure ammonique.

On peut aussi titrer, avec une solution contenant par litre 6,2375 gr. de sulfate cuivrique cristallisé ($CuSO^4$, $5H^2O$) 1 cm³ correspond à 0,00145 gramme d'acide sulfocyanique ou à 0,00190 de sulfocyanure ammonique. On chauffe à l'ébullition, la solution à analyser, on ajoute un peu de bisulfite de soude, puis la solution cuivrique, jusqu'à ce qu'une goutte de liquide produise immédiatement une coloration brune, lorsqu'on la met en contact avec une goutte de solution de ferrocyanure de potassium à 5 0/0 (*J. Soc. Chemical Industry*).

Recherche de la pyridine dans l'ammoniaque du commerce (Ost).

On rencontre souvent, de notables quantités de pyridine dans l'ammoniaque commerciale. Pour la déceler, on distille l'ammoniaque incomplètement neutralisée par l'acide chlorhydrique. On recueille les vapeurs qui se dégagent, dans l'acide chlorhydrique et on prépare le chloroplatinate. Les eaux-mères du chloroplatinate renferment le sel double de pyridine.

2 kilogrammes 500 d'ammoniaque de Kahlbaum, ont ainsi fourni, plusieurs grammes de ce sel.

La coloration rouge que donnent beaucoup d'ammoniaques commerciales, après saturation par les acides, l'acide azotique, par exemple, est due au pyrrol que souvent elles renferment (Bannow).

Analyse des sels ammoniacaux.

I. DOSAGE PONDÉRAL. — On dose presque toujours l'ammoniaque libre ou combinée soit à l'état de chlorhydrate d'ammoniaque, soit à l'état de chloroplatinate d'ammoniaque $PtCl^22AzH^4Cl$. Ce sel, qui se comporte comme le chloroplatinate de potasse, est peu soluble dans l'eau froide, insoluble dans l'alcool et dans un mélange d'alcool et d'éther. Il donne par calcination, un résidu de platine pur sous forme de masse spongieuse.

On peut donc doser l'ammoniaque sous forme de ces deux sels, soit directement, soit indirectement (c'est-à-dire après l'avoir chassé de sa première combinaison à l'état d'ammoniaque et l'avoir de nouveau combiné à un acide).

1° Le gaz ammoniac, sa dissolution aqueuse et les sels ammoniacaux à acides faibles volatils (carbonate, sulfhydrate) peuvent être directement transformés en chlorhydrate d'ammoniaque ;

2° Tous les sels ammoniacaux dont les acides sont solubles dans l'alcool (sulfates, phosphates, etc.) peuvent être transformés directement en chloroplatinate d'ammoniaque.

1. *Dosage à l'état de chlorure d'ammonium.* — Une solution aqueuse de chlorhydrate d'ammoniaque, par simple évaporation, donne le sel, qui est ensuite séché à 100° jusqu'à poids constant. La présence de l'acide chlorhydrique libre ne nuit en rien.

II. *Dosage à l'état de chloroplatinate d'ammoniaque*. — Le sel ammoniac pesé, est dissous dans un peu d'eau, puis on ajoute un léger excès de chlorure de platine, ce qu'on constate facilement par la couleur jaunâtre qu'offre le liquide après la précipitation. On évapore au bain-marie et on laisse refroidir. On ajoute alors de l'alcool à 90° G. L. On agite à plusieurs reprises et on recueille le précipité sur un filtre taré. Ensuite on le lave avec un mélange d'alcool éthéré (4 parties d'alcool, 1 partie d'éther). On dessèche à 100° et on pèse. Le poids obtenu $\times$ 0,0761 = ammoniaque correspondante à la prise d'essai.

Comme contrôle on peut calciner au rouge le sel double et calculer l'ammoniaque d'après le poids de platine obtenu. Les résultats doivent concorder.

Le précipité enfermé dans le filtre doit être calciné d'abord modérément dans un creuset couvert, et ensuite porté au rouge car une partie du sel double, peut être entraîné par les vapeurs ammoniacales. Le poids de platine obtenu $\times$ 0,1717 donne la quantité correspondante d'ammoniaque.

II. DOSAGE VOLUMÉTRIQUE. — Pour doser l'ammoniaque volumétriquement, dans les sels ammoniacaux, dans les engrais, terres, etc., on peut employer l'appareil Schlœsing ?

Cet appareil (fig. 28) se compose d'un ballon distillatoire en verre S, d'une contenance d'environ 1 litre, d'un serpentin en verre ou en étain A, d'un réfrigérant vertical en verre, et d'un récipient R

renfermant l'acide titré, sulfurique, chlorhydrique
ou oxalique, normal ou déci-normal.

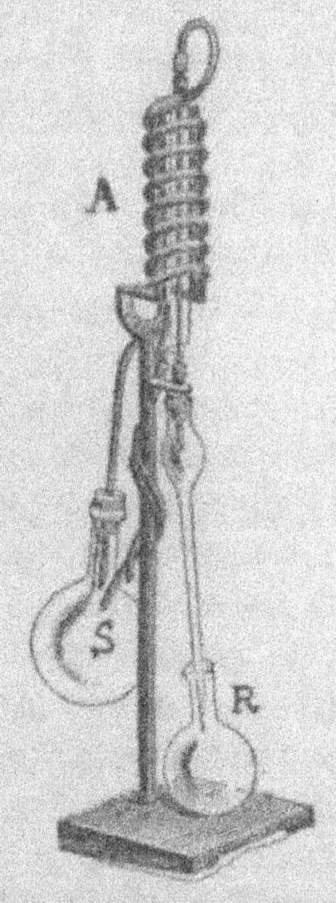

Fig. 28.

La quantité d'acide titré employé, doit être plus
que suffisante, pour se combiner à toute l'ammoniaque dégagée. L'acide doit contenir une petite
quantité de tournesol sensibilisé.

L'appareil étant monté, et vérification étant faite
qu'il n'y a aucune fuite, on chauffe le contenu du
ballon jusqu'à faible ébullition, et on maintient
cette ébullition jusqu'à ce que les gouttes de liquide, qui tombent de l'appareil réfrigérant, aient

cessé depuis assez longtemps de bleuir le liquide au point de contact.

L'opération étant terminée, on rince soigneusement le tube plongeur, et on titre l'excédent d'acide libre au moyen d'une lessive titrée de soude, on en conclut la quantité d'acide combiné à l'ammoniaque.

Si on a employé de l'acide normal, chaque centimètre cube d'acide saturé par l'ammoniaque, correspond, à 0 gr. 017 d'AzH^3 d'ou n cm^3 correspondront à $n \times 0.017$.

Essai du sulfate d'ammonium. — Pour doser l'ammoniaque contenue dans le sulfate d'ammoniaque, on pèse 25 grammes du sel, on dissout dans 500 cm^3 d'eau, et on introduit 20 cm^3 dans le ballon, en ajoutant 100 cm^3 d'eau. On ajoute ensuite une solution de potasse à 80 0/0 ou mieux une quantité de lait de chaux, correspondante à 5 gr. de CaO ou une certaine quantité de magnésie, car les sels ammoniacaux préparés en grand, renferment souvent du sulfocyanure d'ammonium, qui sous l'influence de la potasse ou de la soude caustique, se détruit partiellement, en donnant de l'ammoniaque qui fausse par excès les résultats obtenus.

On verse ensuite dans le récipient, 20 cm^3 d'acide sulfurique normal et on ajoute une goutte de tournesol. On maintient en ébullition modérée pendant une à deux heures jusqu'à ce que toute l'ammoniaque soit libérée et on titre. Soit N le nombre de centimètres cubes d'alcali normal employés pour neutraliser l'acide sulfurique non combiné à l'ammoniaque.

20 — N sera l'acide combiné et (20 — N) 0,017 sera le poids de l'ammoniaque correspondant. Comme on a opéré sur 20 cm³ ou 1 gramme de sel (20 — N) 0,017 × 100 donne la quantité d'ammoniaque contenue dans 100 grammes du sel.

Le sulfate d'ammoniaque du commerce peut renfermer des sels de plomb, de fer, de l'arsenic, des chlorures, provenant soit des bacs en plomb, soit des impuretés contenues dans l'acide sulfurique qui a servi à sa fabrication.

Dosage du sulfocyanure d'ammonium. — La recherche qualitative du sulfocyanure d'ammonium, contenu dans le sulfate commercial se fait au moyen du perchlorure de fer et son dosage comme il a été dit à l'analyse des eaux ammoniacales. (Voir page 263.)

Le sulfate d'ammoniaque se vend, en France, d'après sa teneur en azote et en Angleterre, la garantie porte sur l'ammoniaque.

Méthode azotométrique. — Le dosage de l'ammoniaque par la méthode azotométrique, repose sur l'action des hypobromites en excès, sur l'ammoniaque.

$$3(NaBrO) + 2AzH^3 = 2Az + 3H^2O + 3NaBr.$$

L'appareil nécessaire pour appliquer cette méthode, se compose d'un vase à décomposition, dans lequel on fait agir la solution d'hypobromite de soude sur le sel ammoniacal. Il a une hauteur de dix à onze centimètres et un diamètre de 5 cm. Il est fermé par un bouchon de verre creux, dont la cavité se continue par un gros tube de 8 à 9 cm. de longueur et de 2 cm. de diamètre.

Ce dernier, peut être fermé à la partie supérieure par un robinet de verre.

Ce gros tube, est rempli de perles de verre, et bouché inférieurement à l'aide de balles de platine fin, de façon que les perles ne puissent pas tomber dans le vase à décomposition. Ce dernier, est introduit à l'aide d'une tige métallique, qui porte à son extrémité inférieure, une petite plaque métallique soudée à angle droit et sur laquelle il repose, dans un grand cylindre réfrigérant en verre, rempli d'eau froide, d'une hauteur de 50 cm. et de 18 cm. de diamètre. La tige métallique peut être remontée ou abaissée, selon les besoins.

Le robinet, placé à la partie supérieure du gros tube à perles est relié par un tube de caoutchouc, à un tube en U, dont une des branches est graduée et réunie par un tube de caoutchouc, à la branche non graduée, un peu plus longue et qui doit dépasser de quelques centimètres, la surface de l'eau contenue dans le vase réfrigérant, afin de pouvoir remplir le tube en U avec de l'eau distillé.

La portion non graduée du tube en U, porte à sa partie inférieure, un petit tube court qui est relié à une tubulure, placé à la partie inférieure du réfrigérant par un tube en caoutchouc. Cette tubulure, est munie d'un robinet, qui permet l'écoulement de l'eau contenue dans le tube en U.

Le tube en caoutchouc, qui relie le gros tube à

perles avec la partie supérieure de la portion graduée du tube en U, a un diamètre inférieur à celui
d'une grosse aiguille à tricoter, il doit avoir des
parois épaisses et être en caoutchouc mou. Il doit
être assez long, pour pouvoir retirer le flacon à décomposition du réfrigérant, sans éprouver aucun
allongement. On n'a donc pas à craindre un changement de volume du tube de caoutchouc, et l'on
peut effectuer commodément l'agitation et le ren-
versement du vase à décomposition, en dehors du
réfrigérant.

On effectue l'analyse de la manière suivante :

1° On dissout 15,2422 gr. de chlorure d'ammonium pur et anhydre dans 1,000 cm³ d'eau, 10 cm³
de cette solution contiennent 0,040 d'azote.

2° On dissout 20 gr. du sel ammoniacal à essayer, quand c'est du sulfate et 16 gr. quand c'est
du chlorure et on complète à 1,000 cm³.

On retire le vase à décomposition avec son
support, on en enlève le bouchon faisant corps
avec le gros tube à billes de verre, et on le retourne sur le vase à décomposition, le robinet
étant ouvert; puis par l'orifice en forme d'entonnoir
du bouchon, on verse 50 cm³ de lessive de soude
brômée (100 gr. de soude caustique dans 1,250 cm³
d'eau, on refroidit et on ajoute 25 cm³ de brôme ;
puis on mélange. Conserver à l'abri de la lumière).
On laisse reposer jusqu'à ce qu'il ne tombe plus
aucune goutte de lessive, des perles de verre. On
enlève le bouchon, et à l'aide d'une pince, on introduit dans le vase à décomposition un petit tube
fermé inférieurement et contenant 10 cm³ de la

solution titrée de chlorure d'ammonium. On remet le bouchon, et le robinet étant ouvert, on réunit, à l'aide du caoutchouc, le vase à décomposition à la branche graduée du tube en U, puis on plonge le tout dans le réfrigérant et on laisse refroidir pendant 20 minutes. On établit l'égalité de niveau dans les deux branches et on note ce niveau. La température de l'eau du réfrigérant doit être à peu près celle de l'air ambiant. A ce moment on laisse couler à peu près 30 cm³ d'eau par le robinet du réfrigérant, on retire le vase à décomposition et on l'incline légèrement de façon que les deux liquides (chlorure d'ammonium et hypobromite) se mélangent lentement.

La décomposition a lieu à ce moment et les petites quantités de gaz ammoniac entraînées sont absorbées par la lessive adhérente aux perles de verre et décomposées.

On continue de mélanger avec précaution. Lorsqu'enfin le gaz se dégage lentement on ferme le robinet du tube à perles de verre et on agite le vase à décomposition en le retournant plusieurs fois. On ouvre de nouveau le robinet et on plonge le tout dans l'eau du réfrigérant, en le montant et le redescendant plusieurs fois de manière à mélanger l'eau. On fixe le vase dans sa position la plus basse et on laisse reposer 20 minutes. On fait écouler par le robinet du réfrigérant, qui est réuni, comme nous l'avons dit, à la branche non graduée du tube en U, assez d'eau pour rétablir le niveau dans les deux branches et on lit ensuite, le nombre de centimètres cubes d'azote qui se sont dégagés.

Ce volume (environ 32 cm³) correspond à 0,040 gr. d'azote, à la pression atmosphérique au moment de l'expérience et à la température de l'eau du réfrigérant.

On fait ensuite la même expérience avec la deuxième solution et, se basant sur le rapport entre le volume et le poids de l'azote trouvé dans la première expérience on calcule la teneur en azote du sel ammoniacal employé pour la deuxième.

Si, par exemple : dans la première, on a obtenu 34 cm³ et dans la deuxième 30 cm³ le poids de l'azote contenu dans 10 cm³ de la solution à analyser, est donné par la proportion :

$$34\ cm³ : 0\ gr.\ 040\ Az = 30\ cm³ : x$$

d'où

$$x = 0,03529\ grammes.$$

Au lieu de ce mode de calcul, on peut mesurer simplement l'azote obtenu et calculer son poids avec son volume. Mais il faut, évidemment, tenir compte de la pression atmosphérique, de la température et de l'état d'humidité, ainsi que de ce fait qu'une petite quantité d'azote reste dissoute dans le liquide décomposant, quantité qui dépend de la température de ce dernier.

E. Dietrich a construit des tables qui permettent d'éviter tous ces calculs. (*Zeitschr für anal. Chem.* V. 44).

Dosage de l'azote organique dans les houilles, tourbes, gadoues, etc.

1° *Procédé à la chaux sodée (Will et Warrentrapp)*. — Ce procédé est basé sur le fait que la plupart des substances organiques azotées naturelles, lorsqu'on les chauffe fortement avec de la potasse, ou tout autre alcali, dégagent leur azote sous forme d'ammoniaque.

Préparation de la chaux sodée. — Au lieu d'alcali pur, on préfère employer la chaux sodée qui est plus maniable.

La chaux sodée, nécessaire à ce procédé, se prépare en dissolvant dans l'eau une partie de soude, ajoutant à la solution, deux parties de chaux éteinte et évaporant. On calcine ensuite le résidu sec, dans un creuset et on casse en petits fragments. On la conserve à l'abri de l'air, dans des flacons bien bouchés.

Le professeur Atwater (*American chemical Journal*, vol. 9, p. 312) la prépare, en éteignant 2 parties 5 de chaux vive, avec une solution concentrée de 1 partie de soude caustique du commerce, en prenant soin qu'il y ait assez d'eau dans la solution pour éteindre la chaux. Le mélange est ensuite chauffé dans un creuset en fer jusqu'à fusion naissante, on le laisse refroidir, on l'écrase et on le tamise.

Au lieu de chaux sodée, Johnson emploie un mélange de carbonate de soude et de chaux.

Le dosage se fait dans un tube en verre, de
0 m. 40 de longueur et fermé à une extrémité. La
substance étant soigneusement pulvérisée, de façon
à passer au moins à travers un tamis à mailles de
1 mm.

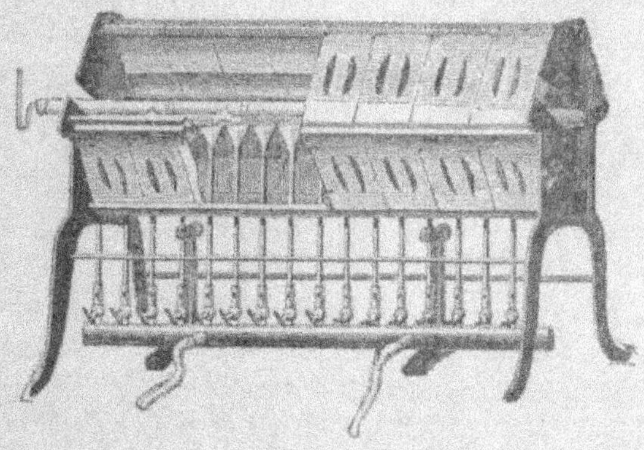

Fig. 28.

On introduit d'abord dans le tube un peu d'oxalate de calcium. Ce sel à la fin de l'opération, four-
nira par sa calcination, de l'hydrogène, qui balayera
l'ammoniaque encore contenue dans le tube.

Après l'oxalate, on met dans le tube une couche
de chaux sodée d'environ 5 centimètres, puis, dans
une capsule de porcelaine ou dans un mortier, ou
mieux dans le tube. On mélange soigneusement la
substance à analyser, aussi vivement que possible
avec de la chaux sodée assez fine, de manière à remplir une longueur de 16 centimètres, on l'introduit

rapidement en lavant le mortier avec un peu de chaux sodée. On remplit le reste du tube, jusqu'à environ 5 centimètres de l'extrémité avec de la chaux sodée granulée, que l'on tasse en frappant doucement le tube verticalement. On maintient enfin le tout par un tampon d'amiante, que l'on presse légèrement. On enroule ensuite autour du tube une feuille de clinquant, ligaturée à chaque extrémité. Le tube est ensuite relié par le moyen d'un bon bouchon avec le tube à boules contenant 20 cm³ d'acide sulfurique normal. Il est ensuite placé sur la grille à analyse (fig. 28).

On commence à chauffer la partie antérieure du tube, du côté de l'appareil d'absorption, puis ensuite on allume un bec de chaque côté de la substance et peu à peu on rapproche le feu de la substance, en allumant de nouveaux becs. Le chauffage est réglé de façon à maintenir un dégagement régulier de bulles dans l'acide sulfurique. Lorsque le tube est rouge, on chauffe l'extrémité fermée qui renferme l'oxalate de calcium. La combustion dure en général trois quarts d'heure, une heure au plus.

On prend pour l'analyse, un poids variant de 0,7 à 1,5 grammes de matière, suivant la teneur présumée en azote.

On vide maintenant, l'acide du tube à boules, dans un vase à essai, en ayant soin de rincer soigneusement le tube, on verse les eaux de lavage dans le vase à essai et on titre avec une solution normale alcaline.

Soit N, le volume nécessaire, 20 — N sera le vo-

lume d'acide normal neutralisé par l'ammoniaque
et $(20 - N) \times 0,017$, la quantité d'ammoniaque correspondante.

2º *Méthode Ruffle.* — Les réactifs employés dans
cette méthode, qui est très suivie aux États-Unis,
sont les suivants :

1º Un mélange à parties égales en poids, de
chaux délitée en poudre fine, et d'hyposulfite de
soude ; desséché à 100º et finement pulvérisé.

2º Un mélange à poids égaux de sucre finement
pulvérisé et de fleur de soufre ;

3º De la chaux sodée granulée comme celle qui
est employée dans le procédé de Will et Warrentrapp.

Les tubes à combustion sont en verre dur de
Bohême d'une longueur de 0,50 et d'un diamètre
de 0,015. On emploie aussi des tubes en fer.

Comme la chaux sodée ordinaire fond quelquefois dans les tubes en fer employés et les rend très
difficiles à nettoyer. MM. Buchan et Alexander
proposent de faire de la chaux sodée ne fondant
pas, de la manière suivante :

Mélanger parties égales de chaux fraichement
calcinée et de carbonate de soude cristallisé, ta-
miser ce mélange à travers un tamis de 16 mailles
au centimètres, introduire dans un creuset en fer
et calciner à la manière ordinaire. (*Chem. News*).

Le remplissage du tube se fait comme suit : Au
fond du tube, on introduit en premier un petit tampon d'asbeste, soigneusement calciné, puis 2,5 à
3 centimètres du mélange d'hyposulfite.

Le poids de substance à analyser, est intimement

mélangé avec 6 à 10 grammes du mélange de sucre et de soufre. Puis on verse, sur une feuille de
papier glacé noir ou dans un mortier de porcelaine
émaillée, une quantité suffisante du mélange d'hyposulfite pour remplir environ 25 centimètres du
tube, on ajoute alors à cette quantité, la substance
à analyser, préparée comme il est dit précédemment, on mélange le tout soigneusement et on
verse dans le tube ; on rince le papier ou le mortier avec une petite quantité du mélange d'hyposulfite et on verse dans le tube ; on finit alors le
remplissage avec de la chaux sodée jusqu'à environ 5 centimètres de l'extrémité du tube, puis on
place enfin un tampon d'asbeste ignifiée. On frappe
légèrement le tube, maintenu dans une position
horizontale, afin de ménager un petit canal de dégagement des gaz, à la partie supérieure. On relie
ensuite avec le tube à boules contenant l'acide
sulfurique titré, et on vérifie par aspiration si la
fermeture est hermétique.

Le tube ainsi préparé, est placé sur la grille à
combustion, puis on commence par chauffer la portion contenant la chaux sodée jusqu'au rouge
sombre.

A ce moment on allume à l'autre extrémité du
tube et on continue bec par bec de façon à avoir
un dégagement régulier de bulles (deux ou trois
par seconde).

Quand le tube entier est rouge, que le dégagement du gaz a cessé et que le liquide du tube à
boule commence à refluer vers le tube à réaction,
on met l'extrémité du tube à boules en relation

avec un aspirateur et on casse l'extrémité antérieure du tube à réaction, de façon à chasser, par l'air aspiré, l'ammoniaque encore contenue dans l'atmosphère du tube, on détache ensuite le tube à boules, et on procède comme dans la méthode à la chaux sodée, pour le titrage.

La méthode de Ruffle, remplace avantageusement la méthode Will et Warrentrapp, lorsqu'on veut doser l'azote dans des composés renfermant de l'azote nitrique en assez forte proportion.

La méthode de Ruffle, a subi déjà bien des modifications. A. Guyard a proposé de calciner la substance avec un mélange de chaux sodée et d'acétate de soude desséché.

Wagner a obtenu de bons résultats dans l'analyse du guano contenant du salpêtre.

Il emploie les mélanges suivants :

1° 100 parties de chaux sodée en poudre et 10 partie d'acide oxalique ;

2° 100 grammes de gypse calciné mélangés avec 6 cm³ d'acide sulfurique concentré (conserver dans des flacons bien bouchés) ;

3° 100 parties d'hyposulfite de soude desséché à 100°, mélangés intimement dans un mortier chauffé avec 100 parties de chaux sodée en poudre bien desséchée, 8 parties de charbon de bois en poudre fine et 8 parties de fleur de soufre (conserver dans un flacon à large goulot, fermé par un bouchon de caoutchouc).

Dans le tube à combustion fermé à un bout, d'une longueur de 40 centimètres et de 8 cm. de diamètre, on met une couche du mélange 1, lon-

gue de 5 cm.; on mêle avec environ 20 gr. du mélange 3. 1 gr. 5 d'un mélange intime à parties
égales du guano à essayer et du mélange 2, on
verse le tout dans le tube de verre, on finit de remplir avec de la chaux sodée granulée et un tampon
d'amiante.

Arnold et Houzeau ont combiné avec succès les
méthodes de Ruffle et de Guyard. Arnold recommande de calciner 0,5 gr. de substance (ou seulement, 0,3 gr. avec les substances contenant plus de
2 0/0 d'azote) avec un mélange de deux parties
d'hyposulfite de soude déshydraté, une partie de
chaux sodée et d'une partie de formiate de soude
(auquel on ajoute un peu de sucre pour l'analyse
des azotates des métaux lourds).

Le tube de verre, contient en arrière 5 cent. du
mélange précédent, puis le mélange contenant la
substance (12 à 15 cent.) ensuite une couche du mélange finement pulvérisé, longue de 15 à 20 cent.
et enfin 5 à 10 cm. de chaux sodée. La température
ne doit pas être assez élevée pour que la masse
s'agglomère et qu'il se forme un large canal.

Méthode de Kjeldahl. — Le procédé Kjeldahl,
est basé sur la transformation en ammoniaque, de
l'azote des matières organiques, par l'action de
l'acide sulfurique concentré et chaud, soit seul ou
en présence d'agents oxydants.

Avec l'acide sulfurique seul, l'attaque durerait
cinq à six heures. Cette opération est abrégée en
employant de l'acide sulfurique fumant, ou de l'a-
cide sulfurique concentré, additionné de 20 à 25 0/0
d'anhydride phosphorique.

L'attaque est aussi abrégée en employant de l'oxyde de mercure ou du mercure métallique (1 à 2 gr. par 25 cm³ d'acide sulfurique concentré), quantité que l'on emploie généralement pour 0,05 à 7 grammes de matière.

Wilfarth a proposé l'emploi du sulfate de cuivre anhydre. (*Chem. central.* 16, 17, 113). Quand on emploie le mercure, il faut le précipiter ultérieurement par le sulfure de sodium.

Les réactifs employés dans cette méthode sont les suivants :

1° De l'acide sulfurique concentré, d'une densité de 1,83 (Degré Baumé : 65,5), ne contenant pas de nitrates ni de sulfate d'ammoniaque, que l'on ajoute quelquefois pendant la fabrication, pour la destruction des oxydes de l'azote ;

2° Du mercure métallique ou de l'oxyde de mercure HgO, préparé par voie humide. On ne doit pas employer celui, préparé à l'aide du nitrate de mercure ;

3° Du permanganate de potassium pulvérisé ;

4° De la grenaille de zinc ou de la pierre ponce ; 0,5 grammes de poudre de zinc peuvent être ajoutés, dans les ballons de digestion, s'il se produit des soubresauts ;

5° Une solution de sulfure de potassium contenant 40 grammes par litre ;

6° Une solution saturée de soude caustique, ne contenant pas de nitrate.

L'attaque se fait dans des ballons de digestion, d'une capacité de 200 à 250 cm³ ayant à peu près, 0,20 de longueur et munis d'un long col.

Les ballons sont placés, inclinés sur un support en toile métallique. On peut disposer l'appareil de manière à pouvoir chauffer plusieurs ballons à la fois.

Pour la distillation on emploie l'appareil distillatoire décrit précédemment page 266, se composant d'un ballon en verre, d'une contenance de 500 cm³ environ, relié à un serpentin en étain, communiquant lui-même avec un réfrigérant vertical en verre qui plonge dans le récipient contenant l'acide sulfurique comme il est indiqué dans la fig. 28.

Defert a le premier recherché l'explication de la réaction de Kjeldahl et l'a résumée dans les propositions suivantes :

1° L'acide sulfurique enlève aux substances organiques, les éléments de l'eau en donnant naissance à cette dernière.

2° L'acide sulfureux, qui se forme par chauffage de l'acide sulfurique avec la masse charbonneuse séparée, agit comme réducteur sur la substance azotée.

3° Sous l'influence des oxydants énergiques, il se forme des combinaisons ammoniacales, aux dépens des produits azotés résistants qui ont pu prendre naissance.

La réaction 1 est générale, et la plus importante; la réaction 3 n'étant que complémentaire.

1° *La digestion.* — On pèse 0,3 à 2,8 de la substance à analyser, ou plus, selon la proportion d'azote et on la met dans un ballon de digestion avec 0,7 d'oxyde de mercure ou 0,5 de mercure et 25 cm³ d'acide sulfurique concentré.

Le ballon est placé sur l'appareil décrit plus
haut, dans une position inclinée et chauffé au-dessous du point d'ébullition de l'acide, de cinq à
quinze minutes, jusqu'à ce qu'il n'y ait plus production de mousses. Si le mélange moussait trop fortement, on ajouterait un petit morceau de paraffine. On chauffe alors plus fortement, jusqu'à ce
que le mélange soit en pleine ébullition, que l'on
maintient tant que le liquide n'est pas devenu parfaitement limpide et incolore, ou n'ayant qu'une
légère couleur paille.

On enlève alors le ballon du feu et pendant qu'il
est encore chaud, on y jette avec soin, de petites
quantités de permanganate de potassium, en ayant
soin d'agiter, jusqu'à ce que le liquide reste légèrement rosé. Pendant cette opération, il se produit
fréquemment d'assez fortes détonations.

Le permanganate sert ainsi à contrôler si l'oxydation est complète.

2° *La distillation*. — Après refroidissement, le
contenu du ballon est transvasé dans le ballon de
distillation d'une contenance de 500 cm³ ou d'un litre, on ajoute 200 cm³ d'eau, quelques morceaux de
zinc en grenailles ou de pierre ponce, ou 0,5 grammes de zinc en poudre, si on le trouve nécessaire.

On ajoute ensuite 50 cm³ de la solution de soude
caustique ou une quantité suffisante pour avoir une
réaction nettement alcaline. On a soin de verser
sur la paroi du ballon, de façon qu'elle ne se mélange pas de suite avec la solution acide ; et enfin
25 cm³ de la solution de sulfure de sodium ou de
potassium.

Le ballon est ensuite relié avec le serpentin de condensation. On emploie pour cette distillation l'appareil de M. Schlœsing dont le serpentin en étain, ne présente aucun des inconvénients des serpentins en verre. Cet appareil est représenté dans la figure 28.

On mélange alors le contenu du ballon distillatoire par agitation, et on distille jusqu'à ce que toute l'ammoniaque soit passée dans l'acide titré.

Les 150 cm³ de liquide distillé qui passent en premier, contiennent en général, la totalité de l'ammoniaque.

L'opération demande ordinairement quarante minutes à une heure et demie.

On titre ensuite avec une solution alcaline titrée, comme dans les procédés précédents.

Des substances exigeant 6 heures pour être entièrement décomposées par l'acide sulfurique concentré, sont détruites en 1/2 heure à 3/4 d'heures avec 1 gramme de mercure ou 0,5 de sulfate de cuivre (Arnold. *Arch. pharm*. (3) 24,785).

La digestion dans le cas des substances les plus difficiles à oxyder est rarement au-dessous d'une heure et demie.

MM. Aubin et Alla trouvent le procédé de Kjeldahl supérieur au procédé à la chaux sodée. Ils emploient 20 cm³ d'acide sulfurique et 0 g. 5 de mercure pour 0 g. 5 de substance.

Dans la plupart des cas, l'emploi du permanganate de potassium n'est pas complètement nécessaire, mais dans certains cas exceptionnels, il est requis pour une oxydation complète, c'est pourquoi, n'étant pas sûr, *d'une complète et parfaite oxydation*, il est presque toujours employé.

Le sulfure de potassium enlève tout le mercure contenu dans la solution et empêche aussi la formation des composés de mercurammonium qui ne sont pas complètement décomposés par la soude caustique.

On peut vérifier les réactifs, en faisant une expérience à blanc avec du sucre qui réduira partiellement les nitrates qui pourraient être présents.

Modifications au procédé Kjeldahl.

Un grand nombre de ces modifications ne sont que de légères variantes du procédé initial.

Brunemann et Seyfert mélangent la substance avec 2 grammes d'anhydride phosphorique, puis ils chauffent d'abord avec 5 cm³ d'un mélange de 4 volumes d'acide sulfurique concentré et de 1 volume d'acide fumant, jusqu'à ce que le dégagement gazeux ait perdu sa vivacité, enfin ils continuent le chauffage après addition de 15 autres centimètres cubes.

Quelques-uns emploient de préférence à la lessive de soude, la lessive de potasse qui produit moins de soubresauts pendant la distillation. Lorsqu'on se sert de copeaux de zinc, pour régulariser l'ébullition, il faut éviter un grand excès de lessive,

car il se produit un dégagement assez vif d'hydrogène qui produit un entraînement de lessive à l'é-
tat vésiculaire. Si la lessive contient de l'acide
azotique, son azote, si l'on emploie le zinc, se transforme en ammoniaque qui fausse le résultat, par
excès.

Modification de Wilfarth. — Le procédé original de Kjeldahl consiste à attaquer les substances azotées par l'acide sulfurique avec ou sans anhydride phosphorique et à terminer l'oxydation par
le permanganate de potassium en poudre.

Wilfarth dont nous avons pris la méthode modifiée comme type, a basé sa variante sur ce fait
que l'addition d'oxydes métalliques accélère la
réaction du mélange acide sur la substance organique. Les oxydes les plus convenables sont le
bioxyde de cuivre et surtout le bioxyde de mercure préparé par voie humide ou le mercure métallique (*Journal Chemical Society, 1891*).

Dans ce cas, même si la décoloration est totale,
il est parfois utile d'employer le permanganate de
potassium.

La méthode de Wilfarth a été à son tour modifiée
par Kulisch, qui emploie comme acide un mélange
à volumes égaux d'acide sulfurique concentré et
d'acide sulfurique fumant, contenant par litre 100
grammes d'anhydride phosphorique. Comme ad-
juvant métallique, Kulisch recommande une petite
quantité de mercure métallique, Arnold, 0,5 grammes de sulfate de cuivre et 1 gramme de mercure
métallique et Ulsch 0,55 gramme de bioxyde de
cuivre et cinq gouttes d'une solution de chlorure

de platine contenant 0,01 gramme de platine par centimètre cube.

Si l'azote se trouve sous forme d'azote nitrique, la méthode primitive de Kjeldahl et la modification de Wilfarth ne donnent pas de bons résultats.

On peut cependant y arriver en ajoutant certaines substances. Nous allons passer en revue, les principales modifications de la méthode de Kjeldahl, qui ont eu pour but, de doser l'azote nitrique sous forme d'ammoniaque.

1° *Modification V Asboth*. — Dans l'analyse du salpêtre, il recommande d'employer pour 0,05 gramme de salpêtre, 1,75 gramme d'acide benzoïque et de détruire à la fin, l'acide benzoïque au moyen du permanganate de potassium et d'un nouveau chauffage. Il effectue la distillation en ajoutant une lessive de soude contenant du sel de Seignette (350 grammes de sel de Seignette et 300 gr. d'hydrate de soude dans un litre d'eau) afin de maintenir le protoxyde de manganèse en solution.

Modification Jodlbauer. — On traite le produit à analyser, par 20 cm² d'acide sulfurique concentré contenant 2 cm³ 5 d'acide phénylsulfurique; préparé en ajoutant 50 grammes de phénol à de l'acide sulfurique concentré et complétant à 100 cm³.

Dès que la substance est dissoute, on ajoute peu à peu, 2 à 3 grammes de poudre de zinc, en maintenant le ballon dans l'eau froide.

Après un repos d'une heure à une heure et demie on ajoute du mercure et on procède comme il a été dit précédemment.

Procédé Scovell. — M. Scovell préconise l'emploi

de la poudre ou du sulfure de zinc et de l'acide salicylique comme agents de réduction.

D'après M. Fœrster les inconvénients de l'emploi du zinc ou du sulfure de zinc sont les suivants :

1° Qu'il faut ajouter la poudre peu à peu, pour éviter une surchauffe ;

2° La formation de sulfate de zinc anhydre difficilement soluble qui prolonge l'opération ;

3° La formation d'hydrate de zinc, qui empêche d'avoir une distillation tranquille et requiert l'emploi d'un grand excès de soude pour se dissoudre.

Il propose de la remplacer par l'hyposulfite de soude.

Voici la description de la méthode appliquée au nitrate de sodium :

Après dissolution complète d'un gramme de nitrate dans 30 cm³ d'acide sulfurique contenant 6 0/0 de phénol, on ajoute 3 à 5 grammes d'hyposulfite de soude, et quand la réaction est terminée, 0,5 gr. de mercure métallique et 20 cm³ d'acide sulfurique pour chaque 90 cm³ de mélange acide. L'oxydation est complète en une heure et demie, sans addition d'acide phosphorique ou de permanganate de potassium.

Ce procédé est plus rapide qu'avec la poudre de zinc et la distillation est plus tranquille.

Dans le dosage des mélanges contenant de l'azote nitrique et organique, il vaut mieux employer l'acide salicylique que le phénol.

Cette méthode ne donne pas de pertes d'azote en présence de chlorures.

Comme indicateur, l'auteur recommande l'emploi

d'un mélange de lacmoïde (80 parties) et de vert malachite (13 p.) dans 1.000 parties d'alcool à 20 0/0 (*Journal Chem. Society*, 1890).

Cette méthode est appliquée au dosage de l'azote total dans les mélanges contenant des nitrates. Quand on se trouve en présence de mélanges contenant de l'azote sous les trois états :

L'azote nitrique peut être dosé par la méthode de Schlœsing, de Lunge ou de Pelouze.

L'azote total par la méthode de Ruffle ou celle de Kjeldahl, modifiée par M. Fœrster.

L'azote ammoniacal par distillation, avec de la soude, de la potasse ou de la chaux.

Analyse des matières premières

I. ANALYSE DE LA HOUILLE, DU LIGNITE, DU COKE, DE LA TOURBE.

1º *Dosage de l'humidité*. — On chauffe 10 grammes de houille concassée en morceaux de la grosseur d'un pois, pas plus petit, à une température de 105º, autant que possible à l'abri de l'air, jusqu'à poids constant.

Pour les lignites et les tourbes on chauffe 5 à 6 heures à 100º, pour le coke on maintient la température à 110º.

2° *Estimation du coke.* — On chauffe 1 gramme de houille finement pulvérisée dans un creuset de platine d'au moins 0 m.030 de hauteur, muni de son couvercle et placé sur un bec Bunsen ayant une flamme de 0 m.18 de hauteur. On fait durer l'opération jusqu'à ce qu'il ne se dégage plus de gaz combustibles, entre les bords du creuset et ceux du couvercle, on laisse refroidir et on pèse.

Le creuset de platine doit reposer sur un triangle en fil de platine fin et le fond doit se trouver au plus à 0 m.03 de l'orifice du brûleur. On rapporte les résultats au charbon ou au coke exempts de cendres.

3° *Dosage des cendres.* — Avec le lignite et la tourbe, l'opération se fait très simplement. Avec les houilles agglutinantes, on chauffe doucement de façon à chasser les principes volatils à aussi basse température que possible, sans que la poudre s'agglutine. Le coke exige une très haute température pour une combustion complète. On fait la combustion, soit dans un creuset de platine incliné dont le fond est placé dans un trou percé dans un carton d'amiante ; l'air pénétrant facilement la combustion est plus rapide, soit dans une capsule de porcelaine ou de platine mise dans un moufle.

4° *Dosage du soufre* (d'après Eschka). Dans un creuset de platine on introduit 0,5 à 1 gr. de charbon finement pulvérisé avec 1 1/2 fois son poids d'un mélange intime de 2 parties de magnésie calcinée et 1 partie de carbonate sodique calciné. On chauffe le creuset incliné de façon que seule la partie intérieure devienne rouge, on emploie le même dispositif que pour les cendres. On accélère la combustion qui dure environ 1 heure en agitant avec un fil de platine. Après refroidissement on verse de l'eau chaude sur le contenu du creuset et on ajoute de l'eau bromée jusqu'à ce que la liqueur paraisse jaune. On fait bouillir, on décante, on lave à l'eau chaude. Le filtrat est acidulé à l'acide chlorhydrique, on fait bouillir pour chasser l'excès de brôme et on précipite par le chlorure de baryum.

La magnésie et le carbonate de soude doivent être essayés au point de vue des sulfates qui pourraient y être contenus.

5° *Dosage de l'azote.* 1° En chauffant la matière avec de la chaux sodée (Procédé Will et Warentrapp).

2° Par la méthode de Kjeldahl modifiée par M. Schmitz. On prend un échantillon *soigneusement pulvérisé* de la houille ou du coke à analyser (0,8 à 1 gr. pour la houille, 0,5 à 0,7 pour le coke). On l'introduit dans un ballon de 250 cm³ en bon verre de Bohême avec 1 gr. d'oxyde de mercure précipité en poudre fine et avec 20 cm³ d'acide sulfurique concentré. On fait bouillir pendant 2 ou 3 heures sur une toile métallique. Quand les moindres parcelles ont disparu, on introduit le liquide dans un vase conique dit d'Erlenmayer de 750 cm³ en rinçant soigneusement. On ajoute 120 à 140 cm³ de soude caustique pure 30-32° Bé et 35 cm³ de sulfure de sodium à 40 gr. de Na²S par litre, enfin on introduit un petit morceau de zinc pour éviter les soubresauts et on distille comme pour un dosage d'ammoniaque ordinaire. L'extrémité du réfrigé-

rant plonge dans l'acide sulfurique déci-normal,
on titre l'excés d'acide avec l'eau de baryte au 1/20
normale ou la soude caustique déci-normale. On
peut employer comme indicateur l'acide rosolique.

Dans le cas du coke on ajoute encore 1 gr. d'o-
xyde de mercure; et 2 gr. de permanganate de potassium, au bout d'une heure d'ébullition avec l'a-
cide sulfurique et on double le volume de la solution de sulfure de sodium.

II. ANALYSE DES POUDRES D'OS ET DES NOIRS.

Dosage de l'azote. — 1° Se dose sur un gramme
de matière pulvérisée, mélangée à de la chaux sodée et recueillant le gaz ammoniac produit dans
l'acide sulfurique déci-normal.

2° Par le procédé Kjeldahl.

III. ANALYSE DES POUDRETTES.

Dosage de l'azote. — Les poudrettes sèches s'a-
nalysent comme le guano. On dose l'azote total
par la méthode de Will et Warrentrapp à la chaux
sodée. Le mélange avec la chaux sodée, doit être
fait rapidement pour ne point avoir de perte d'ammoniaque.

Dosage de l'ammoniaque. — Se dose sur un
gramme, dans l'appareil Schlœsing en distillant en
présence de magnésie ou de chaux.

Lorsque les poudrettes sont humides, on les dessèche, et pour ne pas perdre d'ammoniaque pendant
la dessiccation, on ajoute au préalable 20/0 d'acide
oxalique en poudre (Müntz). L'azote total peut être
dosé par la méthode de Kjeldahl, qui est beaucoup
plus commode et où toutes les chances de pertes
sont évitées.

IV. Analyse des vidanges, gadoues, etc.

Pour l'analyse de ces matières, on prélève un
échantillon d'au moins 10 kilogs. On le divise en 2
parties, les liquides d'un côté et les solides de l'autre. On prélève sur chacune un poids de matière
proportionnel à sa masse. Ces quantités sont réu-
nies et évaporées à sec après les avoir additionnées
d'acide oxalique jusqu'à réaction nettement acide.
Le résidu est mélangé, broyé soigneusement et
analysé comme la poudrette.

V. Analyse des cornes, débris de cuir, sang desséché, déchets de laine, etc.

L'échantillonnage moyen doit être fait aussi bien
que possible. On peut les traiter par la méthode
de M. Grandeau à l'acide sulfurique ; La corne torréfiée et le sang desséché peuvent être facilement
réduits au mortier de porcelaine, en poudre fine,
sur laquelle on peut opérer. Mais il faut dans le-

calcul de l'azote, tenir compte de la perte d'humidité au broyage ; perte qui peut s'élever à 1.5-2 0/0 pour la corne torréfiée. Le dosage se fait à la chaux sodée, ou par la méthode Kjeldahl.

VI. Analyse du nitrate de soude.

Le nitrate de soude doit être essayé au point de vue de sa teneur en nitrate et en chlorure.

Les autres impuretés, chaux, magnésie, alumine, acide sulfurique, iode, sable, peuvent être, sans erreur sensible, évaluées en moyenne à 0.5 pour 100.

Analyse indirecte. — 1° On dose les chlorures à l'état de chlorure d'argent.

2° On détermine l'humidité en desséchant à 120° avec précaution, jusqu'à fusion.

En additionnant, l'humidité, les chlorures, les impuretés autres, évaluées à 0.5 0/0 et retranchant de 100, on obtient le nitrate vrai 0/0.

Le plus souvent, le nitrate de soude est déterminé par voie directe, soit par la méthode de Schlœsing, soit par la méthode azotométrique, ou par le sulfate ferreux.

1° *Méthode de Schlœsing.* — La méthode de Schlœsing repose, comme la plupart des autres, sur la transformation de l'acide azotique en bioxyde d'azote qui est recueilli et mesuré.

Voici la manière d'opérer :

Dans un ballon d'une capacité de 250 à 300 cm³, on introduit 40 cm³, d'une solution de protochlorure de fer, contenant par litre environ 200 grammes de fer et 40 cm³ d'acide chlorhydrique à 1,1 de densité. Ce ballon est muni d'un tube à entonnoir à robinet et d'un tube abducteur se rendant dans une cuve à eau. On verse quelques centimètres cubes d'acide chlorhydrique dans le tube à entonnoir, dont l'extrémité inférieure, étirée en pointe fine, descend dans le ballon, sans plonger dans le liquide contenu. On ouvre le robinet, afin de déplacer à l'aide de l'acide, l'air renfermé dans le tube, mais on a soin de le renfermer avant que tout l'acide ne soit écoulé de l'entonnoir.

On chauffe à l'ébullition le contenu du ballon, et on l'y maintient jusqu'à ce que tout l'air soit chassé, ce dont on s'assure en plaçant un tube à essais rempli d'eau au-dessus de l'orifice de dégagement du tube abducteur.

On fixe alors une éprouvette sur ce dernier, on verse dans le tube à entonnoir 10 cm³ de la solution normale de salpêtre, contenant exactement 33 grammes *d'azotate de soude pur*, et, en donnant au robinet une position convenable, on fait tomber lentement, goutte à goutte, la solution normale, dans le liquide du ballon, toujours maintenu à l'ébullition.

Lorsqu'il ne reste plus qu'une petite quantité de solution normale, on remplit 2 fois de suite l'entonnoir avec de l'acide chlorhydrique de densité 1,1 et on laisse couler cet acide jusqu'à ce qu'il n'en reste plus que très peu dans le tube. Lorsque le bioxyde s'est dégagé complètement et pendant que l'on maintient le contenu du ballon toujours en ébullition, on remplace la première éprouvette par une autre et on verse dans l'entonnoir 10 cm^3 de la solution du nitrate à essayer, contenant également 33 grammes par litre et procédant comme précédemment. On peut ainsi, effectuer cinq à six autres déterminations semblables sans épuiser la solution de protochlorure de fer.

On ouvre ensuite le robinet de l'entonnoir afin de laisser pénétrer l'air et on enlève la flamme.

On plonge les éprouvettes contenant le bioxyde d'azote dans un cylindre en verre rempli d'eau et on attend que la température soit en équilibre, on lit ensuite les volumes gazeux que l'on compare.

2° *Méthode nitrométrique.* — Cette méthode est due à Walter Crum et a été rendue pratique, grâce à l'emploi du nitromètre construit par Lunge.

Elle repose sur ce fait que les composés acides de l'azote dissous dans l'acide sulfurique, agissant sur le mercure métallique sont réduits à l'état de bioxyde d'azote.

Sheperd a recommandé l'emploi du nitromètre pour le dosage de l'acide azotique dans les engrais (*Zeitschr. für analy Chem. XXV*, 270).

Pour les engrais qui contiennent à peu près 5 0/0 d'acide azotique, il recommande de ne pas employer plus de 0,2 gr., pour ceux dont la teneur est inférieure à 1 0/0, il faut prendre 2 à 3 grammes de substance. Les extraits préparés à l'eau bouillante sont évaporés à un petit volume et introduits dans le nitromètre.

Le volume du liquide ne doit pas s'élever à plus de 7 cm^3, y compris l'eau de lavage.

Au liquide complètement refroidi, on ajoute avec précaution dans le nitromètre son double volume d'acide sulfurique concentré, on mélange ce dernier avec le liquide aqueux en agitant doucement, si c'est nécessaire on laisse échapper l'acide carbonique dégagé en ouvrant le robinet quelques instants et on agite ensuite vivement pour produire le dégagement du bioxyde d'azote.

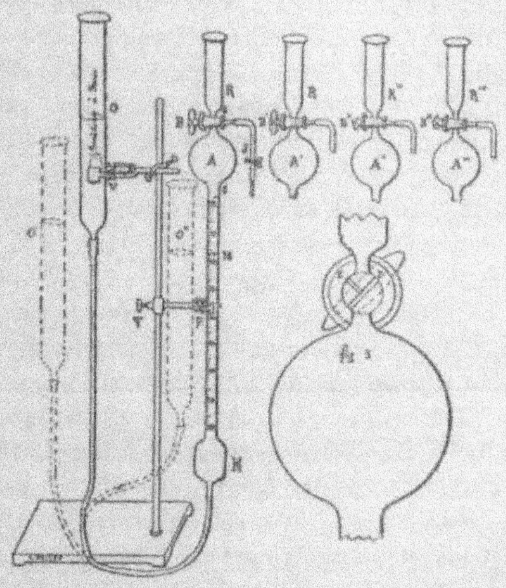

Fig. 30.

La réaction est terminée en quelques minutes, on laisse refroidir et on lit.

Le nitromètre de Lunge se compose de : (Fig. 30)

A. Tube à boule, divisé sur une partie et pouvant contenir jusqu'à 180 cm³.

B. Robinet à 3 voies, qui peut prendre successivement les 3 positions indiquées par les figures 2, 3, 4.

R. Entonnoir recevant la matière à analyser.

O. Tube effilé, relié avec le tube A par un tube de caoutchouc solidement attachés aux extrémités.

G. Tube muni d'une pince de Mohr en relation avec le robinet B.

M. Partie renflée où vient l'acide sulfurique lorsque le volume de gaz est considérable.

L'opération se fait de la manière suivante :

On met une prise d'essai de la matière parfaitement mélangée et finement broyée dans un tube à pesée, étroit et portant un trait de repère correspondant à 0,35 gr. On bouche ensuite le tube et on repèse.

Pour procéder au dosage, on met du mercure dans le tube O jusqu'à ce que le tube A soit entièrement plein et que cependant il reste entre le niveau du mercure dans la branche O et la partie supérieure du tube un vide assez grand pour contenir le volume de mercure qui sera déplacé ultérieurement par le gaz formé.

On ferme le robinet pour qu'il prenne la position indiquée par la figure 2.

On ouvre la pince M et on reçoit l'excès de mercure laissé en R.

2° On tourne le robinet B afin qu'il soit disposé comme l'indique la figure 5 et on baisse le tube O de quelques centimètres.

3° Toutes les pièces, T, P, V, U, étant bien fixées, on dépose dans l'entonnoir R le poids pesé (environ 0,35 à 0,40 gr.) du nitrate de soude à essayer, dissous dans 2 cm³ d'eau. On tourne légèrement le robinet D en E (fig. 5), afin d'introduire la solution dans le tube A. On ferme à temps pour éviter toute rentrée d'air, le robinet étant toujours remis dans la même position. A l'aide d'une pipette effilée on lave l'entonnoir R deux fois avec 1 cm³ d'eau chaque fois, et on fait pénétrer le liquide dans le tube en ouvrant le robinet, puis enfin, on termine au moyen de 15 cm³ d'acide sulfurique pur, concentré, mis en trois fois. Après chaque addition on fait entrer l'acide dans le tube A par la même manipulation que ci-dessus.

4° Tout l'acide étant introduit, on tourne le robinet afin de lui donner la position R'. On verse de l'eau par le tube R, on ouvre la pince J et on enlève ainsi l'acide restant aux parois du tube R.

5° On retire le tube du support P et on l'incline presque horizontalement, on agite pendant quelques secondes et à plusieurs reprises, le mélange s'échauffe, le gaz se dégage et le mercure remonte dans le tube O'. On continue d'agiter jusqu'à ce que le volume du gaz n'augmente plus. On laisse refroidir le tout et on plonge le tube A dans une grande cuve à eau ; en même temps le liquide remonte.

6° On remet le tube A dans la pièce P et on amène le tube O' près du tube A pour faire coïncider les niveaux du mercure. On lit le volume du gaz au niveau du liquide acide ; on observe la pression et la température. Soit V le volume, T la température et P la pression, la quantité de bioxyde d'azote à 0° et à 760 est exprimée par la formule.

$$\frac{V \times (P - 11,8)}{760\,(1 + 0,00367\,T)} = x\ cm^3\,AzO$$

Chaque centimètre cube de bioxyde d'azote correspond à 0,003805 de nitrate de soude.

Le tout divisé par p, le poids de matière pesée et multipliée par 100 donne la teneur pour 100. Elle est donc égale à $\dfrac{0,3805\,x}{p} = NaAzO^3$ 0/0.

Les robinets de l'appareil doivent être soigneusement lubréfiés (sans excès), avec de la vaseline, pour empêcher toute fuite.

Après la lecture, on s'assure si la colonne acide dans le tube gradué, fait bien équilibre à l'excès de la colonne de mercure dans l'autre tube, en ouvrant le robinet.

Si le niveau de l'acide monte, la force élastique du gaz au moment de la lecture était plus grande que la pression atmosphérique, on aurait donc dû lire pour le bioxyde un plus grand volume, si le niveau baisse, on aurait dû avoir un plus petit volume.

Lunge a construit des tables spéciales pour l'usage du nitromètre.

Méthode au sulfate ferreux. — Cette méthode est une modification de celle de Pelouze basée sur l'emploi du chlorure ferreux.

Lunge (*Handbuch der Soda-Industrie* t. I, p. 49.51) prend une dissolution de fer contenant 100 gr. de sulfate ferreux pur avec 50 gr. d'acide sulfurique pur et titre cette solution au permanganate de potassium. On introduit 35 cm³ de la solution de sulfate ferreux dans un ballon fermé par un tube de verre muni d'une soupape en caoutchouc, on verse la dissolution de nitrate et 1 à 2 gr. de bicarbonate de soude pour chasser l'air. Après avoir fermé rapidement, on chauffe à l'ébullition pour chasser tout le bioxyde d'azote et obtenir un liquide parfaitement clair.

On refroidit, on étend d'eau et on titre de nouveau au permanganate.

Cette méthode a été modifié au point de vue du mode opératoire par M. Bailhache, qui a obtenu ainsi d'excellents résultats.

Dans un matras jaugé de 250 cm³ portant un bouchon de caoutchouc à deux trous, munis, l'un d'un tube de 5 à 6 cm, effilé à sa partie supérieure, le second, d'un tube descendant à 1/2 centimètre du fond du ballon et surmonté d'un entonnoir à robinet de 35 à 40 cm³ qui sert à introduire la solution de nitrate, ainsi qu'une solution de bicarbonate de soude destinée à chasser l'air de l'appareil, au début de l'expérience; et à la fin les dernières traces de bioxyde d'azote.

Les solutions employées dans ce dosage sont:

1° Une solution à 100 gr. de sulfate ferreux pur $(FeSO^4, 7H^2O) + 75$ cm³ d'acide sulfurique monohydraté par litre;

2° Une liqueur titrée de nitrate de soude à 50 gr. de sel pur et sec, par litre;

3° Une solution saturée à froid, de bicarbonate de soude.

On introduit dans le ballon 50 cm³ de liqueur de sulfate ferreux + 25 cm³ d'acide sulfurique monohydraté, on agite et on bouche. Le robinet du tube entonnoir étant fermé, on verse dans l'entonnoir 25 cm³ de bicarbonate de soude que l'on fait couler goutte à goutte pendant que le contenu du ballon est en ébullition.

Avant que tout le bicarbonate soit écoulé, on verse dans l'entonnoir 10 cm³ de solution de nitrate de soude.

A ce moment, il faut veiller à ce que l'ébullition soit continue, et que le dégagement régulier du bioxyde d'azote ne devienne jamais tumultueux, ni ne s'arrête, ce que l'on obtient facilement par le réglage du robinet.

A mesure que le liquide s'écoule, le contenu du ballon brunit.

Avant que l'entonnoir ne soit complètement vide, on ferme le robinet.

Quand la teinte brun foncé a disparu, on introduit dans l'entonnoir 25 nouveaux cm³ de bicarbonate de soude, on fait couler lentement et on retire le feu, le robinet étant fermé.

On laisse refroidir et on complète avec de l'eau distillée bouillie, on agite et on titre au permanganate de potassium.

Dosage de l'ammoniaque dans les eaux.

Le dosage de l'ammoniaque dans les eaux naturelles a une très grande importance, car une proportion notable de ce composé est extrêmement nuisible et permet de conclure que l'eau a été souillée par des substances organiques azotées, qui à la suite d'une putréfaction ont donné naissance à de l'ammoniaque.

1° *Recherches qualitatives.* — Si à l'eau qui renferme une trace d'ammoniaque libre ou carbonatée, on ajoute quelques gouttes de bichlorure de mercure, il se forme même avec des liqueurs très étendues un précipité blanc $AzH^2.HgCl$ que l'on peut regarder comme un chloroamidure de mercure.

$$2AzH^3 + HgCl^2 = AzH^2.HgCl + AzH^4Cl.$$

Si la dissolution est trop étendue, il ne se forme pas de trouble ; dans ce cas on ajoute quelques gouttes de carbonate de potasse ou de soude et au bout de quelque temps, il se produit un trouble et la liqueur devient opaline.

Le précipité qui se forme dans ce cas consiste en un équivalent de sel de mercure uni à deux équivalents d'oxyde de mercure :

$$2AzH^3 + 4HgCl^2 + 3K^2CO^3 = 2(AzH^2HgCl + HgO)$$
$$+ H^2O + 6KCl + 3CO^2.$$

Il faut avoir soin de ne pas mettre trop de bichlorure de mercure et de carbonate de soude, sans quoi, il se forme un précipité jaune d'oxychlorure de mercure.

Par le réactif de Nessler. — Le précipité qui a lieu en présence du réactif de Nessler est de l'iodure de tétramercurammonium $AzHg^2I + H^2O$

$$2HgI^2.K^2I^2 + 3KOH + AzH^3 = (AzHg^2I + H^2O) + 7KI + 2H^2O.$$

La chaleur favorise la précipitation, les chlorures alcalins et les oxysels alcalins ne gênent pas la précipitation, mais elle est empêchée par l'acide carbonique libre, les bicarbonates, les cyanures et les sulfates alcalins.

II° *Dosage de l'ammoniaque.* — 1° L'ammoniaque peut être éliminée par distillation et dosée colorimétriquement par le réactif de Nessler.

2° L'essai colorimétrique est fait directement par le réactif de Nessler après précipitation préalable de la chaux. Cette méthode fut indiquée par Franckland et perfectionnée par Trommsdorf.

Dans une éprouvette on met 300 cm³ de l'eau à essayer avec 2 cm³ d'une solution de carbonate de soude (1 p. pour 2 p. d'eau distillée) et 1 cm³ d'une solution d'hydrate de soude (1 pour 2), on secoue et on laisse déposer. On soutire 100 cm³ de liquide clair, que l'on met dans une éprouvette avec 1 cm³ du réactif de Nessler. S'il se forme une coloration plus que jaune on ajoute encore 1 cm³ du réactif.

Dans une seconde éprouvette de même dimension, on verse 90 cm³ d'eau distillée bien exempte d'ammoniaque, puis 6 cm³ de la solution de carbonate de soude et 3 cm³ de la solution d'hydrate de soude, on remplit jusqu'au trait marqué 100 et avec une pipette de 1 cm³ partagé en 1/100 de centimètre cube on laisse couler une quantité mesurée quelconque d'une solution étendue mais de force connue, de chlorure d'ammonium : on ajoute 1 ou 2 cm³ de réactif de Nessler, suivant les circonstances, on secoue et *au bout de quelques minutes* on compare la coloration des deux éprouvettes.

On place les deux éprouvettes sur un fond blanc, et on regarde de haut en bas la couleur dans les deux colonnes liquides. Si les tons sont les mêmes, le contenu de l'éprouvette contenant l'eau à analyser, contient autant d'ammoniaque que le liquide préparé avec le chlorure d'ammonium.

Si les tons ne sont pas les mêmes, on prépare une nouvelle éprouvette, en prenant plus ou moins de la solution de sel ammoniac.

On ne peut pas procéder en ajoutant peu à peu la solution de sel ammoniac au liquide préalablement additionné de réactif de Nessler, car il se produit des troubles et il est impossible de comparer les teintes de dissolutions *troubles*.

Les liquides à comparer, doivent avoir la même température moyenne, et l'essai colorimétrique ne réussit, que lorsque dans 50 cm³ du liquide la quantité d'ammoniaque est comprise entre 0,0025 mmg. et 0,0500 mmg.

Si le réactif de Nessler produisait dans les 100 cm³ d'eau à essayer une coloration jaune rougeâtre foncée, il faudrait prendre seulement une fraction des 100 cm³ de l'eau éclaircie, compléter avec de l'eau distillée à 100 cm³ et faire l'essai.

Fleck dose le mercure dans le précipité produit par le réactif de Nessler, $AzHg^2I + 2H^2O$, où 400 de mercure correspondent à 17 d'ammoniaque.

On recueille ce précipité, on le lave, on le dissous dans l'hyposulfite de soude et on précipite le mercure dissous par une solution de sulfure de sodium titrée (*Bull. Soc. Chim.* T. XVII).

Dosage de l'ammoniaque dans les gaz bruts.

La recherche qualitative de l'ammoniaque, dans les gaz bruts, se fait par le dégagement du gaz sur du papier tournesol rouge.

L'appareil employé pour son dosage se compose :

1° D'un flacon de Woolf contenant une solution d'acétate de plomb qui retient l'hydrogène sulfuré.

2° D'un tube en U qui retient le goudron entraîné.

Le gaz est mesuré par un compteur après lequel se trouve un aspirateur et un flacon contenant de l'acide sulfurique titré.

On fait passer un volume déterminé de gaz et on titre ensuite à la soude ou à la potasse normale ou déci-normale. Si la liqueur est trop fortement colorée on l'étend à un volume connu avec de l'eau et on prend une proportion déterminée. On peut employer avec avantage la fluorescéine comme indicateur. Le changement de teinte est très net, même avec une liqueur fortement colorée par du goudron, et il n'est pas influencé par l'acide carbonique. Le verre où l'on fait l'essai doit être placé sur une feuille de papier noir.

CHAPITRE VIII

Applications de l'ammoniaque et des sels ammoniacaux

Ammoniaque liquide ou en solution
(alcali volatil)

L'ammoniaque en dissolution se trouve dans le commerce à plusieurs degrés de concentration :

à 22° Baumé correspondant à une densité de 0.918.
à 28°   —   —   —   —   0,904
à 29°   —   —   —   —   0,880

Certaines industries, comme la galvanisation, préfèrent encore actuellement l'alcali ambré dont nous avons parlé à l'article « fabrication de l'alcali volatil ».

L'alcali ordinaire à 22° sert dans la médecine vétérinaire. Il est employé contre le météorisme du bétail, en faisant disparaître le gaz carbonique et l'hydrogène sulfuré contenu dans les intestins en se combinant à eux pour former du carbonate d'ammoniaque et du sulfhydrate.

Comme nous l'avons vu, les eaux ammoniacales sont employées pour la fabrication de la soude dans les procédés Solvay, Boulouvard et Schlœsing.

On trouvera de plus amples détails sur ces divers procédés dans le traité sur « La grande Industrie » de Lunge et Naville.

Elle sert aussi en teinture et en impression et dans l'extraction de la matière colorante de la cochenille et de l'orseille.

Elle est aussi employée dans le dégraissage. Un des principaux débouchés de l'ammoniaque est actuellement, la fabrication de la glace par les machines à froid, fondées sur son pouvoir réfrigérant.

Nous allons, en quelques mots, aborder ce sujet, qui est une des plus intéressantes applications des propriétés physiques de l'ammoniaque, que l'on connaisse actuellement. Depuis longtemps on pensait à utiliser le froid produit par la détente des gaz liquéfiés, et l'attention des chercheurs s'était d'abord fixée sur l'éther, comme dans les machines Harrisson ou Tellier. Cette dernière fonctionna à bord du navire « Le Frigorifique », qui était destiné à alimenter de viande fraîche venant de la Plata, ses ports d'escales et son port d'attache Rouen.

Ensuite M. Raoul Pictet, se servit de l'acide sulfureux liquide et en 1864 M. Carré, le premier, utilisa les propriétés de l'ammoniaque liquéfiée pour produire le froid artificiel.

L'ammoniaque liquide évaporée dans le vide donne un abaissement de température de — 87°.

1° *Appareil Carré*. — Dans une chaudière très résistante, se trouve une dissolution très concentrée de gaz ammoniac, la chaudière communique avec un vase également très résistant, qui entoure un récipient, dans lequel se trouve l'eau à congeler. On commence par placer la chaudière dans un fourneau, et le congélateur dans un baquet rempli d'eau froide. L'ammoniaque distille et se condense quand la pression est devenue assez forte, dans le congélateur. Quand le thermomètre marque 130° la liquéfaction du gaz est complète. On enlève la chaudière du feu, et on la place dans le baquet, où, par suite de son refroidissement rapide, l'ammoniaque liquéfiée s'évaporera rapidement, et viendra s'y redissoudre, en absorbant une grande quantité de chaleur pendant sa volatilisation ; et amenant par suite une congélation rapide de l'eau placée dans le congélateur. Quoique perfectionnés par MM. Mignon et Rouart, ces appareils sont peu employés dans l'industrie et ont fait place à une série de machines fondées sur la liquéfaction et la détente successives du gaz ammoniac, au moyen de pompes de compression.

Toutes ces machines à gaz ammoniac, ont plusieurs avantages sur les machines à froid fondées sur l'emploi de l'acide sulfureux liquide, de l'éther méthylique, etc.

1° L'ammoniaque anhydre ne s'altère pas par les divers changements d'états successifs qu'il subit, ni au contact des métaux employés. Cependant le cuivre ou tout alliage de cuivre ne doit pas être utilisé dans la construction des machines à ammoniaque.

2° Malgré les fortes tensions qui peuvent se produire dans certains pays chauds, il n'y a pas d'explosion à craindre, à cause de la faible quantité d'ammoniaque que les machines renfmerent.

Il existe actuellement, plusieurs systèmes de machines à glace fondées sur l'emploi de l'ammoniaque, ce sont les systèmes : Linde, Fixary et Lavergne, Letellier, Rouart, Kilbourn, etc. Chacune de ces machines possède quatre organes principaux, un compresseur, un condenseur, un détendeur, et un congélateur.

Nous étudierons ici la machine Fixary, qui est très employée en France actuellement, les machines Linde fonctionnant surtout en Allemagne et en Amérique.

Il y a deux systèmes de machines Fixary, le type vertical avec moteur indépendant et le type horizontal avec moteur à vapeur et compresseur a double effet.

Ce dernier est actuellement le plus employé (fig. 31).

Description de la machine. — Le cylindre à vapeur A actionne directement le compresseur à double effet B, lequel refoule le gaz ammoniac à travers une conduite (1), dans les serpentins du condenseur C ; où il se liquifie sous la pression du compresseur et sous l'action de l'eau en circulation qui, lorsqu'elle atteint 25°, donne une pression de 10 kilos par cm². Le gaz liquéfié est recueilli dans un récipient, et amené au robinet détendeur R d'où il passe à l'état gazeux dans les serpentins du congélateur E en produisant un froid intense. Du congélateur E, le gaz détendu revient, par une conduite d'aspiration (2), au compresseur, pour être de nouveau refoulé dans le condenseur C et reliquéfié, formant ainsi, un cycle d'opérations toujours semblables.

Pour éviter les fuites de gaz ammoniac du côté de la tige du piston, un joint congelé spécial est appliqué au stuffing-box. Ce joint est formé par une gaine d'huile lourde de pétrole, amenée sous pression, autour de la tige du piston à l'avant du compresseur et congelée par la détente d'une dérivation du gaz ammoniac. Sous l'action du froid intense, cette huile se transforme en une pâte lubrifiante serrée et compacte, qui forme autour de la tige un joint imperméable en assurant en même temps le refroidissement constant de la tige en mouvement et du compresseur. Un séparateur d'huile existe sur la conduite de refoulement du gaz allant au condenseur.

La cuve réfrigérante du congélateur est constituée par une dissolution de chlorure de calcium.

Ces appareils peuvent produire suivant les dimensions de 25 à 30 kilog. de glace et de 1.500 à 1.800 kg. dans les grands appareils, avec une force motrice variant de 2,5 à 55 chevaux-vapeur et une quantité d'eau de condensation de 0,500 à 39 mètres cubes à l'heure.

Les chiffres sont calculés pour de l'eau à 10°.

Les applications de la réfrigération tendent à se développer de plus en plus. Refroidissement de l'air des caves de fermentations, des entrepôts frigorifiques pour la conservation des viandes, poissons, vins ; de la congélation et du refroidissement du lait, salles de démoulage du chocolat.

Mais le principal obstacle à la production industrielle et économique de l'air froid est surtout dans la formation du givre, dû à la congélation de la vapeur d'eau contenue dans l'air. Elle forme une couche de neige sur les tuyaux et en diminue ainsi considérablement la conductibilité, en abaissant par suite la puissance réfrigérante.

Le *frigorifère Fixary* repose sur une application du principe des régénérateurs de chaleur et permet d'utiliser la formation du givre. Il n'emploie que des tuyaux de circulation d'air en bois ou en tôle et permet d'abaisser la température de 5 à — 15°C. (Fig. 31.)

L'appareil se compose de trois serpentins, fig. 31, enfermés dans les compartiments d'une caisse en bois, recouverte d'une enveloppe non conductrice. Deux serpentins J et J′ sont indiqués sur la figure ci-jointe dans les compartiments C et C′. Le gaz ammoniac liquéfié, dont la détente est destinée à produire le froid nécessaire pour refroidir l'air, est amené de la pompe à ammoniaque à un tuyau a, qui le fait communiquer à travers le détendeur d avec deux robinets détendeurs R et R′, disposés de façon à pouvoir faire passer l'ammoniac détendu alternativement dans l'un ou l'autre des serpentins.

Dans la phase représentée sur la figure, c'est le serpentin J′ qui est traversé par l'ammoniac réfrigérant, lequel retourne à l'aspiration de la pompe par les tuyaux C′ et A′. L'air aspiré dans la salle à refroidir, par un ventilateur qui le refoule dans l'échangeur en A, traverse le compartiment C du haut en bas autour du serpentin inactif J, puis le compartiment C′, sur lequel il est dévié par le jeu de vannes V V et revient dans la salle par A′ après s'être refroidi autour du serpentin actif J′.

Lorsque ce dernier est recouvert de givre, on renverse simultanément les positions des robinets

RR' et des vannes VV', de manière à faire passer
la circulation d'ammoniac seulement dans le serpentin J qui n'a pas de givre, en même temps que
l'on change le sens du courant d'air en le faisant
passer de A en C', puis du bas de C' en C, qu'il tra-

Fig. 34.

verse de haut en bas, pour revenir par A' dans la
chambre à refroidir.

Quand le second serpentin est recouvert de givre, on rétablit les choses dans la première position et ainsi de suite, de sorte que l'air à refroidir est d'abord amené sur le serpentin inactif, où il fond le givre, en se refroidissant partiellement et enfin sur le serpentin actif.

Derrière ces deux serpentins, en est un troisième, de plus grande surface, toujours actif, dans lequel la détente du gaz agit continuellement. L'air après avoir léché les surfaces des deux premiers, est complètement sec, et arrive sur la surface de ce troisième serpentin, ou il prend une température très basse sans formation sensible de givre.

L'eau distillée qui provient de la fusion du givre est évacuée par un purgeur p.

La puissance réfrigérante de l'ammoniaque en vue des diverses applications du froid se développe de plus en plus...

A New-York et à Brooklyn, la Compagnie du Froid économique s'est fondée dans le but d'amener l'ammoniaque dans les diverses maisons, à l'aide d'une tuyauterie posée sous la voie publique (*Daily Tribune*, New-York, 1891).

Depuis déjà trois ans, à Saint-Louis et à Denver, il existe une station centrale distribuant le froid. Le système employé se compose de trois grands réservoirs, l'un contenant l'ammoniaque liquide anhydre, et qui est relié par une extrémité à la tuyauterie de distribution et par l'autre à un alambic qui lui fournit la charge d'ammoniaque.

L'ammoniaque liquide est distribuée à l'aide

d'une canalisation spéciale, chez les divers abonnés et au moyen d'une valve réglée par un thermostat, elle se détend dans un serpentin de réfrigération et de là retourne à la station centrale par une deuxième canalisation. Une troisième ligne de tuyauterie, dans laquelle un vide constant est maintenu, permet à la Compagnie d'isoler du circuit, une partie quelconque de la canalisation, par un simple jeu de valves et sans perte aucune d'ammoniaque, dans le cas de réparations à faire.

L'ammoniaque liquéfiée a aussi été utilisée pour le fonçage des puits. Ce système imaginé par Pœtsch et perfectionné par Gobert, consiste à introduire sur tout le pourtour du puits à creuser dans un terrain aquifère ou dans des sables mouvants, des tubes en fer verticaux dans lesquels se détend l'ammoniaque liquéfiée fournie par une pompe de compression installée sur le sol.

Le froid produit par la détente, suffit pour congeler et raffermir considérablement le terrain, autour des tubes.

L'ammoniaque est aussi employée dans la fabrication des perles fausse pour dissoudre les écailles d'ablettes et constituer ainsi la dissolution appelée essence d'Orient.

MM. Redanann et Tillford, aux États-Unis ont aussi utilisé l'ammoniaque, mélangée à la glycérine pour la transformation de l'acier doux en acier dur et ils donnent à l'acier Bessemer de qualité inférieure toutes les propriétés du meilleur acier fondu.

Ils affirment que des plaques d'acier soumises à

ce traitement, peuvent conserver d'un côté, les propriétés de l'acier doux et acquérir de l'autre, une
dureté égale à celle du verre. Cette trempe est due
probablement à la cémentation du fer.

L'ammoniaque, est utilisée pour la fabrication
de l'ammoniure de cuivre, de l'eau céleste, etc.

Waston Smith, recommande l'emploi des eaux
ammoniacales pour l'extinction des incendies.

Vogel, conseille l'ammoniaque pour confire les
fruits acides (prunes, groseilles, cerises, fram-
boises).

Emplois en médecine. — L'ammoniaque est
usitée à l'intérieur comme stimulant, antispasmo-
dique et diaphorétique.

A l'extérieur, elle est caustique. Elle entre dans
un grand nombre de préparations pharmaceuti-
ques, dont voici les principales :

L'ammoniaque diluée, est l'ammoniaque liquide
du commerce $(D = 0,92)$ étendue de 2 fois son poids
d'eau.

L'alcoolé d'ammoniaque, est l'ammoniaque ordinaire diluée de 2 fois son poids d'alcool à 90 0/0.

L'esprit ammoniacal anisé ou liqueur ammoniacale anisée, est composé de 96 gr. d'alcool à
90 0/0, 24 grammes d'ammoniaque et 3 grammes
d'essence d'anis.

L'essence de Ward ou embrocation ammoniacale contre la migraine contient :

       300 grammes d'alcool à 90 0/0
       150   —   d'ammoniaque
        60   —   de camphre
        10 gouttes d'essence de lavande.

L'eau sédative ou lotion ammoniacale renferme :

    60 grammes d'ammoniaque liquide
    10   —   d'alcool camphré
    60   —   de sel marin
    1000   —   d'eau distillée.

Le liquide vésicant est formé de 200 grammes d'huile camphrée et de 100 grammes d'ammoniaque concentrée.

L'eau de Luce employée contre les morsures de vipères est composée de :

    70 grammes d'ammoniaque liquide
    50   —   d'alcool à 36 0/0.
    10   —   d'huile de succin
    0,05   —   de baume de la Mecque
    0,05   —   de savon.

On emploie l'ammoniaque caustique pour cautériser les plaies envenimées, produites par les piqûres ou morsures des araignées, mouches, guêpes, abeilles, scorpions, vipères, serpents.

Melsens, conseille les inhalations ammoniacales contre l'asthme.

Ducros, cautérise le pharynx avec une solution d'ammoniaque.

Pour combattre l'ivresse, on fait absorber au malade 15 à 20 gouttes d'ammoniaque, dans un verre d'eau.

Les inhalations d'ammoniaque sont recommandées dans le coryza et l'anémie.

Pour combattre l'atrophie des poils on fait des lotions avec un mélange de :

100 grammes d'alcool
25 — d'essence de térébenthine
5 — d'Ammoniaque.

Meyer combat l'inflence nuisible des vapeurs de mercure dans les ateliers d'étamage des glaces, par les vapeurs d'ammoniaque.

Emploi comme force motrice. — Depuis déjà bien longtemps, un grand nombre d'inventeurs ont cherché à remplacer l'eau des machines à vapeur par un liquide d'une utilisation plus parfaite et par conséquent plus économique.

Comme nous l'avons vu, le gaz ammoniac anhydre se liquéfie à — 37°, à la pression ordinaire, et à — 21° sous une pression de 10 à 12 atmosphères.

Si on cesse d'exercer la pression, le gaz liquéfié se détend entièrement.

C'est la remarquable affinité de l'ammoniaque pour l'eau, qui a rendu possible son emploi pour la production de la force motrice.

En 1864 M. Flandrin a eu l'idée d'employer le gaz ammoniac, comme force motrice, en se basant sur sa solubilité énorme dans l'eau et sur son extraction de sa solution au moyen du vide.

Ch. Tellier se sert de l'ammoniaque, en vue d'utiliser la chaleur atmosphérique et la chaleur de la vapeur qui s'échappe des machines à vapeur.

Le moteur à gaz ammoniac permet l'utilisation de la chaleur atmosphérique pour l'élévation de l'eau.

Depuis quelque temps, c'est l'*héliomoteur* que l'on emploie dans les pays chauds.

La force, est donnée par la pression du gaz ammoniac, qui se dégage de sa solution, sous l'action de l'élévation de température, produite par l'exposition à la chaleur solaire du liquide renfermé entre deux plaques de tôle, distantes de 0 m. 01 et placées sur le toit de l'exploitation ou de l'usine. le gaz atteint facilement 2 ou 3 atmosphères de pression et agit, comme dans une machine ordinaire à basse pression, sur les deux faces d'un piston.

Le gaz, au lieu de se perdre, est absorbé par de l'eau froide et cette solution froide est de nouveau renvoyée au générateur. Le mouvement du piston, est employé à faire mouvoir une pompe ordinaire aspirante, mais on peut l'utiliser d'une façon quelconque.

D'après les expériences faites, un générateur de 20 m² de superficie, peut élever 3000 litres d'eau, dans une heure à 20 m. de hauteur.

En produisant la chaleur nécessaire à la vaporisation du gaz ammoniac de sa solution, au moyen du charbon, comme on le fait dans les machines à vapeur, M. Tellier prétend dans une communication faite à l'Académie des sciences, produire une force de 1 cheval-heure avec 200 grammes de combustible au lieu de 800 à 1000 grammes généralement consommés dans les moteurs actuels.

En utilisant la chaleur perdue par la vapeur, après son utilisation dans le cylindre à vapeur ; dans un moteur à gaz ammoniac, on peut produire gratuitement, dans ce dernier, une seconde force égale à la première.

Une application de ce principe, fonctionne à Auteuil, dans l'usine de M. Charles Tellier.

Une des anciennes machines fondées sur les propriétés de l'ammoniaque est celle du docteur Lamm.

M. Théophile Foucault, utilise également le gaz ammoniac comme force motrice, mais au lieu d'employer un cylindre à vapeur ordinaire, à piston et à tiroirs, il se sert d'un piston liquide, formé d'huile minérale.

M. Mac-Mahon, à Chicago, a fait des expériences sur la traction mécanique des tramways par une locomotive à ammoniaque.

L'ammoniaque liquéfiée, est enfermée dans un réservoir mobile. Elle s'écoule peu à peu dans une chaudière tubulaire à double paroi, dans laquelle on fait circuler de l'eau ammoniacale tiède (27°) ainsi que dans les tubes. La vaporisation de l'ammoniaque donne une pression de 10 kgs, par centimètre carré, qui est utilisée sur le piston de la machine.

Le cylindre de ce piston est entouré d'une double enveloppe, en communication avec un réservoir plein d'eau. C'est dans cet espace que se fait l'échappement.

La solution ammoniacale chaude, passe dans la chaudière tubulaire à ammoniaque liquéfiée, où elle cède son calorique. C'est une nouvelle application du principe du docteur Lamm.

Lorsque la provision d'ammoniaque anhydre est épuisée, on la change à une station et on remplace la solution ammoniacale par de l'eau pure.

La solution ammoniacale est traitée pour en extraire l'ammoniaque sous forme de gaz liquéfié.

Une voiture pesant 5 tonnes, marchant à raison de 20 km. à l'heure, dépense 14,1 litres d'ammoniaque liquide par km. parcouru. Il faut d'autre part 1 kg. de charbon, pour produire 8,5 litres d'ammoniaque liquide avec l'eau ammoniacale.

On dépense donc 1,696 kg. de charbon par kilomètre parcouru, soit 338 gr. par tonne kilométrique.

M. T. W. Morgan, Draper vient récemment d'inventer un nouveau moteur à ammoniaque anhydre et d'en faire une application aux locomotives. Nous en empruntons la description à l'*Iron age*.

M. Draper, s'est d'abord attaché à produire du gaz ammoniac parfaitement exempt de vapeur d'eau, de sorte que le liquide provenant de sa condensation, soit parfaitement anhydre.

L'appareil producteur d'ammoniaque se compose d'une chaudière, d'un déshydrateur et d'un serpentin. Toutes les parties doivent pouvoir supporter une pression de 14 kilogr. par centimètre carré.

La chaudière est semblable, comme construction à un générateur multitubulaire, les tubes sont inclinés de manière que l'extrémité voisine de la cheminée soit un peu plus basse que l'autre. Les produits de la combustion passent au-dessous de l'alambic, puis à travers les tubes et enfin à la cheminée.

Il n'est pas nécessaire d'élever la température au-dessus de 50°. L'ammoniaque ordinaire du com-

merce tombe sur une plaque qui la fait se répandre
en pluie sur les tubes. L'alambic, est constitué par
une caisse horizontale en tôle, divisée en un certain
nombre de compartiments, par une série de cloisons
en tôle mince, toutes celles de rang impair s'arrêtant
un peu au-dessus du four, celles de rang pair allant
jusqu'au fond... La disposition est semblable, à peu
près, à celle de l'appareil Solvay pour le traitement
des eaux ammoniacales.

Le gaz s'échappant de la chaudière, se rend dans
la deuxième section de l'appareil, le *déshydrateur*
constitué par un long cylindre, dans la partie inférieur duquel, règne une série de tubes réunissant
deux récipients remplis d'eau.

Le fond est garni d'une cornière perforée, le gaz
qui remonte, est réparti sur toute la surface des
tubes, qui sont constamment traversés par un courant d'eau froide.

Immédiatement au-dessous des tubes est un panier en toile métallique, contenant de la limaille
de fer sur une épaisseur de 0 m.05 environ.

Le gaz traverse cet appareil et s'écoule dans le
serpentin, où il est refroidi par une pluie d'eau. La
liquéfaction se produit sous l'action de ce refroidissement et de la pression de 10 à 11 kilogr. que
donne l'alambic. Il y a dix rangées de tubes héliçoï-
daux où se fait la condensation, chacune, a un développement d'une trentaine de mètres.

L'auteur de cette invention, a pu en faire une
intéressante applicationd à une locomotive destinée à entrer dans la remise ou à en sortir, les voitures d'un chemin de fer funiculaire.

Les conditions imposées par la disposition des
lieux, exigeaient que le poids du moteur ne dépas-
sât pas 3 tonnes, ni sa longueur 3 m. 05. Il fallait
que la force de traction, fut de 453 kilog. et qu'une
vitesse de 9600 m. fût atteinte en 6 secondes. La manœuvre doit durer un temps raisonnable, sans
qu'il soit nécessaire de recharger la machine.

Le réservoir à ammoniaque liquide, est d'une capacité suffisante pour un trajet de 20 kilomètres.
Il est à moitié rempli de liquide, la partie supérieure
contenant du gaz. Au dessous, est suspendu l'appareil ou se produit l'évaporation, celui-ci et le réservoir à ammoniaque liquide, sont enfermés dans un
plus grand réservoir, rempli jusqu'à un certain niveau, d'eau pure ou d'eau contenant 5 0/0 d'ammoniaque qui s'écoule de la chaudière de l'appareil
de production. Le réservoir extérieur, qui n'a pas
de fortes pressions à supporter, est en trois pièces,
pour faciliter la visite de la chaudière et du réservoir à ammoniaque anhydre.

Le moteur est comme les types courants de machine à vapeur.

Le frein, est actionné par le même fluide que le
moteur.

Un robinet à trois voies, permet d'envoyer le gaz
ammoniac dans un cylindre de 0,070, ou il agit sur
un piston qui commande les sabots du frein.

Voici comment se manœuvre la locomotive :

Le réservoir intérieur reçoit sa charge d'ammoniaque liquide, et le réservoir extérieur est rempli
d'une solution à 5 ou 7 0/0 à une température voisine de 27°. Le moteur est ainsi prêt à marcher :

Le liquide absorbant et l'ammoniaque anhydre sont dans la proportion de 5 à 1.

Lorsque la charge d'ammoniaque est épuisée, l'eau du réservoir extérieur est devenue une solution ammoniacale du même titre que celle du commerce on en retire à nouveau le gaz ammoniac, et ainsi indéfiniment avec une perte annuelle de 10 0/0.

Le cycle parcouru est le suivant : l'ammoniaque du commerce donne du gaz anhydre, qui par refroidissement et compression se liquéfie et qui de nouveau, donne du gaz, qui agit sur le piston d'un moteur et va se dissoudre dans l'eau où il régénère l'ammoniaque de commerce. L'inventeur estime que son moteur ne dépense pas plus de 25 0/0 de ce que coûterait une machine à vapeur de même force.

Donc, dans la locomotive, l'ammoniaque liquide coule dans les tubes, ou elle se vaporise sous l'action de l'eau à 27° et donne du gaz à la pression de 10 kilogs. Aux deux extrémité des tubes, le gaz trouve des passages multiples pour se rendre à la partie supérieure du réservoir intérieur.

C'est de là, qu'il est distribué au moteur et au besoin, au frein.

L'échappement se fait dans le réservoir extérieur, où la température, tant qu'on est en marche, reste égale ou supérieure à 27°. Si un arrêt prolongé la fait s'abaisser, il suffit, pour la relever, d'envoyer dans l'eau un petit jet d'ammoniaque prise au réservoir.

Les cylindres ont une enveloppe d'eau, qui sert à la fois, à y maintenir une température égale pendant la détente et à absorber tous les gaz qui pourraient fuir.

Chlorhydrate d'ammoniaque.

Le chlorhydrate d'ammoniaque ou sel ammoniac, est employé dans l'étamage des métaux, le zincage du cuivre.

Pour la soudure du fer, les ferblantiers emploient le sel ammoniac gris.

Il est utilisé en assez grande quantité dans la galvanisation du fer, opération qui consiste à recouvrir le fer d'une couche de zinc.

Actuellement, pour le décapage du fer, avant de le plonger dans le bain de zinc, on emploie le chlorure double de zinc et d'ammoniaque qui détermine un décapage immédiat et permet de galvaniser la fonte.

Un de ses emplois les plus importants est celui qu'il remplit comme sel excitateur de certaines piles, telles que les piles Leclanché, Bancelin, Bassée et Michel, Gélardin, etc...

Il est aussi employé, dans l'impression des tissus et dans la fabrication des liqueurs. Il sert aussi en médecine. Le docteur Marotte, a préconisé son emploi à l'état de sel pur dans le traitement de la grippe et de l'influenza. Il est employé contre l'hydropisie et les maladies scrofuleuses ; on s'en sert en lotions, en gargarismes, en collyres.

Carbonate d'ammoniaque.

Le sesquicarbonate d'ammoniaque, est employé
en pâtisserie et en boulangerie pour faciliter le travail de la cuisson : par sa décomposition par la chaleur, il donne de l'acide carbonique et de l'ammoniaque, qui, par leur dégagement donnent une pâte
plus légère et plus saine, tout en ne laissant aucun
résidu.

Il est employé en théreupatique, comme vomitif
et comme irritant (sel volatil anglais). C'est un diaphorétique énergique.

Sulfate d'ammoniaque.

Le sulfate d'ammoniaque est un des sels ammoniacaux les plus employés.

Il sert en grande quantité pour préparer ses con-
génères, le chlorhydrate d'ammoniaque, le carbonate d'ammoniaque, le nitrate d'ammoniaque, l'ammoniaque caustique, etc.

Il sert aussi pour la préparation de l'alun ammoniacal.

Mais son débouché le plus important, est son
utilisation comme engrais, qui date déjà d'un certain nombre d'années.

Malheureusement, le sulfate d'ammoniaque a
un terrible concurrent dans le nitrate de soude, qui
est un engrais azoté fort riche, le nitrate de soude
pur contenant 16,47 0/0 d'azote et le sulfate d'ammoniaque en contenant 21.21 0/0.

L'exportation du nitrate de soude, malgré le droit d'exportation de 6 fr. 24 par 100 kilogs dont il a été frappé par le Chili, n'a fait que croître depuis le commencement de son exploitation en 1836. Ce chiffre était à cette époque de 16.500 tonnes et en 1889 il est monté au chiffre formidable de 932.000 tonnes.

M. Legrand estime que la Belgique, l'Allemagne la France et l'Angleterre ne consomment encore respectivement que le 1/6, le 1/36, le 1/54 et le 1/66 de la quantité qu'elles pourraient employer avec profit.

Si les progrès de l'agriculture, amenaient dans ces divers pays une telle consommation,qui dépasserait 30.000.000 de tonnes par an ; les autres pays deviendraient également consommateurs et le total des besoins atteindrait un chiffre colossal.

D'après M. Legrand, la puissance des gisements de nitrate de soude,situés dans les déserts de Tarapaca et d'Atacama, peut être évaluée à 250.000.000 de tonnes,ce qui, en admettant une exploitation de 6.000.000 de tonnes par an, demanderait 40 années pour s'épuiser. La raréfaction du nitrate,n'est donc pas près de relever le prix du sulfate d'ammoniaque comme engrais.

L'union des gaziers allemands, essaie en ce moment d'étendre, par des démonstrations scientifiques, l'application du sulfate d'ammoniaque à l'agriculture.

M. Wagner, dans ces dernières années,avec l'aide ses divers auxiliaires,a fait des milliers d'expériences comparatives entre le nitrate de soude et les sels ammoniacaux.

D'après Maercker, l'action du sulfate d'ammoniaque est irrégulière, et, à certains moments, donne des résultats trop faibles, comme, par exemple, pour la pomme de terre ou la betterave. De nombreuses théories furent émises, pour rendre compte des effets variables du sulfate d'ammoniaque et toujours on revenait au nitrate de soude, qui agissait d'une manière plus sûre, surtout lorsqu'il était employé comme couverture, dans les mois d'avril, mai ou juin.

MM. Wagner et Maercker, ont cherché à élucider cette question et voici les conclusions auxquelles ils sont arrivés :

I. L'action du sulfate d'ammoniaque est augmentée par l'addition simultanée de *chaux* dans le cas de l'orge, de l'avoine et des betteraves. Celle du salpêtre du Chili, dans les mêmes conditions, n'augmente pas dans une aussi forte proportion.

La chaux amène la transformation de l'ammoniaque en *acide nitrique*.

Les proportions d'ammoniaque transformée sont les suivantes :

$$
\begin{array}{llll}
61 \ 0/0 & \text{après} & 24 & \text{jours} \\
80 \ 0/0 & — & 36 & — \\
83 \ 0/0 & — & 48 & — \\
85 \ 0/0 & — & 60 & —
\end{array}
$$

II. L'ammoniaque, convient moins pour l'orge, les pommes de terre et les betteraves, que le nitrate de soude.

Wagner confirme cette opinion pour certains terrains, et principalement avec l'orge. Si le sulfate d'ammoniaque est employé avec de la soude (sel gemme ou kaïnite), l'effet de l'ammoniaque est grandement accru et devient supérieur à celui du salpêtre du Chili.

La pluie, dans un sol perméable, s'empare du nitrate de soude et l'entraîne au fond, mais n'entraîne pas le sulfate d'ammoniaque qui s'attache à la terre.

Donc, la condition nécessaire pour l'emploi le plus favorable du sulfate d'ammoniaque, est la présence de la chaux ou de la chaux et de la soude, ou de la potasse ; d'après cela, la chaux, le sel gemme et l'ammoniaque donneront les meilleurs résultats.

Azotate d'ammoniaque.

L'azotate d'ammoniaque, est utilisé comme producteur de froid dans les glacières de famille, mais son principal emploi, est surtout dans la fabrication des explosifs, soit pour la fabrication du picrate ou du picro-crésylate d'ammoniaque, soit lui-même, comme corps détonant.

Les glacières, sont fondées sur l'emploi de mélanges réfrigérants, qui agissent en vertu de la loi qui régit le changement d'état des corps.

Les principaux mélanges réfrigérants à base de nitrate d'ammoniaque, sont les suivants :

Nitrate d'ammonia-
que pulvérisé. . . 5 parties } abaissement de
Eau. 5   » } température = 26°

Nitrate d'ammonia-
pulvérisé 5   »
Carbonate de soude
pulvérisé 5   »   } abaissement de
Eau 5   »   température $= 29°$
Neige 12   »
Sel marin 5   »   } abaissement de
Nitrate d'ammonia-   température $= 31°$
que 5   »

Le mélange de nitrate d'ammoniaque et d'eau à l'avantage sur les autres, qu'il peut servir indéfiniment. Le nitrate étant récupéré par simple évaporation.

Les glacières les plus communes, sont les glacières Toselli, Goubaud et la glacière à bascule de Penant.

Le nitrate d'ammoniaque vient d'être employé récemment, dans un procédé de fabrication électrolytique de la céruse. M. Manent, 230, 140, 1892.

Le nitrate d'ammoniaque, employé dans la fabrication des explosifs a un grand inconvénient, c'est son hygroscopicité.

Les mélanges détonants à base de nitrate d'ammoniaque, contiennent comme corps combustible, du charbon de bois ou de la houille, de la cellulose, des hydrocarbures, de la cellulose nitrée, etc. Sous l'action explosive d'une petite quantité de nitroglycérine, de fulmicoton ou d'un corps analogue, ils déflagrent violemment.

M. Barbe a proposé de remédier à l'acidité que possède le nitrate d'ammoniaque, en employant dans le mélange, une petite quantité de carbonate d'ammoniaque; et il garantit le nitrate de l'humidité, en l'enrobant d'une mince couche de paraffine ou de naphtaline.

M. Pennimann, emploie pour protéger le nitrate d'ammoniaque de l'humidité, le pétrole ou les huiles lourdes de pétrole ou la vaseline. Il mélange simplement le nitrate d'ammoniaque granulé avec ces différents corps, sans le faire fondre. On a dans ce but employé déjà bien des corps, la cire, la paraffine, l'ozokérite, le palmitate de cétyle, la poix durcie, etc.

Parmi les explosifs à base d'ammoniaque, nous pourrons citer la *Roburite*, dont la composition est la suivante :

         Chloronitrobenzine....... 21,8 parties
         Nitrate d'ammoniaque... 78,2 parties.

L'*Ammonite* formée par un mélange de nitro-naphtaline et de nitrate d'ammoniaque. Elle résiste au choc et au froid, et s'enflamme par l'explosion d'une capsule au fulminate de mercure.

La *dynamite à l'ammoniaque* ou *Ammoniaque krut*, découverte par Ohlsson est composée de :

         Nitroglycérine........... 10 à 20 parties
         Nitrate d'ammoniaque..   80   »
         Charbon...............   6   »

La *Nitrolite*, découverte par Carl Lamm, a pour composition le mélange suivant :

Nitroglycérine géla-   (Nitroglycérine. 99 à 94 p.
      tinisée   (Nitrocellulose.. 1 à 6 p.
Mélange sec, 50 à 150 p.

Ce mélange sec, se compose de nitrate d'ammoniaque, de soude, de potasse, de charbon léger. Cette poudre sent les amandes amères, et est très hygroscopique.

Les lecteurs, qui voudraient avoir plus de renseignements sur ce sujet, pourront consulter l'ouvrage de M. Chalon sur les explosifs modernes, et celui de M. A. Marquet sur les explosifs à base de nitrate d'ammoniaque.

Le nitrate d'ammoniaque est préconisé par M. Bontemps (Bul. Soc. Ind. de Mulhouse) dans l'impression des tissus, comme réserve de la soude, de l'aluminate, du stannate et du chromite de soude.

Picrate d'ammoniaque.

Est employé en forte quantité dans la fabrication de certains explosifs et en pyrotechnie.

Le picrate d'ammoniaque a été employé comme constituant de la poudre de Brugère.

  Picrate d'ammoniaque. 54 parties
  Salpêtre................ 46 »

La force d'explosion de cette poudre est le double de celle de la poudre ordinaire. Abel l'a proposé pour le chargement des obus.

En pyrotechnie, il sert à faire certains feux colorés :

  Feu jaune. Picrate d'ammoniaque.. 5 p.
      Picrate ferreux.......... 5 p.
  Feu vert. Picrate d'ammoniaque. 48 p.
      Azotate de baryte...... 52 p.
  Feu rouge. Picrate d'ammoniaque. 54 p.
      Azotate de strontiane.. 46 p.

Les mélanges au picrate d'ammoniaque ne répandent pas de mauvaise odeur, et leur éclat est très vif.

On a aussi employé dernièrement, dans la fabrication des explosifs, le picro-crésylate d'ammoniaque, produit semblable au picrate d'ammoniaque, mais provenant du crésol.

Certaines poudres, nommées Welterine, ont été fabriquées ainsi. Elles sont constituées par un mélange de picrocrésylate d'ammoniaque et d'un nitrate soit de baryum, soit de sodium ou d'ammonium. Voici les formules de deux de ces poudres.

Welterine. — N° 2.

 Piecrocrésylate d'ammoniaque.. 40 0/0
 Nitrate de soude............... 60 0/0

Grisoutine. — Welterine A.

 Picrocrésylate d'ammoniaque... 20 0/0
 Nitrate d'ammoniaque.. .... 80 0/0

Sulfocyanure d'ammonium.

Le sulfocyanure d'ammonium, est employé en photographie, mais un de ses emplois principaux est dans l'industrie de la teinture, où il est utilisé dans la fabrication des mordants d'alumine.

On traite le sulfocyanure d'ammonium par l'hydrate d'alumine récemment précipité, et on obtient soit $Al^2 (CAzS) (OH)^4$, soit $Al^3 (CAzS)^3 (OH)^{12}$.

Le sulfocyanure d'ammonium, est vendu pour cet usage, en dissolution, marquant de 18 à 20° Baumé.

Il permet de fixer plus facilement l'alumine sur les tissus de coton, et remplace avantageusement l'acétate d'alumine, surtout pour les rouges de Rouen.

Le vanadate d'ammonium est employé dans la teinture et l'impression du noir d'aniline, pour la fabrication de certaines encres vanadiques. Berzélius avait donné la recette suivante. Employer une décoction de noix de galle et un peu de vanadate d'ammoniaque; mais elle est défectueuse, il se forme des caillots.

Il suffit, de remplacer la noix de galle, par du tannin pur, 10 grammes, dans 100 cm³ d'eau et 0 gr. 4 de vanadate d'ammoniaque dans 108 cm³. d'eau: on mélange, et on obtient une belle encre noire, bien fluide, séchant vite, résistant aux lavages à l'eau pure et même à l'action des acides étendus.

L'albuminate d'ammoniaque est employé dans le collage du papier (1).

Le sélénite d'ammoniaque, est utilisé comme réactif des alcaloïdes (2).

Le bichromate d'ammoniaque, est employé en teinture, et en impression comme rongeant sur le rouge turc, pour l'oxydation du cachou et du bleu de prusse, pour produire du blanc sur fond bleu d'indigo.

Gay-Lussac a proposé l'emploi du phosphate d'ammoniaque pour rendre les tissus incombustibles. Le borate d'ammoniaque est employé aussi à cet usage.

(1) *Monit. Quesneville*, 1891 n° 600.
(2) *Monit. Quesneville*, 1891 n° 595.

CHAPITRE IX

Considérations économiques.

Production du sulfate d'ammoniaque — Consommation des
produits ammoniacaux. — Prix de vente des produits
ammoniacaux.

La production ammoniacale des grands pays
manufacturiers, s'accroît de jour en jour, grâce
aux industries métallurgiques (fabrication du coke, hauts fourneaux, etc.), dont les conditions actuelles d'exploitation, sont susceptibles de produire
de grande quantités d'ammoniaque qui, jusqu'ici,
avaient été totalement rejetées. Cette augmentation a été assez faible en France, quoique les fours
à sous-produits y aient été conçus, comme nous
l'avons vu, par Knab, ainsi qu'en Angleterre qui
n'en compte actuellement que 413 de différents systèmes, tandis qu'en Allemagne il y en a déjà plus
de 1250 en marche.

Voici d'après l'*Alcali-Act*, les rendements officiels
comparatifs, de la production du sulfate d'ammoniaque en Angleterre, en 1886 et en 1892.

En 1886, les quantités produites ont été de :

82.480   tonnes provenant des usines à gaz,

3.950   tonnes provenant des usines métallurgiques (hauts fourneaux),

18.080   tonnes provenant de la distillation
des schistes.

2.400   tonnes provenant des fours à coke,

Soit un total de 106.410 tonnes pour l'ensemble de ces diverses industries.

En 1892 nous constatons dans chacune d'entre elles une forte augmentation due au développement de la récupération de l'ammoniaque.

112.000   tonnes provenant des usines à gaz,

12.000   tonnes provenant des usines métallurgiques (hauts fourneaux),

28.000   tonnes provenant de la distillation
des schistes;

5.000   tonnes provenant des four à coke,

Total 157.000 tonnes,

Soit une augmentation d'un tiers en l'espace de six années.

Cherchons maintenant, quelle pourrait être la production totale, en sulfate d'ammoniaque, des trois pays précités, en supposant que tous les fours actuellement en feu, marchent avec condensation.

En France, d'après M. Jordan, on carbonise environ 2.000.000 tonnes de houille.

En Allemagne, il y avait en 1891, 15.700 fours en travail, carbonisant environ 10.000.000 de tonnes, et en Angleterre on peut compter qu'annuellement on transforme 20.000.000 de tonnes : ce qui nous donne au total 32.000.000 de tonnes de houille carbonisée.

En admettant un rendement de 9 kilogr. de sulfate d'ammoniaque par tonne on arrive au formidable chiffre de production annuelle de 288.000 tonnes de sulfate d'ammoniaque.

En considérant maintenant que la Russie, l'Autriche, la Suède, les États-Unis, la Belgique peuvent devenir d'importants producteurs, on se rend compte de l'énorme quantité d'ammoniaque, qui peut être versée sur le marché ; et cela, sans faire entrer en ligne, celle provenant du traitement des eaux-vannes, de la distillation des os, de la transformation du nitrate de soude, etc...

Consommation. — Voyons maintenant, quels sont les débouchés qu'offre l'industrie à cette imposante production.

Les principaux sont : la fabrication de la soude artificielle qui emploie les eaux concentrées en assez grande quantité, mais qu'on ne peut cependant compter comme consommateur de premier ordre.

En effet, d'après la statistique officielle, on a fabriqué en France en 1891, 195.683 tonnes de carbonate de soude dont 116.323 par le procédé à l'ammoniaque. En admettant que la quantité d'ammoniaque nécessaire à la fabrication d'une tonne de sel de soude soit de 8 kilog. en moyenne, cette industrie a donc dû consommer en 1891 environ, 930.000 kilogs d'ammoniaque.

Ce chiffre est très peu important, comparé à celui de la consommation du sulfate d'ammoniaque, qui, malgré de nombreux déboires à réussi à prendre une place importante parmi les engrais actuellement utilisés et malgré la vive concurrence que lui fait le nitrate de soude.

C'est en 1882, que ce dernier fit son apparition sur le marché des engrais et depuis cette époque, malgré le droit d'exportation élevé dont l'a frappé le Chili (6 fr. 24 par 100 kgs), l'accroissement rapide de sa consommation ne s'est pas arrêté, de 430.000 tonnes exportées en 1885, il a monté à 932.000 tonnes en 1889 et son cours n'a cessé d'aller en diminuant ; de 38 francs les 100 kgs en 1880 à 19 fr. 60 en 1889. Il est actuellement légèrement remonté.

D'après M. Legrand, la puissance des gisements de Tarapaca et d'Atacama, peut être évaluée à 250.000.000 de tonnes, il faudrait donc 40 années d'une exploitation de 6.000.000 de tonnes pour les épuiser.

Ce ne sera donc pas la raréfaction du nitrate de soude qui en relèvera le prix et tant que le nitrate sera bon marché, le sulfate d'ammoniaque le sera aussi ; telle est la conclusion de M. P. Mallet dans son discours du 13 juin 1893.

Cependant, d'après MM. Bradbury et Hirsch, les fluctuations du marché du sulfate d'ammoniaque en 1893, n'atteignant pas les mêmes proportions pour le nitrate de soude, ils en déduisent que ce n'est pas le cours du nitrate qui régit celui du sulfate et qu'il n'y a pas de corrélation entre les prix des deux engrais.

L'ammoniaque commence à trouver une source d'application assez grande, sous forme d'ammoniaque liquide pour les machines à froid. Nous avons vu qu'aux États-Unis, certaines compagnies se sont déjà fondées en vue de distribuer le froid chez les particuliers. Le nombre des machines en action, augmentera donc rapidement, car tous les jours, il se crée de nouveaux emplois du froid artificiel. Quoique cependant la consommation en ammoniaque pour chaque machine soit assez faible.

L'industrie des explosifs, emploie maintenant le nitrate d'ammoniaque en assez grande quantité, plusieurs inventeurs étant arrivés à lui enlever l'inconvénient qu'il avait dans son usage, à cause de son hygroscopicité.

Le chlorhydrate d'ammoniaque a trouvé un emploi assez large, depuis l'invention des piles Leclanché, utilisées en très grand nombre dans la téléphonie et dans la télégraphie, mais là encore, les quantités mises en jeu ne peuvent être que modestes.

Nous voyons donc, par ce léger aperçu, que malgré les inventions et les transformations auxquelles donnent lieu constamment les industries chimiques, on peut assurer sans exagération, qu'aucune d'entre elles, ne pourra jamais absorber toute l'ammoniaque susceptible d'être produite.

Prix de vente des principaux produits ammoniacaux.

Voici les cours moyens actuels des principaux produits ammoniacaux :

Sulfate d'ammoniaque..... 25 à 34 francs les 100 kilos.
Carbonate d'ammoniaque.. 92 à 90 —
Chlorhydrate d'ammoniaque.................... 67 à 68 —

Phosphate d'ammoniaque.. 195   à 200   —
Sulfocyanure d'ammonium.   250   —
Ammoniaque à 22° Blanche.   35   à   40   —
Ammoniaque à 29°..........   32 50 à   55   —

Le sulfate d'ammoniaque qui est le sel ammoniacal commercial par excellence, doit à sa teneur en azote très assimilable, sa grande valeur.

Les cours varient d'une année à l'autre et même dans une année, suivant les saisons, ils subissent d'assez grandes fluctuations, qui tiennent, soit à l'accaparement fait par quelques négociants, soit surtout, à la loi de l'offre et de la demande.

En 1882 ses variations ont été de 54 à 59 fr. 50
En 1883 ses variations ont été de 50 à 42   00
En 1884 ses variations ont été de 40 à 35   00
En 1885 ses variations ont été de 34 à 26   50
En 1886 ses variations ont été de 34 à 28   50

Ces prix sont variables avec les centres de production. Tous les cours précédents se rapportent au sulfate d'ammoniaque, livré en gare Paris, sac perdu.

CHAPITRE X

LISTE DES PRINCIPAUX BREVETS
CONCERNANT L'AMMONIAQUE et les SELS AMMONIACAUX
PRIS DEPUIS 1879

I. — Fabrication de l'ammoniaque par l'azote de l'air.

130 162. Muller et Geisemberger. 1879. Fabrication de l'ammoniaque et appareil.

130 252. Muller et Geisemberger. 1879. Fabrication de l'ammoniaque et appareil.

136 321. Basset. 1880. Fabrication de l'ammoniaque et appareil.

141 344. Dupré. 1880. Fabrication de l'ammoniaque appareil.

141 749. Société l'Azote. 1881. Fabrication de l'ammoniaque et appareil.

142 936. Fossier. 1881. Fabrication de l'ammoniaque et appareil.

159 275. Wellstein. 1883. Appareil pour extraire l'ammoniaque des mélanges gazeux.

177 170. Fehlen. 1885. Production de l'ammoniaque pure par l'azote atmosphérique.

199 977. De Lambilly et Chabrier. 1889. Production de l'ammoniaque pure par l'azote atmosphérique.

202 700. De Lambilly et Chabrier. 1889. Production de
l'ammoniaque pure par l'azote atmosphérique.

202 783. Société American Ammonia Manufacturing. 1890.
Production de l'ammoniaque pure par l'azote atmosphérique.

II. — Fabrication de l'ammoniaque par l'azote de la houille.

131 136. Fawsit. 1879. Perfectionnement dans l'obtention
de l'ammoniaque.

135 467. Rickmann et Thompson. 1880. Perfectionnement
dans l'obtention de l'ammoniaque.

142 399. Boldon et Wanklyn. 1881. Perfectionnement dans
l'obtention de l'ammoniaque.

151 214. Rickmann et Thompson. 1882. Perfectionnement
dans l'extraction de l'ammoniaque.

151 215. Young et Beilby. 1882. Perfectionnement dans
l'extraction de l'ammoniaque.

151 622. Hörnig. 1882. Récupération de l'ammoniaque de la
fabrication du coke.

154 644. Addie. 1883. Extraction de l'ammoniaque des gaz
des hauts-fourneaux.

196 144. Richter. 1889. Extraction de l'ammoniaque des
combinaisons ferriques de l'épuration du gaz.

196 164. Fière et Meslans. 1889. Extraction de l'ammoniaque
des combinaisons ferriques de l'épuration des gaz.

216 004. Hennin. 1891. Perfectionnements aux procédés de
fabrication du gaz et de l'ammoniaque.

234 431. Gredt. 1894. Procédé d'extraction de l'ammoniaque
des gaz des hauts-fourneaux.

III. — Fabrication de l'ammoniaque par l'azote du nitrate de soude.

205 584. Baudoin. 1890. Fabrication de l'ammoniaque et du carbonate de soude par le nitrate de soude.

231 554. Kellner. 1894. Appareil à marche continue pour l'extraction de l'ammoniaque, de la soude et du chlore, du chlorure de sodium et du nitrate de soude (procédé électrolytique).

IV. — Fabrication de l'ammoniaque à l'aide des matières organiques azotées animales.

134 521. 1880. Procédé d'extraction de l'ammoniaque dans la carbonisation des os.

137 763. Richters. 1880. Distillation sèche des matières azotées avec introduction de vapeur surchauffée.

143 031. Grouven. 1881. Extraction de l'ammoniaque des substances organiques azotées.

150 957. Castner. 1882. Perfectionnement dans la fabrication de l'ammoniaque et du noir d'os.

165 885. Boyer. 1884.

178 525. Nast. 1886. Extraction de l'ammoniaque des fumiers.

180 009. Truchelut (les sieurs). 1886. Perfectionnement dans le traitement des matières azotées pour en extraire l'ammoniaque.

213 844. Kuntze. 1891.

V. — Fabrication du sucre.

128 241. Laine et Farinaux. 1879. Récupération de l'ammoniaque dans la fabrication du sucre.

150 872. Vibrans. 1881. Récupération de l'ammoniaque dans la fabrication du sucre.

149 273. Leplay. 1882. Récupération de l'ammoniaque dans la fabrication du sucre.

187 573. Meyer. 1888. Extraction de l'ammoniaque des résidus de mélasses et fabrication simultanée d'acide acétique et de sels alcalins.

174 808. Schiller. 1885. Extraction de l'ammoniaque contenu dans les alcools provenant du lavage des mélasses du procédé Manoury.

225 857. Sternberg. 1893. Extraction de l'ammoniaque dans la fabrication du sucre et de l'alcool de mélasses.

230 575. Böhm et Hyros. 1893. Extraction de l'ammoniaque à la première carbonatation.

VI. — Sulfate d'ammoniaque.

129 556. Vigreux. 1879. Fabrication de Am^2SO^4 avec des eaux ammoniacales de toutes provenances.

133 615. Foureau. 1879. Fabrication du sulfate d'ammoniaque.

138 303. Rousseau. 1880. Fabrication du sulfate d'ammoniaque.

138 815. Young. 1881. Fabrication du sulfate d'ammoniaque.

150 027. Coates. 1882. Fabrication du sulfate d'ammoniaque.

186 342. Fogarty. 1887. Fabrication du sulfate d'ammoniaque.

189 129. Bull et Co. 1888. Fabrication du sulfate d'ammoniaque.

203 986. Wilton. 1890. Fabrication du sulfate d'ammoniaque.

4872. De Lachomette. 1890. Fabrication du sulfate d'ammoniaque (Brevet allemand).

VII. — Nitrate d'ammoniaque.

168 189. Barbe. 1885. Fabrication d'explosifs au nitrate
d'ammoniaque.

166 946. Pennimann. 1885. Fabrication du nitrate d'ammoniaque pour les explosifs.

469 109. Favier. 1885. Fabrication du nitrate d'ammoniaque
pour les explosifs.

168 851. Société anonyme des produits chimiques du Nord
et Laurent. 1885. Fabrication du nitrate d'ammoniaque
pour les explosifs.

177 418. Aubertin. 1886. Fabrication du nitrate d'ammoniaque pour les explosifs.

196 619. Cary. 1889. Fabrication du nitrate d'ammoniaque
pour les explosifs.

197 335. Hake. 1881. Fabrication du nitrate d'ammoniaque
pour les explosifs.

199 994. Wahlenberg. 1889. Fabrication du nitrate d'ammoniaque pour les explosifs.

203 130. Halsay-Chevallot et Maire. 1890. Fabrication de
nitrate et de chlorhydrate d'ammoniaque.

216 960. Brunner et Launer. 1891. Fabrication de nitrate
d'ammoniaque et de chlorhydrate d'ammoniaque en obte-
nant en même temps des phosphates enrichis.

216 987. Benker. 1890. Fabrication du nitrate d'ammoniaque par double décomposition entre le sulfate d'ammoniaque et le nitrate de soude.

234 064. Von Dahmen. 1893.

VIII. — Chlorhydrate d'ammoniaque.

164 615. Cochrane et Bramley. Perfectionnement dans la
fabrication du chlorhydrate d'ammonique.

165 722. Solvay. Nouveau procédé de purification du chlorhydrate d'ammoniaque.

171 294. Schmidtborn et Jarves. 1885. Fabrication du chlorhydrate d'ammoniaque et de sulfate de potasse.

174 070. Mond. 1885. Extraction de l'ammoniaque, du
chlore et de l'acide chlorhydrique du chlorure d'ammonium.

189 945. Jean. 1888. Fabrication du sulfate d'ammoniaque
et sels ammoniacaux

188 655. Mond. 1887. Appareil à volatiliser le chlorure
d'ammonium.

196 975. Mond. 1889. Appareil à volatiliser le chlorure
d'ammonium.

233 102. Mond. 1893. Extraction de l'ammoniaque, du
chlore et de l'acide chlorhydrique du chlorure d'ammonium.

IX. — Picrate d'ammoniaque.

196 185. Guinon et Picard. 1889. Fabrication du picrate
d'ammoniaque.

198 374. Magnier. 1889. Fabrication du picrate d'ammoniaque.

X. — Sulfite d'ammoniaque.

184 600. De Lachomette. 1887.

XI. — Phosphate d'ammoniaque.

173 572. Pescatore et Fehlen. 1886.

XII. — Carbonate d'ammoniaque.

159 238. Glaser. 1883. Fabrication du carbonate d'ammoniaque.

XIII. — Formiate d'ammoniaque.

228 569. De Lambilly. 1893. Fabrication du formiate et du bicarbonate d'ammoniaque.

232 697. De Lambilly. 1893. Fabrication du formiate d'ammoniaque par l'azote atmosphérique.

XIV. — Ammoniaque.

131 576. St-Cyr Radissou. 1879. Emploi du vide dans l'extraction de l'ammoniaque.

138 394. Marsh. 1880. Fabrication de l'ammoniaque liquide.

142 280. Marsh. 1881. Fabrication de l'ammoniaque liquide.

157 872. Société anonyme Lorraine. 1883. Fabrication économique de l'ammoniaque.

168 991. Sallé. Application de l'ammoniaque liquide à un système d'aérostat dirigeable, dit thermo-pneumatique.

173 580. Osenbruck. 1886. Fabrication de l'ammoniaque anhydre pour la production du froid.

176 387. Chamberland. 1887. Application de l'ammoniaque à la production de la force motrice, du froid, et au gonflement des ballons.

206 064. Ellis. 1890. Traitement des liquides ammoniacaux.

223 421. De Cuyper. 1892. Moyen de recueillir l'ammoniaque et les sels ammoniacaux de tous les mélanges gazeux.

CHAPITRE XI

**Bibliographie concernant l'ammoniaque et les sels
ammoniacaux.**

Journal of the Chemical Society. Londres.
Chemical News. T. XII, XVIII, XXXII et XXXVII.
Dingler's Journal. Stuggard.
Annalender Chimie und Pharmacie. T. CXIII et XCIII.
Wagner Jahresberichte. Leipsig.
The American gas light, depuis 1859.
Bulletin de la Société technique pour l'industrie du gaz en
    France.
Bulletin de la Société Chimique. T. XXVI à XL.
Journal des Usines à gaz. Années 1890 à 1893.
Traité de fabrication du gaz. Schilling.
Industrie des sels ammoniacaux. T. Vincent.
Thorpe's Dictionary.
Traitement des eaux ammoniacales de Weill-Goetz. Stras-
    bourg.
Arnold Ammoniats und Ammoniak präparate. Berlin.
Lunge. Die Industrie der Steinkohlenters und Ammoniaks.
    1889.
Moniteur Scientifique Universel.

Post. Traité d'analyse chimique appliquée aux essais indus-
triels. Paris, 1889.
Carnelley. Melting and Boiling Points. 1890.
Lencauché. Traité de la Tourbe.
Marquet. Explosits à base de nitrate d'ammoniaque.
Lezé. Les machines à froid.

BIBLIOGRAPHIE

RÉFÉRENCES BIBLIOGRAPHIQUES

I. — Propriétés physiques des sels ammoniacaux.

AMPÈRE. — Théorie de l'Ammonium. *Ann. de Phy. et de Chimie*, t. II, p. 6.

BERZÉLIUS. — Théorie de l'Ammonium. *Ann. économ. de l'Acad. des Sciences de Stockholm*, 1808, p. 110.

BINEAU. — Recherches sur les densités de vapeurs. *Ann. de Phy. et de Chimie*, t. LXVIII, p. 416.

BINEAU. — Nouvelles recherches sur les combinaisons ammoniacales. *Ann. de Phy. et de Chimie*, t. LXX, p. 251.

BOURGOIN. — Action du courant sur le sulfate neutre d'ammoniaque. *Bull. de la Soc. de Chimie*, XI, p. 39.

DEVILLE. — Leçons professées en 1860 et 1864 à la Société chimique.

HORSTMANN. — Tension de vapeur et chaleur de volatilisation du chlorure d'ammonium. *Deutsch. chem. Gesellsch*, II, p. 137.

HORSTMANN. — Sur la densité de vapeur du sulfure d'ammonium. *Ann. der. chem. und. pharm.*, VI, p. 74.

ISAMBERT. — Sur le bisulfhydrate d'ammonium. *Comptes Rendus*, XCV, p. 1355.

Lieben. — Sur les densités de vapeur dites anomales. *Bull. Soc. Chim.*, III, p. 90.

Marignac. — Sur la chaleur de volatilisation du chlorhydrate d'ammoniaque. *Archives des Sciences*, Nov. 1868.

Naumann. — Sur la dissociation du carbamate d'ammoniaque. *Ann. der chem. und pharm*, CLX, p. 1.

Pebal. — Preuves expérimentales en faveur de la dissociation des sels ammoniaciaux en acide chlorhydrique et ammoniaque au moment du passage à l'état de vapeur. *Ann. der Phys. und Chemie*, CXXIII, p. 199.

Salet. — Sur la densité de vapeur du sulfure d'ammonium. *Comptes Rendus*, LXXXVI, p. 1080.

Than. — Sur les densités de vapeurs anomales des sels ammoniacaux. *Ann. der chem und. pharm.*, CXXXI, p. 129.

II. —Propriétés chimiques des sels ammoniacaux.

Berthelot. — Sur l'azotate d'ammoniaque. *Comptes Rendus*, LXXXII, p. 932.

Berthelot. — Sur l'azotite d'ammoniaque. *Bull. de la Soc. de Chim.*, XXI, p. 55.

Besson. — Sur les combinaisons de l'ammoniaque avec les chlorures de phosphore. *C. R.*, 1890, 1.

Brunner. — Action du soufre sur l'ammoniaque. *Dingler's polytechn. Journ.*, CL, 371.

Dibbits. — Sur la dissociation des sels ammoniacaux en solution aqueuse. *Zeitschrift für analytische Chemie*, XIII, p. 393.

Divers. — Sur les carbonates d'ammoniaque. *Bull. Soc. Chim.* XI, p. 409, et XV, p. 52.

III. — Sels ammoniacaux.

ALLUARD. — Solubilité des sels ammoniacaux. *Comptes Rendus*, LIX, 500.

BERTHELOT. — Sur la décomposition pyrogénée de l'azotate d'ammoniaque et sur la volatilité des sels ammoniacaux. *Comptes Rendus*, LXXXII, p. 932.

BERTHELOT. — Sur l'azotite d'ammoniaque. *Bull. Soc. Chim.*, XXI, p. 55.

CHAPUIS (Vincent). — Action des chlorures alcooliques à froid sur l'ammoniaque. *Comptes Rendus*, 1886 (1), p. 436.

CHEVREUL. — Mémoire sur les combinaisons du chlorure d'ammonium avec les chlorures de potassium et de sodium. *Comptes Rendus*, LXXXV, p. 493.

DEVILLE. — Mémoire sur la formation et la composition des carbonates ammoniacaux. *Ann. de Chim. et Phy.* 3e série, XL, p. 87.

DIBBITS. — Sur la solubilité et la dissociation du bicarbonate d'ammoniaque. *Journ. für prakt. Chemie*, X, p. 417.

DIVERS. — Action du gaz ammoniac sur le nitrate d'ammoniaque. *Philosophical transactions*, CLXIII, p. 159.

DIVERS. — Sur les combinaisons d'acide carbonique, d'ammoniaque et d'eau. *Journ. of Chem. Society*, VIII, et *Bull. Soc. Chim.*, XI, p. 409, et XV, p. 52.

EDER. — Solubilité du bromhydrate et iodhydrate d'ammoniaque. *Dingler's polytech. Journal*, CXXXI, p. 189.

FRITZSCHE. — Sur deux sulfures d'ammonium cristallisés. *Journ. f. prakt. Chem.*, XXIV, p. 460.

GÉLIS. — Sur le sulfocyanure d'ammonium, sa fabrication.

Journal de Pharmacie et de Chimie, 3ᵉ série, XXXIX,
p. 95.

GEISENHEIMER ET LETEUR. — Sur une nouvelle forme cristalline du chlorure d'ammonium. *Comptes Rendus*,
1890, II, p. 576.

HEUMANN. — Action du cuivre sur le sulfure d'ammonium. *Deutsche Chemische Gesellschaft*, VI, p. 748.

IRRE. — Periodate double d'ammoniaque et de lithine.

ISAMBERT. — Sur la préparation du gaz ammoniac. *Comptes Rendus*, 1885, I, p. 857.

JOANNIS. — Sur les combinaisons du potassium et du sodium
avec le gaz ammoniac. *Comptes Rendus*, 1889, II, p.
900, 1890, II, p. 288.

JOANNIS. — Chaleurs de formation du potassammonium et
du sodammonium. *Comptes Rendus*, 1890, II, p. 965.

KUHLMANN. — Action du carbone sur l'ammoniaque. *Ann.
der Chem. und Pharm.*, XXXVIII, p. 62.

HEINTZ. — Action de l'oxygène sur l'ammoniaque. *Ann.
der Chem. und Pharm.*, CXXX, p. 102.

HOFFMANN. — Action de l'oxygène sur l'ammoniaque. *Ann.
der Chem. und Pharm.*, CXV, p. 283.

KRANT. — Combustion de l'ammoniaque. *Bull. Soc. Chim.*,
(2), V, p. 206.

LAMY. — Fabrication du phosphate d'ammoniaque pour
l'épuration des sirops. *Bull. Soc. Chim.*, XXI,
p. 331.

LANGLOIS. — Action du gaz ammoniac sur les charbons
ardents. *Ann. Chim. et Phy.*, 3e série, I, p. 111.

LIEBIG ET WOHLER. — Préparation du cyanate d'ammoniaque. *Poggendorff's Annalen*, XX, p. 393.

LIEBIG. — Fabrication du sulfocyanure d'ammonium. *Ann.
der chem. und pharm.* LXI, p. 126.

LENDERENS. — Action du soufre sur l'ammoniaque en pré-
    sence de l'eau. *Comptes Rendus*, 1887, I, p. 58.

KOLB. — Combinaison de l'ammoniaque avec les perman-
    ganates métalliques. *Comptes Rendus*, 1886, II, p.
    384.

MILLON. — Fabrication du sulfocyanure d'ammonium.
    Journal de Pharm. et de Chim. 3e série, XXXVIII,
    p. 401.

MILLOT. — Produits d'oxydation du carbone par l'électro-
    lyse d'une solution ammoniacale. *Comptes Rendus*,
    1885, II, p. 432.

MITSCHERLICH. — Phosphates et arséniates d'ammoniaque.
    Annales de Chimie et de Physique, XIX, p. 373.

MORIN (H). — Action du cadmium sur l'azotate d'ammo-
    niaque. *Comptes Rendus*, 1885, I, p. 1197.

NILSON. — Recherches sur les sélénites d'ammoniaque. *Bull.
    Soc. Chim.*, XXIII, p. 262.

RAMMELSBERG. — Bromate et iodate d'ammonium. *Pogg.
    Annalen*, XLIV, p. 53, et LII, p. 85.

RAOULT. — Action du gaz ammoniac sur le nitrate d'am-
    moniaque. *Comptes Rendus*, LXXVI, p. 1201 et XCIV,
    p. 1117.

ROOZEBOOM. — Sur la combinaison des métaux alcalins
    avec l'ammoniaque. *Comptes Rendus*, 1890, II, p.
    134.

REYNOLDS. — Sur le sulfocyanure d'ammonium. *Journal
    of Chemical Society*, 2e série, VII, p. 1.

ROSE. — Sur les carbonates d'ammoniaque. *Poggendorff's
    Annalen*, XLVI, p. 353.

ROSE. — Préparation du fluorure d'ammonium. *Poggen-
    dorff's Annalen*, CVIII, p. 19.

ROSE. — Sur le sulfate anhydre d'ammoniaque. *Ann. de
    Chim. et de Phy.*, LXII, p. 389, et LXXV, p. 388.

Rose. — Sur le sulfite anhydre d'ammoniaque. *Ann. de Chim. et Phy.*, LXII, p. 407.

Sérullas. — Sur le perchlorate d'ammoniaque. *Ann. de Chim. et Phy.*, XLVI, p. 304.

Soubeiran. — Sur les dérivés chlorés de l'ammoniaque. *Ann. de Chim. et Phy.*, XLVIII, p. 141.

Troost. — Sur les sulfhydrates basiques d'ammoniaque. *Comptes Rendus*, LXXXVIII, p. 1287.

Faure-Baulieu. — Fabrication du sulfate d'ammoniaque. *Bull. Soc. des Ingén. Civils*, 1880, II, p. 491.

Le Bel. — Sur les dérivés de substitution du chlorhydrate d'ammoniaque. *Comptes Rendus*, 1890, II, p. 144.

Forchammer. — Action de l'acide sulfureux sur l'ammoniaque. *Comptes Rendus*, V, p. 395.

Basaroff. — Formation directe de l'urée par l'acide carbonique et l'ammoniaque. *Zeitschrift für chemie*, IV, p. 204.

G. Ville. — Sur la présence du sulfate d'ammoniaque dans les *lagoni* de la Toscane. *Comptes Rendus*, LXVII, p. 1075.

Péan de St-Gilles. — Effet de la mousse de platine sur l'ammoniaque. *Comptes-Rendus*, LXVI, p. 624, 808, 1143 et XLVII, p. 554.

Analyse de l'ammoniaque et des sels ammoniacaux

1º Dosage de l'ammoniaque et de l'azote.

Rüdorff. — Estimation de l'ammoniaque dans les sels ammoniacaux. *Zeitschr. für analyt. Chem.*, XII, p. 440.

Thomson. — Indicateurs pour les dosages d'ammoniaque. *Zeitschr. für analyt. Chem.*, XXIV, p. 223.

KNOP. — Dosage azotométrique de l'ammoniaque. *Zeitschr. für analyt. Chem.*, XXV, p. 304.

P. WAGNER. — Dosage azotométrique. *Zeitschr. f. analyt. Chem.*, XIII et XV, p. 250.

SOXHLET. — Dosage azotométrique. *Zeitschr. f. analyt. Chem.*, XVI, p. 81.

MOSSALKI. — Dosage azotométrique. *Bull. Soc. Chimique.*.

KREUZLER. — Dosage de l'azote par la méthode de Dumas. *Landwirthschaftliche Versuchsstationem*, XXXI, p. 207.

P. WAGNER. — Modification de la méthode Will et Warrentrapp. *Chemikerzeitung*, VIII, p. 650.

GRANDEAU. — *Analyse chimique appliquée à l'agriculture*.

KJELDAHL. — Nouvelle méthode de dosage de l'azote. *Zeitschr. f. analy. Chem.* XXII, p. 366.

DEVORT. — Théorie chimique de la réaction de Kjeldahl. *Zeitschr. f. analy. Chem.*, XXIV, p. 455.

HEFFTER. — Modification au procédé Kjeldahl. *Chemiker Zeitung*, VIII, 432.

E. BOSSHARD. — Modification au procédé Kjeldahl. *Zeitsch. f. analy. Chem.* XXIV, p. 199.

C. ARNOLD. — Modification au procédé Kjeldahl. *Archiv. der Pharm.* 3e série, XXIII, p. 177.

H. WILFARTH. — Modification au procédé Kjeldahl. *Chem. Centralblatt*, 3e série, XVI, p. 17

A. v. ASBOTH. — Modification au procédé Kjeldahl. *Chem. Centralblatt*, 1886, p. 101 et 113.

ULSCH. — Modification au procédé Kjeldahl. *Chem. Centralblatt*, 1886, p. 345.

JODLBAUER. — Modification au procédé Kjeldahl. *Chem. Centralblatt*, 1886, p. 433.

R. Warington. — Modification au procédé Kjeldahl. *Chemical News*, LII, p. 162.

Ruffle. — Nouvelle méthode de dosage de l'azote total. *Journal of Chemical Society*, 1884, p. 87.

H. Tamm. — Modification de la méthode Ruffle. *Chemical News*, XLV, p. 159.

Pellet. — Dosage de l'azote par la méthode Ruffle. *Revue des industries chimiques et agricoles*, VI, p. 605.

P. Wagner. — Modification à la méthode Ruffle. *Chemiker Zeitung*, VIII, p. 631.

C. Arnold. — Modification à la méthode Ruffle. — *Reper. der analy. Chem.* II, p. 331 et V, p. 44.

Houzeau. — Modification à la méthode Ruffle. *Comptes Rendus*, C, p. 1445.

Shepard. — Dosage de l'azote nitrique par la méthode nitrométrique. *Chemical News*, XLVII, p. 75.

Argutinsky. — Note sur la modification de Wilforth à la méthode Kjeldahl. *Journal Chemical Society*, 1891, 59, A, 362.

Aubin et Quenot. — Modification de la méthode Kjeldahl pour la détermination séparée de l'azote dans les nitrates, sels ammoniacaux et composés organiques. *Bull. Soc. Chimiques* (3), 3, p. 322-6.

Berthelot. — Emploi d'un courant d'hydrogène dans le dosage à la chaux sodée. *Bull. Soc. Chimique* (3), 4, p. 480.

Cochius et Moeller. — Notes sur le procédé Schlœsing. *Journal of Chem. Society*, 1891, 59, A, 107.

Foerster. — Détermination de l'acide nitrique dans le salpêtre du Chili par l'acide chlorhydrique. *Journal of Chem. Society*, 1891, 59, A, 107.

Foerster. — Application de la méthode de Kjeldahl, au

dosage des nitrates, seuls ou mélangés à des composés organiques. *Journal of Chem. Society*, 1890, 58, A, 1466.

HEUTSCHEL. — Appareil modifié pour le dosage à l'hypobromite. *Journal of Chem. Society*, 1890, 58, A, 1341, 2.

KEBLER, LYMAN F. — Note sur l'estimation de l'azote nitrique par la méthode Kjeldahl. *Journ. Analy. and Arplied. Chem.*, 5, 260-278.

KJELDAHL. — Note sur la distillation dans sa méthode. *Zeitschr. Analy. Chem.*, 1890, p. 461.

LOOF. — L'acide salycilique comme réactif des nitrates. *Pharm. Centralb.*, 31, 70.

LUNGE. — Emploi du nitrite de potassium pour la purification de l'acide sulfurique. *Journal of Chem. Society*, 1891, A, 617.

MÜLLER. — Emploi de la méthode Kjeldahl dans l'analyse des terres. *Ann. Chim. et Physique* (4), 22, 393-401.

PROSKANER. — Emploi de la méthode Kjeldahl dans les analyses médicales. *Zeitschr. für analy. Chem.*, 1890, p. 460.

SMITH. — Détermination de l'azote par le permanganate de potassium et un bromure alcalin en solution acide. *Chemikal Zeitung*, 1890-14-1223-9.

SNYDER. — Application de la méthode Kjeldahl à l'analyse des alcaloïdes. *Jour. analy. and applied. Chem.*, 4, 443, 5.

STUTZER. — Estimation des nitrates par l'aluminium. *Journal of Chemical Society*, 1891, A, p. 617.

SÜLLWALD. — Note sur la méthode Fœrster à l'hyposulfite. *Chemiker Zeitung*, 1890, 14, p. 1673 et 1748.

ULSCH. — Détermination de l'azote nitrique, modification de

la méthode Schulze. *Journal of Chemical Society*, 1891, A, 647.

ULSCH. — Estimation de l'azote nitrique par réduction avec le fer. *Zeitschr. für analyt. Chem.*, 1891, 30-175-182.

VORTMANN. — Estimation électrolytique de l'azote nitrique. *Journal of Chemical Society*, 1890, 58, A, 1467.

WAGNER. — Estimation de l'azote organique par les permanganates alcalins. *Journal of Chem., Society*, 1891, 59, A, 109.

BOUTY. — Conductibilité électrique de l'ammoniaque. *ComptesRendus*, 98, p. 140, 326, 797.

AMAT. — Sur le phosphite monoammonique. *Comptes-Rendus*, 105, p. 809.

CAUSSE. — Dosage de l'azote par le procédé Kjeldahl. *Bull. Soc. Chimique* (3) XIII, XIV, p. 636.

CRAFTS. — Décomposition du gaz ammoniac par la chaleur. *Comptes-Rendus*, 90, p. 309.

GORE. — Pouvoir dissolvant de l'ammoniaque liquide. *Bull. Soc. Chimique*, 1873.

GLADSTONE et TRIBE. — Sur la réduction de l'azotate d'ammoniaque. *Deutsch. Chem. Ges.*, 18, p. 2743.

HUGHES (JONES). — Dosage de l'eau dans les échantillons de sulfates d'ammoniaque commerciaux. *Chem. News* n° 1858, p. 6.

MAUMENE. — Action du chlore sur l'ammoniaque. *Bull. Soc. Chimique* (2), 48, p. 610.

RASCHIG. — Action du chlore sur l'ammoniaque. *Deutsch. Chem. Ges.*, 18, p. 2743.

TH. SELIVANOFF. — Sur les dérivés halogénés de l'ammoniaque. *Bull. Soc. Chimique* (3), XIII, XIV, p. 1271,

Truchot. — Sur le fluosilicate d'ammonium. *Comptes-Rendus*, 101, p. 794.

W. E. Stone. — Action de l'ammoniaque sur le glucose.
Bull. Soc. Chimique (3), 13, 14, p. 1210.

TABLE DES MATIÈRES

CHAPITRE II

Historique de l'ammoniaque et des sels ammoniacaux. — Pline, Dioscoride, Lulle, Kunckel, Priestley, Scheele, Berthollet, Berzélius, De Pontin, Davy, Gay-Lussac et Thénard, Landolt . . . 39

CHAPITRE III

1° Propriétés physiques de l'ammoniaque et des sels ammoniacaux 45
2° Propriétés chimiques de l'ammoniaque et des sels ammoniacaux. Action de la chaleur. Action de l'é-

CHAPITRE VIII

CHAPITRE IX

CHAPITRE X

FIN